青蓝文库

# 裁判对法律的背离与回归

## 疑难案件的裁判方法新论

孙海波 著

中国法制出版社
CHINA LEGAL PUBLISHING HOUSE

谨以此书献给母亲并纪念父亲！

# 问渠那得清如许

经过两年多的策划和工作，《青蓝文库》终于面世了。这中间，凝聚了很多人的努力和期待。中国法制出版社邀我写一个总序，考虑到丛书包涉法学各个专业，自己所学狭薄，我一开始有些犹豫。但又想到司马迁所言："序者，绪也，所以助读者，使易得其端绪也。"参与和见证一段历史，无形中就承载了记录绍介的义务。读者可能希望了解到这套文库的来龙去脉，如果我的序能够有所帮助，那还是义不容辞的。

说来话长。这套文库的大致雏形，最早涌现于2016年3月某日，中国法制出版社的马颖女士与我在陈明楼办公室的一番叙谈。马颖在法律出版界是资深编辑，那时刚接任编辑六部主任一职，很想为法制社的学术出版再开局面，拓展出一些新气象。而我自己当时手头文债积压，并无新货，于是，我们就聊到其他出版项目，其中就包括，法制社打算资助出版一批优秀博士论文。

如所周知，博士论文凝聚了一个人以学术为业的最初心血，是他走上学术之路的叩门砖，意味着从汲取导向的学生，开始向创新导向的学者蜕变。而且，从学术史经验来看，博士论文中也不乏经受住了时间检验的经典之作。尽管意义与价值如此之大，但是，在当下的出版环境中，博士论文出版却非常之难。一来，是由于纯粹的学术著作的受众市场本身就非常狭小；二来，在逼仄的市场中，书的销量和效益又往往与作者的知名度挂钩。于是，一个名不见经传、初出茅庐的学者，捧着手中新鲜出炉的博士论文，既不容易得到学术市场的认可，也因此很难获得出版社的支持。名家大腕被争相约稿，而刚出道的新人，即使自掏腰包自费出版，恐也难逃被冷落敷衍的命运。所以，尽管每年中国的法学院校里有很多博士生毕业，但是，即使是其中最优秀的博士论文，想要立即出版也非易事，往往是“养在深闺人未识”，直到作者闯出腕儿来、有了学术名声的那一天，蒙尘的明珠才可能绽放光芒。

然而，此时出版，已有些错过，不再是学术新人最渴望自我肯定和向学界证明的迫切时机，也不是学者在最艰难的出道之初，最急需的支持和鼓励，因而，可能只是锦上添花。过往，中国人民公安大学出版社的《北大刑法博士文丛》，以及武汉大学出版社的《武汉大学刑法学博士文库》，为很多刚毕业的刑法博士提供了论文出版的平台，成就了他们人生中的第一本书，那是颇有高义的雪中送炭之举。不过，这两套文库作者限于特定高校和刑法专业，影响不免有限。如今，法制社有意精心打造一套文库，推出全国法学院各专业的优秀博士论文，这种对学术新人鼎力相助的力度，可谓前所未有，出版社的学术情怀和社会担当更是令人敬佩。因此，当听到马颖提出这个出版计划并征询我的具体建议时，我也感到很振奋，愿意尽自己绵薄之力，帮助她绘成这个蓝图。

我当时向马颖建议，可以通过民间渠道邀请一批中青年学者，而非官方机构来遴选优秀论文。这不仅是由于，机构评选论文的形式已成窠臼，更主要是考虑，如果评审人与被评审人年龄代际相近，那么无论是个人的学术潜质还是论文情况，都一定更为熟悉。而且，相对于年长的学界大家来说，中青年学者距离在毕业前后的艰难岁月中努力跋涉的经历，时间还未久远，因此，对学术新人出头的不易，以及博士论文出版的困难，大都有尚未淡化和忘却的切身体会，可能更愿意去投入精力帮助后来人。加之较少社会杂务，更多爱惜学术羽毛，评选上也会更加认真、负责和公允。

马颖是个很有决断力的人，她听了我的建议后，完全赞同这个新的民间方案，并请我推荐和联系编委会人选。我被马颖的热诚感染，受她之托，给一些学界朋友打了电话。大家在了解到这个出版计划后，几乎都是毫不犹豫地应允下来，愿意义务承担审查来稿和推荐优秀论文的工作。编委会的人员组成很快就确定下来。这也让我颇有感触，一个有情怀的出版项目，不需要多少鼓吹，自会焕发出它的光彩，吸引和召唤着有学术责任感的学者们汇集。

万事俱备，只欠开会。2016 年 4 月 18 日，第一次神仙会胜利召开。根据出版社的记录，第一次与会的学者名单如下：车浩、陈新宇、侯猛、劳东燕、雷磊、栗峥、王莹、许德峰、张翔、张龑、赵宏、朱腾、谢海定。舒丹、马颖、王雯汀三位法制社编辑策划主持了第一次聚会。聚会之日适逢当年的北京电影节，于是，由我提议，大家在小西天附近餐叙后，又集体遛弯到中国电影资料馆，看了一场银河映像系列之《暗花》。从电影院出来，仍然意犹未尽，找了一处胡同里的茶馆继续聊。

这次聚会颇有成果。商定的内容包括：(1) 在全国范围内面向各个高校和专业征求优秀论文。(2) 采用作者自荐和编委推荐两种方式确立稿源。(3) 编委会的工作制度和推荐评审的义务。(4) 兼顾图书质量和出版规模等基本理念和规则。其实，答应参与编务的学者，虽然是法学各个专业里出类拔萃的青年才俊，但毕竟有学校和专业的隔离，相互间并没有想象中那么熟悉，甚至是闻名已久但从未谋面的神交，是《青蓝文库》这个出版项目中包含的学术理想和情怀，调动了每个人的学术热忱，大家才聚到一起来。每个人都很珍重自己的责任。在集聚餐、喝茶、看电影于一体的聚会中，严肃活泼地讨论了问题，达成了共识，像这样的交游轶事，对我们每个参与者都是很奇妙的体验，也是一次弥足珍贵的回忆。

第一次聚会后不久，法制社就在征求各位编委意见的基础上，面向全国，推出了正式的征稿启事。“《青蓝文库》是由中央级法律专业出版社中国法制出版社创设的重大出版项目，专门出版中国法学专业优秀博士学位论文。文库旨在发现有潜质的学术新星，为法学博士论文的发表搭建优质平台。文库支持和推动高校不断推出创新性成果，与学界一起探索和确立中国法学博士论文的优秀标准。”这份启事，包括我本人在内，多位老师参与修改润色，应当说，完整地表达了出版社编辑和我们编委会成员的共同心声。

在这份启事中，中国法制出版社郑重承诺:《青蓝文库》的出版无需任何资助；出版社会精心打磨每一部作品，以精美的版式设计和装帧风格匹配作品的学术价值；对《青蓝文库》的出版成果，出版社会积极联系各学术刊物、报刊媒体、学校官方平台等进行大力宣传；每一年度出版社将邀请出版论文作者参加“青蓝出版沙龙”，享受一次打破学科专业界限相互交流的盛会。显而易见，这些承诺如能一一实现，那么，进入《青蓝文库》，对于博士毕业的学术新人在学界影响力的彰显和提升，将会有极大的助力。这可能是青年学者能在国内出版界得到的最好的亮相机会了。当然，这份启事中也写明了我们这些编委的承诺，即编委会成员将尊重学术研究视角和立场的多元化，本着充分的学术包容精神，对挑选出真正有价值的论文怀有使命感，力求评选结果客观公正。

出版社与编委会的第一次碰头议事，设在小西天，以独特的方式，取得了非常好的效果。在其乐融融的气氛中，沟通了感情，增进了对《青蓝文库》这项共同事业的认同度和使命感。可能是受此激励，三个月后的一个周末（2016 年 7 月 23、24 日），马颖很快又趁热打铁组织了第二次编委会会议，地点设在京郊。报到当天下午，大家就开始了分组审稿的工作。第二天，在北京实创西山科技培训中心，召开了正式的评审会。针对符合征稿要求的21篇博士论文，按照“严格筛选、宁缺毋滥”的原则，以编委的个人初审为基础，经过分组审稿、分组讨论以及集中评审后，编委会成员进行匿名投票。再由出版社统计全体编委的推荐意见，当场公布获得三分之二（即12名以上）编委推荐的论文名单。针对入选的论文，编委会确定一至两名编委，综合全体编委的修改意见，会后与论文作者直接沟通，提出完善建议。至此，第一次评审会圆满完成，共评选出4篇优秀论文，作为《青蓝文库》第一批次推出的作品。

这是一次非常成功的论文评审会。这首先得益于，马颖、王雯汀、罗莎、侯鹏、吴宇辰等几位出版社的编辑及工作人员，为这次评审会付出了大量的心力来准备、策划和安排。其次，参加评审会的编委会成员，包括陈杭平、侯猛、劳东燕、雷磊、栗峥、王莹、许德峰、尤陈俊、张翔、张龑、朱腾、赵磊以及本人在内，都本着珍重这份责任的态度，对评审投入了很大精力。会前，出版社就已经通过邮件把论文发给了编委进行预审，等到开会当天，各学科组的编委对所推荐论文和存在争议的论文讨论得非常深入，争论得也十分激烈，可以说是充分且坦诚地交换了意见。

之后很长时间，我都常常想起这次令人难忘的评审会。马颖等各位编辑老师的策划安排，可谓煞费苦心。会议所在之地离龙泉寺很近，龙泉寺是全国有名的佛教古刹，出过很多高僧，常常以现代人喜闻乐见的方式传播佛法，寺内香火旺盛，游客如织，置身其中，感受到一种出世般的内心宁静，但也不会斩断与人间烟火的勾连。浸染在这种情绪中，特别适合投入接下去的评审工作。因为学术一途，本来也是素心人之事，要能脱心志于俗谛之桎梏，而付出精力去评审和推荐他人的论文，更是要有一种对学术共同体的使命感。所以，我觉得法制社的这次会议策划颇有禅机、值得回味。

半年之后，我们又在法制社的会议室召开了第三次编委会，也是第二次论文评审会。有了前两次成功的会议打下的基础，编委会磨合日趋顺畅，后面的评审会就进入了良性运转的正常轨道。值得一提的是，在几次会议中，大家逐渐达成一项共识，即《青蓝文库》支持的对象，不仅仅是优秀论文本身，而且是论文作者的学术之路。因此，虽然论文质量不错，但是作者博士毕业后就不再从事学术工作的，原则上不纳入出版计划之列。

受命作序，回想往事，点点滴滴都涌上来。这样不厌其详地叙述过往细节，正如开头所言，因为要向读者诸君讲述《青蓝文库》的来龙去脉，希望文库的每一位作者都能记住历史。法制出版社多次表示，他们有能力、有信心将《青蓝文库》的项目坚持下去，十年、二十年甚至更久。我也相信，未来将有更多的青年才俊，以这套文库为阶，走上学术舞台的中心。序中所记，是在这套文库诞生过程中，出版社编辑和编委会成员付出的热情和心血，当然，肯定还有很多我不了解的幕后工作无法呈现。我一直认为，缺乏学术传承和积累，是中国法学曾被人讥为“幼稚”的重要原因。而学术传统的形成，不是某一两个人甚至一两代人就能毕功的事业。我们每个人，都是在无尽的历史长河中来承担各自的使命。我们努力完成自己的作品，也不要淡忘先行者的努力和恩惠，同样，有能力时，更应尽力去帮助和支持学术之路上的后来人。由此，学术共同体才可能写下历史记忆，中国法学才可能形成绵延不断的积累。

问渠那得清如许？我想，年轻学者们锐意十足的作品、学界同仁间相互守望和提携的赤诚、出版界襄助学术的热忱，就是那永不枯竭的源头活水吧。愿中国法学的学术传统涓涓不息，清水长流！

是为序。

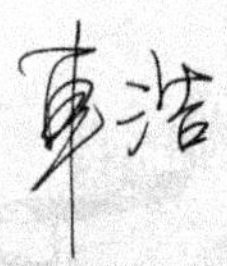

2018 年 4 月 9 日于北大陈明楼

# 推荐序

疑难案件是司法实践中的普遍难题，同时也是法学理论中的一个重要问题。尽管既有的中文文献对此已有涉猎，但迄今为止并没有对这一主题进行全面梳理和阐释的专著。就此而言，孙海波副教授的博士论文《裁判对法律的背离与回归：疑难案件的裁判方法新论》可谓“吃螃蟹”之举。本书主要关心的是疑难案件的裁判方法，即当面对法律适用存在争议的案件时法官应如何做出理性的判断。它主张疑难案件的裁决仍然应当是一个理性化的过程，是在既有法律框架之下的一种推理或论证活动。正如简单案件的裁判那样，疑难案件的裁判也应当符合或具备基本的法律属性。这项研究奠定在传统法律方法论的基础之上，并在关于裁判的方法和理论的研究方面向前有所推进。

作者以描述“当司法遇到疑难案件”的场景为开端，试图引领读者一起走进真实的司法世界，去观察疑难案件可能会给裁判带来哪些困难和疑惑，同时提出了疑难案件是否会从根本上摧毁我们的法治理想这个问题。这些问题和困难的前提性问题在于：疑难案件究竟是否存在？作者检讨了对待疑难案件是否存在的三种基本立场，分别从法律的不确定性和法律指引的有限性揭示导致案件疑难的原因，并附带性地讨论了疑难案件中的法律解释与法律理解。在此基础上，疑难案件裁判的问题被分为两组：一组是法律在疑难案件裁判中的作用为何，也即法律是否能够为疑难案件的裁判提供法律标准。笔者于此首先指出了疑难案件裁判领域所存在的一个普遍谬误，即认为疑难案件的裁判不再是法律裁判，而是法律之外的道德裁判、经济裁判或政治裁判等。继而，提出了司法义务的概念，通过对传统法律渊源的重构，最大限度地捍卫了法律在疑难案件裁判中的作用。另一组是在疑难案件中法官如何正当地偏离法律，尤其是运用后果论证来证成裁判。作者认为，“法官应受法律约束”这一原则在当代是有限度的，一定的司法偏离是必然的也是必要的，但问题的核心在于如何使得偏离与既有的法律体系保持融贯、一致，从而使得裁判看上去好像仍然是从法律中推导出来的一样。后果主义推理在疑难案件的场合具有重要性，但需通过方法论上的细化使其能够在既有法律的框架下服务于疑难案件的裁判。进而，处理了法条主义、疑难案件与依法裁判的关系，集中清理了长久以来人们对于法条主义的误解，通过对法条主义内在复杂结构的重构，洞察它在疑难案件裁判中所能够发挥的重要作用。另外，本书还从经验的层面上描述了我国司法在应对疑难案件的过程中所发展出来的正式制度与非正式制度，在此基础上讨论了这些制度的重要作用、成因及未来走向。

可见，作为对疑难案件这一主题的综合性研究，本书既讨论了疑难案件的存在论等基本问题，又讨论了疑难案件的裁判论方面的问题，对法律人全面地认识和应对疑难案件有重要意义。它提出并 / 或发展了一些新的概念，比如第四章中的“司法义务”概念、第五章中的“司法偏离”概念，以及第六章中的“后果主义推理或裁判”概念等，在一定程度上丰富了传统法律方法理论的内容，同时也推动法律理论向前迈进了一步。作者的核心观点在于，法官如何尽可能地在既有的法律体系内来裁判案件，而不是动辄就诉诸法律之外的其他标准，通过一系列的层层讨论，捍卫了一种依法裁判的基本立场，这对于维护法治和发展法学具有十分重要的意义。虽然本书的主体是依循规范性的进路来写作的，但在末尾部分也加入了一些经验性的分析，尤其是加入了一些实地调研、访谈和问卷的资料、数据，为更加准确地、客观地审视中国司法实践中对疑难案件的处理提供了一种全新的视角。

海波从研究生阶段开始即耕耘于法律方法领域，著译并举，取得了丰硕的研究成果，为新一代法理学者中的翘楚。近年来，也慢慢形成了普遍理论与中国场景相结合、分析与经验相融贯的个人研究风格。本书可以说是其长期钻研的一个阶段性总结。“独学而无友，则孤陋而寡闻”，学术是一项公共事业，学术作品是一种公共产品。著述的目的不在于敝帚自珍、孤芳自赏，而在于唤起更多的同道中人对真正重要之理论问题的关注，并为之提供一套有洞见，但绝不自我主张为唯一正确的“说法”。海波的“说法”是一套有价值的“说法”，但更重要的不仅仅是“听他说”，而是能“接着说”。本书的出版如果能达到这一目的，当是对作者和作品最大的尊重。

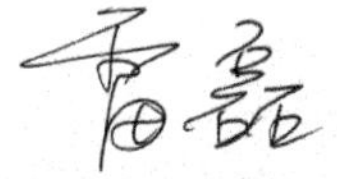

**中国政法大学教授、博士生导师**

**2019 年 5 月 5 日**

# 引 言

一

**提问者：**我一直想知道你们法官是如何界定法律的。

**法　官：**这个问题看似简单，其实没有什么问题比它更复杂了，不是一两句话就能够讲清楚的。古往今来，大批的学者、大量的文献都讨论过这个问题，却依然未能给出一个十分简明而又令人信服的答案。

**提问者：**从日常经验来看，人们往往并不会投入过多的精力争论诸如“什么是数学？”或“什么是化学？”这样的问题，但对于法律就没有一个定义吗？

**法　官：**其实人们已经给法律下过太多的定义了，比如：法律是一种民族精神，法律是上帝或神的意志，法律是主权者的命令，法律是法官所说的话或所做的预测，如此等等。

**提问者：**被你说得云里雾里的。如果说法律是上帝或神的意志，那么法院如何在裁判的过程中适用这些法律呢？如果法律是法官在法庭上所说的话或所做的事，那么岂不是法官变成堂而皇之的立法者了？

**法　官：**刚刚那些是不同的学者基于不同的角度给法律下的定义，它们大多属于学术性的定义。

**提问者：**在我这样的门外汉看来，法律是由一群立法者通过一定程序制定出来，并以成文的形式公布于众。是这样的吗？

**法　官：**你只说对了一小半。在西方有一种区分“法”（law）和“法律”（laws）的传统，后者主要是指具有成文形式的制定法（statute law）和不具有成文形式的判例法（case law/ judge-made law），而前者的外延相对更广一些，除了制定法和判例法之外，它还包括一些以理念形式存在的“高级法”（the higher law），比如说体现人类理性的自然法、公平和正义的原则等。所以，刚刚你的那个定义仅仅只看到了狭义的法律中的成文法，而忽视了法律的其他可能形式。

**提问者：**如果我说的是中国法律呢？照你所言，既然法律之上有法律是西方的法律传统，而中国作为成文法国家又无判例，那么主张法律就是立法者制定出来的规则何错之有呢？

**法　官：**说的没错，在我们国家，人们的确不太注意区分“法”和“法律”，通常所说的法律就是指以法律条文为表现形式的制定法。但是，除了这种条文形式的法律规则之外，还有一些以原则形式存在的法律，比如民法中的公平原则、诚实信用原则、公序良俗原则等。此外，法官在一些特殊案件的裁判实践中对法律的解释与发展，尤其是最高人民法院通过指导性案例的形式对法律的解释、补充和发展，是不容忽视的。所以，概括地讲，在我国法律主要包括法律规则、法律原则以及法官在司法实践中所造之法。

## 二

**提问者：**好吧，看来我对法律的理解基本上还是正确的。

**法　官：**嗯。刚刚我们所一直讨论的“法律是什么？”（the concept of law）可以归结于法概念的范畴，对于这个问题的不同回答能够展现出不同论者对待法律的不同认识和态度，这种对于法律之概念所持有的观点或观念通常被称作“法律观念”（the conception of law）。持有一种科学、准确的法律观念是十分重要的，因为对于法律本身的认识会直接影响到法律的适用问题。比如说，如果仅仅将法律视为一套由法律规则所组成的规范体系，那么必然会忽视法律原则这个重要的构成性要素。任何法律适用的理论（亦即法律方法论）都会预设一套关于法律概念的理论，在这个意义上说法概念论（一般意义上、狭义的法理学 / 法律理论）是司法裁判的总则、前奏或基础。

**提问者：**照你这么说，我们前面的争执和讨论还是很有意义的。我以前认为法律就是由一条条规则组成的，你将法律原则也归入法律之列，这一点对我启发很大。同时，我也注意到，你还谈及了法官在审判实践中对法律的发展和续造，这一点我表示难以理解和接受。因为从日常生活经验来看，法官的职责就是适用法律去裁决案件，立法是立法机关的任务，法官怎么可能造法呢?

**法　官：**你其实提出了一个很好的问题。可以说，司法立法（judicial legislation）或法官造法（judge-made law）并没有什么稀奇之处。要知道，英美的判例法就是通过司法活动被法官发展起来的，后来案件的法官可以运用一定的技术和方法从先前的司法先例中抽取法律规则或法律原则，并通过眼前案件与先例案件在关键事实上的相似性比对，从而决定该先例规则或原则适用或不适用于眼前案件。

**提问者：**你说的可能是普通法的情形，但我问的是中国司法实践中哪来的法官造法呢?

**法　官：**我明白你的意思。普通法系法官造法的实践是一个为大家所普遍接受的现实，大陆法系国家同样也存在着法官造法的实践。至于为何会如此，已经被许多比较法学者所讨论了。这里我卖个关子，咱们暂且把这个问题放一放，先来讨论其他一些更为基础性的问题，最后再回过头来说说法官造法的问题。既然前面已经讨论了法概念的问题，接下来我们就来看看法官是如何裁判案件的吧。

**提问者：**这个话题很有意思。我的初步印象是这样的，首先法官根据案件事实寻找相关法律的规定，然后通过法律所规定的规范事实要件与案件事实之间的比对，决定该规则是否适用于这个案件，进而推导出一个结论。说白了，就是你们法律人常说的“以事实为根据，以法律为准绳”，是这样的吗？

**法　官：**你刚刚所描述的那种思维用专业术语来说叫“演绎推理”（deductive reasoning）或“司法三段论”（judicial syllogism），它以法律的规定作为推理的大前提，以具体个案的事实作为推理的小前提，由此推导出裁判结论。比如说，法律规定故意杀人者死，因为张三杀了李四，所以张三应被判处死刑。演绎推理的确是法官裁判所依赖的一种十分重要的方法，它具有无可替代的价值和意义，不仅操作简便，而且能够推导出十分确定、准确的答案。所以，可以说，很多人在谈及司法裁判思维时脑海里首先浮现的就是上述场景。

**提问者：**这种演绎推理能够有效地应对一切法律问题吗？司法裁判是否可能像自动售货机那样，预先设定一套标准和程序，一端输入案件，按下按钮系统会自动检索和适用法律，另一端产出判决？

**法　官：**这自然是不可能的。如果计算机可以轻易地做到这一点，还要法律人有何用呢？在历史上，曾经出现过此种努力，比如说一些论者（英美法学界中的法律形式主义的倡导者以及欧陆学界中概念法学的倡导者）主张法律是由概念、规则所型构的完美体系，对于任何法律问题都能在现有的法律体系中找到答案。后来这种努力被证明是一种幻想、是一种乌托邦，因为作为推理之大、小前提的法律规定或案件事实并不总是完备的、确定的，因此在这二者不确定之时法官应诉诸其他一些推理方法。简言之，演绎推理是法官裁判所使用的一种重要方法，但绝不是唯一的推理方法。

**提问者：**我早就应该预料到这一点。你实际上将法官所要裁判的案件划归为两块了，一块是用演绎推理就可以解决的案件，另一块则是必须诉诸或结合其他方法才能加以解决，不知道我这样理解对不对。

**法　官：**你说的没错。对于第一类案件，我们习惯将其称为简单案件（easy case），有时也会叫它简易案件、普通案件、常规案件、平常案件等，归结起来就一点：它并没有什么新奇之处，裁判起来也丝毫没有什么困难；

对于第二类案件，我们习惯称它为疑难案件（hard case），或者困难案件、难办案件、新颖案件等。可以说，疑难案件是一个十分重要而又复杂的议题，西方的法律学者就此已经争论了好多年，我国学者只是近些年才注意和开始研究这个问题。主流的观点认为事实上存在疑难案件，同时也有少数学者否定疑难案件的存在。

**提问者：**看起来很复杂的样子。我们在生活中也经常会留意到一些热点案件，比如网络上报道和热议的许霆案、彭宇案、李昌奎案、药家鑫案等，它们算不算是上面第二类的疑难案件呢？能不能大致讲一下疑难案件主要是什么样的案件？

**法　官：**你所罗列的许霆案、彭宇案、李昌奎案、药家鑫案从性质上属于热点案件（hot cases）或重要案件（great cases），它们与疑难案件有交叉但不完全等同。从一般理论上讲，疑难案件主要是指在法律的理解或法律的适用上出现疑点或困难的案件，事实上的疑难（比如事实的查明、侦查或证据的甄别、调取）通常并不会使一个案件变成真正的疑难案件。因此，常见的疑难案件主要有以下几种情形：第一，眼前的案件找不到现成的规则可用，即出现了所谓的法律漏洞；第二，对于眼前的案件，同时存在着可以适用的法律规则与法律原则，但是以上法律标准之间存在矛盾而又无法决定适用其中哪一个；第三，法律规则的含义或适用范围界限不明，需要运用实质性的法律解释予以探明；第四，根据现有法律规定，运用演绎推理得出的结论合法却不合理，即不具有社会可接受性。以此标准来看的话，你所罗列的案件中只有许霆案属于真正意义上的疑难案件，其余几个案件虽然社会影响不小、关注度大，但是在法律的理解和适用上并不存在实质性的分歧和困难，本质上仍然属于简单案件。

**提问者：**你的意思是说不能简单地以案件涉及的人数、波及的地域范围以及影响性的大小作为划分简单案件和疑难案件的标准。那么，不知道你有没有注意到，在我国还有一类特殊的案件——涉诉信访案件，通常它们在法律适用上并不存在根本性的困难，那么是否可以将它们归入你所讨论的疑难案件之列？

**法　官：**能够注意到这一点非常好。你也讲了，涉诉信访案件通常在法律适用上并不困难，因而严格来讲它们并不属于法学上的疑难案件。但是在讨论疑难案件的时候，我们通常也会将这类案件作为一种特殊的“疑难案件”来加以考虑。

## 三

**提问者：**如果遇到疑难案件，法官难道不可以以法律没有规定为由拒绝受理或裁判吗？

**法　官：**当然不可以，这么做是违背法治原则的。正像救死扶伤是医生的职责一样，受理和裁判案件也是法官最基本的职责。两百余年前颁布的《法国民法典》第 4 条就规定，“法官借口法律无规定、不明确或者不完备而拒绝审判者，以拒绝审判罪追诉之”。不得拒绝裁判已经日益成为世界各国的一个普遍法治原则。

**提问者：**既然医学和法学在理论和实践的许多方面都是十分类似的，我们不妨邀请一位医生一同来加入我们的对话，这样也可以通过对比来观察一下法官和医生在面对疑难案件时，你们思考问题和解决问题的方式有什么样的异同。

**法　官：**我赞同你的提议，我觉得“法官如何思考”和“医生如何思考”在许多方面必然有相同之处，从“医生如何思考”那里我们或许可以学到一些东西。

**医　生：**首先，感谢两位的邀请。医学和法学一样是最为古老的学科之一，人类的生存和发展离不开医学。与法学不同的是，医学是一门自然科学，这个问题很少被人们争议。在计算机、新材料学以及分析生物学的推动下，激光微创手术、骨髓移植甚至身体重要器官移植都成为现实，当代医学给人们的印象是它几乎无所不能。然而真实的情况并不是这样的，医学领域中同样也存在着很大的不确定性。总的来说，大多数的疾病是可以得到很好的治疗并治愈的。但同时也存在着许多疑难杂症，医学有时无法解释实践中出现的一些病理现象，有时不知如何应对一个病症，有时对于一些病症也无能为力。比如说，同一种药用在不同的患者身上为什么会产生如此之大的药效差异？对于一些既不能采取手术、又不能进行放（化）疗的癌症患者，医学能够为他（们）做些什么呢？

**法　官：**看来医学中疑难案件（情形）的局势一点也不比法学中轻松。而且更为重要的一点是，任何一个医疗诊治（尤其是对疑难杂症的诊治）从小处说关乎病人的身体健康，从大处说则决定着一个人的生死，这容不得一点点含糊。就此而言，医学决策或者医生的诊疗决定对于方法的正确性（correctness）的要求非常高，一旦在治疗方向或治疗方案上出了错，后果不堪设想。在法律领域中，虽有要命的冤假错案，但大多数错案、冤案还是有机会平反或再救济的。

**提问者：**好了。我想知道，法官和医生在面对一个疑难案件时首先会怎么思考。

**法　官：**还是我先来说说吧。案件并不会说话，通常也不会在自己身上贴上标签，告诉法官自己是一个疑难案件，更不会告诉法官应当如何来处理自己。法官拿到案件之后要做的第一件事就是了解案件的事实，对案件主要事实的内容、特征、种类进行描述，这个案件事实的特性化的描述和提炼的过程主要是运用归纳法，同时也必然会涉及法官个人的价值判断、经验常识在其中。

**医　生：**我们常常说医生看病就是“对症下药”，因此在面对一个病症时，医生首要的工作是询问患者的病史，检查患者的身体体征，对患者的病症进行描述和分类，如此一来医生大致对这个病症有了一个初步的认识和把握，这个描述活动同样也是一个综合运用归纳、经验和常识的过程。

**提问者：**这听起来有点像，那你们接下来会怎么办呢？

**法　官：**在对案件事实有了初步的把握之后，法官接下来的任务就是“找法”（专业说法叫“法律发现”，the discovery of law），那么如何来找法呢？通常法官需要确定该案的法律关系（或案由），是民事法律关系、刑事法律关系还是行政法律关系？是民事法律关系中的物权法律关系、合同法律关系还是侵权法律关系？是侵权法中的交通侵权、产品缺陷侵权还是物件损害侵权？等等。总之，法律关系越具体、案由越明确，所确定的找法范围就越具体和越明确。通常情况下，大多数案件都能找到适当的、可适用的法律，进而通过三段论推理这类简单案件就能得出答案。还有一部分案件的情况就稍稍复杂一些，这类案件往往并不能轻易地找到可以直接适用的法律，必须综合运用其他一些法律方法才能被裁决。

**医　生：**临床医生会根据患者的病情，通过因果关系的分析，摸清引发这个病症的原因，从而结合临床治疗和用药指南来“对症下药”，对治疗和用药指南的寻找和适用，和你们法律实践中的找法有些类似。

**提问者：**既然法律规则不能对疑难案件的裁判起完全决定性的作用，法官能够诉诸直觉来裁判吗？

**法　官：**你的意思是说，法官根据直觉来感受某个裁决思路是不是可行或者某个裁决结果是不是公正的、可接受的。如果是这样的话，我想知道直觉是个什么东西？面对同一个案件，万一不同的法官对之拥有不同的直觉怎么办？是按照甲法官的直觉来裁判，还是按照乙法官的直觉来判断？凭什么说甲法官的直觉一定是一个正确的判断呢？

**医　生：**我也认为直觉这个概念太模糊了，实践中不好控制和把握。直觉往往和判断者的知识素养、生活经验和实践经历联系在一起，它是一个主观性极强的东西。但是需要承认的是，实践中它有时可以激发判断者的想象力，可能会为疑难问题的解决打开思路。因此，无论你是否同意，它都会潜移默化地发挥作用。

**法　官：**如医生刚才所言，我也承认直觉对于找法、对于疑难问题的解决能够提供一些启发和建议，并且有的时候在直觉的引导下可以很快地进入问题的核心，大大降低分析的成本。与直觉这个模糊的概念相比，我们法律人更倾向于使用“法感”这个概念，它的理性化和客观性相对要强一点点，法感是指人们对于法律的内容和精神的感受，它可以辅助法官找到合适的、可供适用的法律，或者发现和选择合适的问题解决方案。

**提问者：**那裁判者能基于运气来裁判吗？也就是说，像抛硬币那样来决定问题如何解决。

**法　官：**历史上的确曾经出现过这种依靠运气、抓阄、抛硬币甚至决斗来决定案件的裁判方式。这种裁判方式完全忽视法律的存在，漠视当事人的权利甚至生命，具有非常强的偶然性、不确定性和随意性，已为现代法治和现代文明所普遍拒绝。

**医　生：**在医疗实践中，依靠运气救死扶伤将是无比荒谬的。

**提问者：**裁判者的个性、喜好会决定裁判的方向吗？

**法　官：**这也是一种极端的司法裁判观，很少获得支持。曾经有一些学者或法官主张，法官的个性和喜好（今天穿了什么样的西装、早餐吃了什么、昨晚有没有睡好觉等）在很大程度上决定着法官将会采取一种什么样的问题解决方案。但是在我们很多人看来，这同样也是颇为荒唐的。的确，有一些人通过实证研究证实了法官个性和生活背景会对裁判起一定影响作用，比如一位拥有多位女儿的法官可能更倾向于在未来的裁判中支持和保护女性当事人的权益。但是在实践中，为了尽可能地确保法律适用的前后一致，为了最大限度地维护司法裁判的客观性，通常会设法抑制或消除裁判者的个性、喜好对裁判的影响。

**提问者：**我注意到你们司法界最近经常会谈：司法裁判应当注重坚持“法律效果”与“社会效果”的统一？这是不是说，在疑难案件的裁判中，法官可以先大致判断一下裁判所可能产生的各种后果，选择其中最佳的那个后果来确定裁判的方向呢？

**法　官：**你说的“法律效果”与“社会效果”相统一的司法政策不假。在疑难案件的裁判中法官的确会分析裁判的各种后果，尽可能选择那个能够带来更好社会效果的后果作为裁判结果，并以此来进一步论证裁判。这是学界晚近才兴起的一种新型的法律方法，我们将其称为后果主义推理/论证，但是它并不像我们刚刚所讲的那么简单，其实它有着一些复杂的操作技术，包括适用前提、后果发现、后果比较和取舍、裁判论证和说理。一旦操作不当，极有可能使裁判偏离既有的法律规定。

## 四

**法　官：**通过前面我们两位之间的讨论，让大家对医学和法学中的裁判有了一个初步的认识。言归正传，我们还是接着讨论中国司法实践中疑难案件的裁判问题。其实，除了上面谈到的直觉主义裁判、运气主义裁判、基于法官的个性裁判、后果主义裁判之外，还有其他一些重要的法律方法，比如还有类比推理、利益衡量、原则论证等决疑方法。

**提问者：**在医学实践中，遇到疑难问题会有一些特殊的方法，比如专家坐在一起会诊，发挥集中的智慧和力量，我国的法律制度中针对疑难案件有什么特殊的规定吗？

**法　官：**有点类似，我国三大诉讼法都规定了两个正式的制度，即（1）审判过程中如果遇到疑难案件可以提交审判委员会予以讨论；（2）针对个别疑难的法律问题可以请求最高人民法院以批复的形式回答。另外，实践中还有一些非正式的制度，比如说办案人员向部门领导、法院院长请示，下级法院向上级法院请示，寻找类似的案例参照解决，向他人学习和请教，等等。这些是中国的特色制度和实践，我们在讨论疑难案件的裁判问题时，应予以足够的重视。

**提问者：**在我国，疑难案件的裁判过程看起来比我原来想象的要复杂得多。

**法　官：**现在回过头去，请再看看我们在刚开始的讨论中所指出的那个问题，中国法官在司法实践中也会以某种方式发展和续造法律。并且，这种对法律的发展和续造主要是在疑难案件的裁判中进行的。

**提问者：**如果法官事实上真的发展和续造了法律，那么为什么他们总是宣称自己在依法裁判呢？难不成他们是在撒谎吗？

**法　官：**这实质上又引出了另外一个问题。很多情形下，法官即便在实践中真得发展和续造了法律，他们也通常不太愿意将这一事实展现出来。究其原因，这样做会给自己招致不少麻烦，甚至会从根本上危及判决的合法性。为避免陷入争议，他们往往仍然会选择以教义论证的形式来包装判决结果，从而使得整个案件的推理活动仍然是在“法律的名义”下进行的。可以说，在这种情形下他们的做法违背了“诚信裁判”（judging in good faith）的司法义务，并未客观地将判决据以作出的真实理由展现出来。

**提问者：**我还想更进一步地了解法官在疑难案件中是以何种形式发展和续造法律的？

**法　官：**疑难案中的裁判问题非常复杂，一句两句话也很难讲清楚。如果想要了解更多，那就跟随我一起走进这场疑难案件裁判的思想之旅吧。

# 目 录

第三章　疑难案件的存在之争



第四章　疑难案件与司法义务理论之构造



第五章　裁判对法律的偏离

第一章

# 导　论

“Hard case makes bad law”，我们从这句古老的法谚谈起。直译过来就是“疑难案件出坏法”，意思是说疑难案件使得法律的适用出现了困难，法院有时不得不在关于某个法律的多种解释方案之间徘徊，[1] 有时又不得不借助于法律原则和基本法律价值来对既有法律进行补充，有时甚至还得诉诸“更高之法”（higher law）来对眼前有缺陷之法（比如违背正义之法）进行校正，以上种种出现疑难适用情形之法均可被称为“坏法”。早在 1842 年的“温特波顿诉怀特”（Winterbottom v. Wright）一案中，Baron Rolfe 法官提出了一个著名的法律箴言，即“正如我们经常所看到的一样，疑难案件出坏法”[2]。后来，美国联邦最高法院首席大法官哈兰于 1877 年在“美国诉克拉克”（United States v. Clark）一案中也引用了上面的这句判词。美国联

[1] 《元照英美法词典》对此所给出的解释是：“为满足诉讼中一方当事人就疑难争点提出的诉讼请求，法院的司法裁决并不完全依照所适用法律的真正原则，而可能在法律的解释上做出妥协。”参见薛波主编：《元照英美法词典》（缩印版），北京大学出版社 2013 年版，第 627 页。

[2] See William L. Reynolds. *Judicial Process*. Third Edition. Thomson West，2002，p.65.

邦法院首席大法官霍姆斯在“北方证券公司诉美国”案中也有类似陈述，即“重大案件（great case），就像疑难案件一样，容易制造坏的法律”[1]。如此一来，在疑难案件中如何正确地适用法律就变得十分关键，审判实践无疑是不可能避开疑难案件的，而法学理论对于将实践中的疑难案件现象予以理论化则负有不可推卸的责任，现代法律方法论的发展基本上是围绕着疑难案件而展开的，法律的发现、法律的解释与法律的续造无不与疑难案件的裁判有关。

## 一、问题的提出

法律和医学是人类历史上最古老的两门学科，有人说最早的医生就是僧侣，而最早的法官乃是宣告天命的统治者，他身兼统治者和僧侣两职于一身，英国早期衡平法院的大法官即由僧侣所担任。它们各自都笼罩着一圈不是神学的就是超自然力量的光环，时至今日它们依然各自保留着对方的某些特别的踪迹。[2] 在这个意义上讲，法学和医学具有同源性。随着时代的发展与社会的变迁二者早已分道扬镳，并且随着学术分工的日益精细化，二者之间的交集可谓越来越少，尽管如此，二者之间在研究对象和研究方法上却仍然存在诸多的相似。首先，二者都是以问题为导向的，医学服务于疾病的研究、诊断和救治，而法律则服务于社会纠纷的解决。其次，医学和法学都是在实践中发展起来的，并且它们都十分注重对案例的汇集、归类和研究，医学通过对一个个关系生命健康的具体案例的研究来不断推动自身的发展，[3] 而诉讼案例也是法学和法治的细胞，英美的普通法体系（case law system）恰恰是依托案例（判例）才发展起来的。最后，二者都是

[1] Northern Securities Co. v. United States，193 U.S. 197，400–411（1904）.

[2] 参见［美］本杰明·N. 卡多佐著：《法律的成长》，李红勃、李璐怡译，北京大学出版社 2014 年版，第 156—157 页。

[3] 参见江平：《公平正义是司法审判追求的目标》，载 http://www.chinacase.net/news/html/?7035.html，最后访问时间：2015 年 12 月 29 日。

关于生命的学问，医学的最高宗旨就是要治病救人，面对某种疾病能否找到病根、能否对症下药直接关系到患者的生命健康。法律最根本的出发点和最终的落脚点是人的权利和自由，这一点在司法中体现得最为明显，尤其是在刑事案件中法官的一个错误的判决可能会让当事人丧失自由甚至生命。

除此之外，法律和医学还有一个极为重要的共同点，就是它们二者都无法轻易地避开疑难案件（问题）。医学不可能为一切疾病都找到病因和诊治方法，在临床诊疗实践中疑难杂症是频繁发生的，医生们经常会面对充满不确定性或令人无能为力的场景，他们陷入了深深的困惑：

“到底该给癌症患者选择哪一种治疗方法？为什么同种药物在不同患者身上的效果差别那么大？在科学和医学如此发达的今天，为什么大部分疾病的发生机制还不是很清晰？为什么绝大部分的疾病仍然是无法治愈的？……我们不禁反思，医学是否真的像我们所想象的那样具有神奇的起死回生的力量？医学的力量到底有多大？当我们面对一个在社会背景、身体素质、疾病病情各方面都不同的具体的患者的时候，我们是否应采取千篇一律的干预措施？干预的程度应该一样吗？干预的力度又该如何把握？干预真的有效吗？我们能否较为肯定地预测我们干预的效果？规范化的治疗或者指南与共识真的对每一个患者都具有肯定的相同的效果吗？等等。”[1]

作为自然科学的医学尚且会面对如此之多的不确定性，在作为社会科学的法学中出现疑难案件自然也就不足为奇了，而且法律实践中的不确定性较之于医学实践更为频繁、复杂和多样。当法律的规定模棱两可而难以确定时，当出现本应由法律调整但法律却并未调整的新案件时，当既有的法律内容与一般正义原则相矛盾时，在这些法律出现不确定的情形下都会导致案件呈现出不同程度的疑难。现代医学尽管已经十分发达，但是当它

[1] 参见郑明华：“译者序”，载［美］Kathryn Montgomery 著：《医生该如何思考：临床决策与医疗实践》，郑明华主译，人民卫生出版社 2010 年版，第 3 页。

对一个疑难病例无能为力之时，接下来等待患者的可能是无尽的痛苦甚至死亡。著名的美国联邦法官汉德曾坦言，他害怕诉讼胜过于死亡或租税，刑事案件要比民事案件可怕多了，有时候法官的某个点头可能会让人们失去很多很多。[1]疑难案件不仅会给人们带来心理上的焦虑和恐惧，同时还会使当事人的权利处于一种不确定的状态，此外还可能会对法学和法治理想带来威胁。

非常巧的是，医学和法学在疑难案件的处理方面仍然存在着许多相似之处。病情就好比是案件事实，对症下药的前提必须是摸清病情，而司法中对案件的处理也首先是从描述案件事实开始的，“这就需要医生的临床经验、系统的基础知识的储备、细致的甚至是充满怀疑主义精神的观察、对变异和异常情况的敏锐洞察力，以及把所有这些综合在一起的能力”[2]。法官对于案件事实的确定有赖于选择，“选择之时，判断者已经考量到个别事实在法律上的重要性。因此，作为陈述的案件事实并非自始‘既存地’显现给判断者，毋宁一方面考量已知的事实，另一方面考虑个别事实在法律上的重要性，以二者为基础，才能形成案件事实”[3]。在对病情或案情有了一定的把握之后，接下来还要寻找解决疑难案件的具体方法。医学中有组织专家会诊来发挥集体智慧的做法，而法学中类似的是由审判委员会来讨论重大疑难案例或者个别法院内部定期或不定期的案件汇报会。另外，假设性推理是临床实践中的重要思维，这个过程实际上一开始需要产生若干个假设诊断，然后随着诊断思维的发展逐步减少假设诊断的个数，最后达到或接近正确的诊断。[4]司法实践中，对于疑难案件的裁判很多时候也是试探性的，有时法官对疑难案件所做的判决很难说是对还是错，有时法官

---

[1] 参见［美］罗纳德·德沃金著：《法律帝国》，李冠宜译，时英出版社 2002 年版，第 2 页。（对于同时存在中英译本的个别著作，笔者根据客观需要在不同部分引用了不同版本，在此特别予以说明。）

[2] ［美］Kathryn Montgomery 著：《医生该如何思考：临床决策与医疗实践》，郑明华主译，人民卫生出版社 2010 年版，第 44 页。

[3] ［德］卡尔·拉伦茨著：《法学方法论》，陈爱娥译，商务印书馆 2003 年版，第 160 页。

[4] 参见周同甫主编：《临床思维与临床决策》，四川大学出版社 2011 年版，第 3—4 页。

所做的决定眼前看来是正确的可能将来会被证明是错误的，而有时眼前看似错误的决定也有可能在将来会被证明是正确的。

对于疑难案件的解决并不存在放之四海而皆准的公式或方法。经验积累得越多，就越有助于疑难案件的解决，这就是为什么年长的医生（比如老中医）或资历深的法官在处理疑难案件方面更为老到、更值得信赖的原因。因此，对疑难案件的汇集、类型化和理论分析是必要的也是重要的。1986 年起《中华人民共和国最高人民法院公报》就开始发布一些比较具有影响性的典型案例（诸如我们比较熟悉的贾国宇案等），用以指导各级人民法院的审判工作以及统一法律适用。后来一些省高院也纷纷出版一些案例汇编，比如四川高院的《审判指导》以及浙江高院的《案例指导》等，最高人民法院的各个业务庭也先后出版了许多案例解析与审判指导方面的著作。此外，广东非凡律师事务所主办的《判例与研究》在案例传播方面也做出了突出的贡献。2010 年，案例指导制度在我国正式确立，而能够入选指导性案例的案例必须是“社会广泛关注的，或法律规定比较原则的，或具有典型性的，或疑难复杂或者新类型的，或其他具有指导作用的”。最高人民法院已发布的数批指导性案例不能说全部都是疑难案件，但可以肯定地说它们中的大部分都多少有些疑难。与此同时，近年来热点案件频繁进入公共视野，引发了社会公众不小的争议和讨论，甚至对我们的法学和司法提出了挑战。

随着案例指导制度的不断发展，我们所积累的疑难案件的数量越来越多，在此过程中也慢慢摸索到了更多的裁判疑难案件的经验和方法。尤其是随着案例指导制度的正式确立，标志着司法在应对疑难案件的问题上往制度化方向迈进了一步。但是，在新的形势下，我们看到疑难案件呈现出了新的特点，具体说，疑难案件的发展变化越来越快，数量越来越繁多，类型越来越复杂多样，案件的疑难程度也越来越高，波及面越来越广，影响越来越大，解决方式也在慢慢往专业化和制度化的方向靠拢。既然疑难案件会给人们的权利、法学的自足性以及司法的有效性带来不小的冲击，面对实践中疑难案件层出不穷、纷繁复杂的局面，有学者呼吁将疑难案件的裁判交付法学之外的其他社会科学，进而否定既有法律对于疑难之裁判的约束。如此一来，“我们在当代中国常常看到的是，当实践真正需要智力支持的时候，法学却并不在场。面对疑难的个案，几乎所有的人都显得手足无措”[1]。正是在这种背景下，我们选择疑难案件的裁判这个主题进行研究，探讨既有法律（体系）在疑难案件裁判中的应有作用和可能限度，通过对疑难案件裁判中的法律背离、后果论证以及法条主义等裁判理论的检讨，试图为法官在疑难案件裁判中受法律约束的立场进行辩护。

## 二、研究意义

疑难案件并不是凭空编造出来的，而是从现实实践中生发出来的，就此而言它是一个真问题。然而，当这个问题在实践中频繁发生并日益变得复杂多样时，司法所承受的裁判压力就越来越大，它需要在方法上寻找一个突破口，而这就进一步需要法学理论能够提供相应的智力和方法支持。可以说，疑难案件是沟通法学与司法的桥梁，司法中产生的疑难问题不断为法学开拓新的课题，法学为这些新课题所提供的解决方案必须又要回到实践中去接受检验，在这样一种良性互动的过程中，疑难案件的裁判压力会慢慢得到缓解和释放，司法也才能渐渐走上良性发展的道路。

### （一）增进人们对疑难案件的理解

裁判的经验和方法虽然是疑难案件理论的核心内容，但是对于疑难案件性质的界定本身也是十分重要的，如果人们对于疑难案件各自有自己的看法，甚至也有可能根本就不清楚疑难案件究竟是怎么回事，又何谈能够对疑难案件的审判方法进行有意义的探讨呢？所以说对于疑难案件本体论内容的讨论是极为必要的，这也是为什么笔者专设一章来讨论它的理由。

---

[1] 舒国滢：《并非有一种值得期待的宣言——我们时代的法学为什么需要重视方法》，载《现代法学》2006 年第 5 期。

事实上，疑难案件是一个颇具争议的理论问题，首先，人们对于是否存在疑难案件就有较大的分歧，面对完全存在论与完全否定论这两种极端的主张，[1]笔者论证了疑难案件的有限存在论立场，即简单案件是法律实践的常态，疑难案件只是一种偶发的或例外的状态。其次，对于什么样的案件才是疑难案件这个问题也存在争议。司法过程中哪些因素可能会发生疑难呢？显然，作为推理之前提的案件事实及法律适用都可能会出现疑难，但是仅仅案件事实疑难（比如争取调查困难等）并不足以令一个案件变成疑难案件，法学上的疑难案件仅仅是指法律适用出现争议的案件。为了将事实疑难的案件剔除出去，学者们提出了一些新的指称，比如“非典型案件”[2]。除此之外，还有学者认为中国特有的“关系”（有人、有靠山）要素也会对案件的疑难产生一定作用。需要说明的是，在第七章笔者所使用的疑难案件基本上意指法律之理解与适用方面存在疑难的案件，在第八章对于中国疑难案件之裁判特点的讨论中，笔者将事实疑难以及社会影响重大的难办案件也纳入广义的疑难案件的范畴之内。最后，笔者对疑难案件的形成原因也做了细致的剖析，只有弄清楚案件如何变得疑难，才有助于摸索疑难案件的裁判方法。所以说，这项研究对于增进人们对于疑难案件之概念与性质等基本问题的认识具有十分重要的意义。

---

[1] 需要说明，这仅仅是一种理论上的划分，实践中可能很难存在完全与之对应的主张。完全肯定论认为法律是极端不确定的，每一个案件都是疑难案件，每一个案件的裁决实质上都是运用法律解释的产物（as a result of interpretation），此种主张的典型是法律现实主义（legal realism）。与之相对，完全否定论则认为法律是清晰的、确定的和无漏洞的，既有法律已经为一切法律问题准备好了答案，法官只需要运用法律去发现这个答案就可以了，此类主张的代表是法律形式主义（legal formalism）。关于这两种主张的具体讨论，请参见第三章第一小节的内容。

[2] 周赟认为传统上简单案件与疑难案件的二分法是存在问题的，他认为疑难案件所包含的范围很广，既包括法律适用存在疑难的案件，也包括事实认定存在疑难的案件，同时还包括事实认定和法律适用均存在疑难的案件。为避免误解之嫌，周赟认为应以“非典型案件”和“典型案件”的提法来代替“疑难案件”和“简单案件”。对此请参见周赟：《典型案件 / 非典型案件二分命题的崩塌》，载《江汉论坛》2015 年第 5 期。也可以参见周赟：《非典型与典型案件：术语、成因及其关系》，载《中国法学》2015 年第 5 期。

### （二）丰富和发展法律方法理论

在临床医疗实践中，如果出现了现有医学无能为力的疑难杂症，医生做再多的努力和尝试也是无济于事，甚至医生会主动劝说病患家属放弃治疗，所以在这个意义上讲医学对有些疑难案件可以说不。但是，在司法实践中法官却不得拒绝裁判，法官不能以法律没有规定为由而将当事人拒之门外，他对于眼前的待决案件负有一项不可推卸的裁判义务，比如说第二章将要讨论的中国首例胚胎案中，法官不得以现有法律对胚胎的性质没有明确规定为由而拒绝受理和裁判该案。在这种情形之下，法官该如何做出判决呢？这就涉及疑难案件的裁判方法，传统的法律方法主要局限于法律解释（主要是目的解释）、利益衡量以及原则裁判等法律续造之方法。本书在传统法律方法理论的基础上有所推进，笔者梳理了法官受法律之约束的发展谱系，检讨了法律标准在司法裁判中的作用和限度（第四章），针对疑难案件的裁判，笔者进一步发展了三种理论，它们分别是有限的司法偏离论（第五章）、作为法律方法的后果主义裁判论（第六章）以及能够灵活应变的法条主义论（第七章），这三种理论彼此之间存在着一定的关联关系，它们相互协调、相互补充，能够共同服务于疑难案件的裁决。笔者对这三种理论的发展与重构，能够极大地丰富传统的法律方法理论的内容，这也是书名采“疑难案件裁判方法新论”之精义所在。

### （三）重申依法裁判的基本立场

除了帮助人们更好地认识疑难案件和发展既有的法律方法理论之外，这项研究还有一个重要的意义，就是它始终贯穿着“疑难案件的裁判依然要忠于法律”这项主张。对于法律在司法裁判中的作用，学界向来有两种不太一样的观点，其中一种观点认为在简单案件的裁判中法官应受法律的严格约束，此即“依法裁判”的基本立场；另一种观点则主张法官在疑难案件的裁判中拥有一种灵活适用法律的自由裁量权，甚至在必要的时候法官可以摆脱既有法律的约束而从事法律之外的政策考量或立法性判断，这就是“自由裁量”的立场。同时在自由裁量论的内部又可以分为“较弱意义的自由裁量”与“较强意义的自由裁量”，前者仍然是在法律之内所进行的法律适用活动，比如对于“合理的”“较为严重的”“显著轻微”等概括性条款的解释即是此例，在性质上讲它和依法裁判论在“法律约束裁判行为”这个问题上的观点是一致的。后者已经超出了既有的法律标准，裁判转而诉诸法律之外的政策、道德、经济等其他标准，如此一来法官也就不再受法律严格的约束，从而走向了依法裁判的对立面。因此，可以说疑难案件的裁判就是在“依法裁判”与“依法外标准裁判”之间来回摇摆不定。在眼前的这项研究中，贯穿全书始终的一条主线就是强调法律标准对于裁判的约束，法官面对疑难案件另起炉灶先造法然后再回过头来解决眼前案件的时代已经过去了，如今法官要学会如何最大限度地利用与整合既有的法律资源来应对疑难案件，所以我们在疑难案件的裁判中重申依法裁判的立场将具有别样的特殊意义。

### （四）指导审判实践的具体展开

就疑难案件这个问题本身来说，它首先源自实践，是在实践中所产生的现实现象或难题，其次通过对这种现象进行一定的理论化之后，它才进一步上升为一个理论问题。所以，本书的全部研究虽然是理论性的，除了在理论方面的可能贡献之外，它还有十分重要的实践意义，即它所阐发的裁判理论和方法能够对审判实践产生直接的指导意义。比如说，在疑难案件的裁判中，法官如何精巧、安全地穿梭于各种可供裁判适用的法律渊源之间；又比如说，为了确保判决能够获得基本的形式合法性，在何种情形下法官对于法律的偏离是不正当的，同样的道理，在何种情形下法官固守既有的法律是不妥当的；再比如说，法官可以按照笔者所阐述的后果主义论证的操作方法，通过对相关可欲后果的预测、选择和考量来论证判决之合法性与合理性；此外，法条主义是法官所普遍信赖的一种法律适用方法，笔者对法条主义理论的重构可以帮助法官最大限度地应对复杂的司法实践。最后，对于中国司法在应对疑难案件的过程中所发展出来的诸正式制度及非正式制度的讨论，也可以帮助法官在审判过程中科学、合理地运用这些制度或方法。总而言之，本研究可以为实践中疑难案件之裁判提供切实且有益的指导。

## 三、国内外研究现状

近年来疑难案件一直是一个热点问题，学界有关疑难案件的文献并不匮乏，学者们基本上已经从不同角度对疑难案件进行了初具规模的研究。就文献的分布来看，主要突显了这样一些特点：其一，疑难案件的研究呈现出一种碎片化的状态，缺乏对于疑难案件的综合性的、系统性的研究，有的文献对于疑难案件的研究只是附带着进行的。其二，关于疑难案件的著作或专题式著作几乎没有，这方面的文献主要集中于论文，无论是中文论文还是西文论文都相对较为丰富。而就论文的类别来看，学术期刊论文的数量要远远多于学位论文，博士论文主要有两篇：刘鹏博士的论文《疑难案件中法律裁判的规范性来源——基于当代英美法哲学的一个研究》主要是从法哲学角度探讨法官在面对一个由利益和价值多元所引发的疑难案件时如何做出一个理性的判决，作者分别检讨了哈特的内在进路、德沃金的解释进路以及波斯纳的法条主义进路，[1] 这基本上仍然是一种思想史的进路；褚国建博士的论文《疑难案件的裁判方法：立足于法律论证的研究》主要讨论了在疑难案件裁判中法律论证的可能形式、合理方法及内在结构等问题。[2] 其三，就研究学科而言，疑难案件的诸文献散布于法学理论、部门法学等各个学科。接下来笔者首先简要地概括研究疑难案件的几种不同进路，然后将尝试运用“关键词联想和展开”的方式分主题进行文献概述，以力求客观、全面、清晰地展示国内外目前关于这一主题的基本研究现状。

---

[1] 参见刘鹏：《疑难案件中法律裁判的规范性来源——基于当代英美法哲学的一个研究》，吉林大学2011年博士学位论文。

[2] 参见褚国建：《疑难案件的裁判方法：立足于法律论证的研究》，浙江大学2008年博士学位论文。

### （一）疑难案件的研究进路

令人欣慰的是，在疑难案件这个问题之下学者们已经展开了多样化的研究。从研究的具体内容来看，有人研究疑难案件的概念、性质与成因，[1]有人研究疑难案件中法官的价值判断，[2]有人研究疑难案件裁判中的法律修辞，[3]有人从部门法的角度探讨疑难案件中的相关问题，[4]此外还有一些人从裁判方法论的角度探讨疑难案件裁判中所可能运用的相关方法（比如法律发现、法律推理、法律解释和法律论证等），[5]这种学术分工体现了研究者对于疑难案件这个问题的不同的学术旨趣，同时也能够从不同角度丰富人们对于疑难案件的认识和了解。而从研究的具体进路来看，既有各种研究之间展现出了一些略微不同的差异，归纳一下大体上主要有规范性进路与经验性进路。这是两种不同的研究进路，规范性进路侧重于对原理和制度的研究，而经验性进路则注重对经验和社会生活事实的审视；规范性进路主要是从应然性的角度研究问题，比如“疑难案件应该是什么”“疑难案件应该怎样裁判”等，而经验性进路主要是对研究对象进行实然性的描述和分析，即“疑难案件（事实上）是什么”“事实上是什么原因催生了疑难案件”等。[6]不同的进路在体现研究者们不同学术旨趣的同时，也体现了学者们对于疑难案件的不同认识，这两种不同的学术进路对于疑难案件的研究都是必要的。

---

[1] 参见孙海波：《疑难案件的语义争议及成因初探》，载《研究生法学》2011 年第 6 期；孙海波：《案件为何疑难？——疑难案件的成因再探》，载《兰州学刊》2012 年第 11 期；刘星：《略论法律适用中的疑难案件》，载《中山大学学报》（社会科学版）1993 年第 3 期。

[2] 参见陈坤：《疑难案件、司法判决与实质权衡》，载《法律科学》2012 年第 1 期。

[3] 参见陈金钊：《解决“疑难”案件的法律修辞方法——以交通肇事连环案为研究对象的诠释》，载《现代法学》2013 年第 5 期。

[4] 这方面的文献著述也不少，比如参见彭德雷：《论 WTO“疑难案件”的裁判进路：法律原则》，载《华东政法大学学报》2005 年第 1 期；任彦君：《刑事疑难案件中结果导向思维的运用》，载《法学评论》2012 年第 2 期。

[5] 比如参见唐丰鹤：《整体性的法律论证——兼论疑难案件法律方法的适用》，载《河北法学》2014 年第 1 期；王宏选：《疑难案件及其法律解释》，载《理论探索》2006 年第 4 期。

[6] 参见张骐著：《法律推理与法律制度》，山东人民出版社 2003 年版，第 8—9 页。

在规范性与经验性的脉络之下，学者们对疑难案件展开了具体多样化的研究，这里我们从宏观上做一个简要的梳理。我们先来看看规范性研究，首先是从法哲学角度展开的一些研究，比如徐继强教授通过对主流法哲学派别关于法律规则之特性（比如可发展性、可争辩性、开放性等）的分析，探讨了疑难案件的独特性及其裁判问题之核心。[1] 又比如笔者早期的一篇文章也从思想关系的视角梳理了当代法哲学中学者们对于疑难案件是否存在的争议。[2] 另外，在英美学界也有很多从这个视角讨论疑难案件的经典文献。[3] 其次是部门法学者对部门法中的疑难案件或疑难的法律条文之解释或适用所进行的研究，这一点上文已有所述及。这种对规则或概念之解释的偏重，其实非常接近以实在法律条文之解释与适用为研究对象的法教义学。[4] 最后是对疑难案件之裁判方法的研究也可以归之于这种研究方法的范畴，本书也主要就是从这个角度来切入研究的。与此相对，在经验性研究的旗下也包罗着名目繁多的各色研究，有学者从轰动个案或热点案件来透视疑难案件中的法律问题，[5] 也有学者从法律社会学的视角分析疑难案件中法条主义思维之局限，[6] 此外还有学者从法律经济学的视角来分析疑难

---

[1] 参见徐继强：《法哲学视野中的疑难案件》，载《华东政法大学学报》2008 年第 1 期。

[2] 参见孙海波：《疑难案件的法哲学争议——一种思想关系的视角》，载《法律科学》2013 年第 1 期。

[3] See Ronald Dworkin，"Hard Cases"，88 *Harvard Law Review*，6（1975）：1057-1109. See also H.L. A. Hart. *The Concept of Law*. Second edition. Oxford University Press，1994，pp.155-180.

[4] 谢海定教授也认识到了这一点，他指出："这些以具体法律制度、原则、技术为着重点的研究，倾向于勾画或大或小的'有机联系'的规则体系和概念体系，在研究进路上偏向规范分析，初具后来的'法教义学'的某些特征。"参见谢海定：《法学研究进路的分化与合作——基于社科法学与法教义学的考察》，载《法商研究》2014 年第 5 期。

[5] 比如参见桑本谦著：《理论法学的迷雾：以轰动案例为素材》，法律出版社 2008 年版。又比如参见 Robert P. George. *Great Cases in Constitutional Law*. Princeton University Press，2000. 再比如参见 Lackland H. Bloom Jr.. *Do Great Cases Make Bad Law*? Oxford University Press，2014.

[6] 参见苏力：《法条主义、民意与疑难案件》，载《中外法学》2009 年第 1 期。也可以参见苏力著：《法治及其本土资源》，中国政法大学出版社 1996 年版，第 23—36 页。

案件的裁决方式和特点。[1] 对于疑难案件进行经验性研究的确难能可贵，但目前较为扎实和系统的实证研究还是相对匮乏的。

## （二）以关键词为线索展开

文献综述的写作方式可以有很多种，比较常见的是就某个论题分别梳理国内和国外的文献，从而描述国内外学界目前对这个问题已经进行了哪些方面的研究，而在此笔者想换一种方式来处理既有的文献。当我们谈论疑难案件时，马上会有一些词语或术语在我们的脑海中浮现，比如说法律规则与法律原则、法律的不确定性、模糊性、开放性结构、缺陷性、可争议性、法律漏洞、目的论限缩、利益衡量、法律续造、类推适用、原则裁判、形式法治、实质法治、依法裁判、规范约束、法条主义、自由裁量、法教义学、社科法学、价值判断、个案正义、法律实用主义、后果主义、法律渊源、法体系、法律秩序等。按照它们与疑难案件之间的紧密程度，拟将它们分成以下几组来分别进行简要述评：(1) 法律渊源、法律规则、法律原则、法体系、法律秩序；(2) 法律的不确定性、模糊性、开放性结构、缺陷性、可争议性；(3) 法律漏洞、目的论限缩、利益衡量、类推适用、原则裁判、法律续造；(4) 形式法治、实质法治、法教义学、社科法学、价值判断；(5) 规范约束、个案正义、依法裁判、自由裁量、法条主义、法律实用主义、后果主义。

我们先来看第一组，这一组一共有五个关键词，其中法律渊源是一个较为上位的概念。法律渊源（sources of law）的一般含义是指法律的来源，其中具有正式的法律效力（具备一般法律形式）的被称为正式的法律渊源，其表现形式有宪法、法律、法规、规章等，从性质上讲既包括法律规则也包括法律原则。与之相对是非正式的法律渊源，比如习惯、

[1] 参见苏力：《“海瑞定理”的经济学解读》，载《中国社会科学》2006 年第 6 期；又可以参见桑本谦：《疑案判决的经济学——“海瑞定理”的补充和延伸》，载《中国社会科学》2008 年第 4 期；此外还可以参见凌斌：《疑难案件中司法资源的优化配置：解读海瑞定理》，载《法律和社会科学》（第 5 卷），法律出版社 2009 年版，第 223—236 页。

惯例或政策等。[1] 通常，只有正式的法律渊源才有资格作为司法裁判的依据。与法律渊源较为接近的概念是法体系（legal system），一种观点认为法体系仅仅是由规则所组成的，[2] 另一种观点则努力将法律原则包容入法体系之中，[3] 如此一来法律体系的范围就得到了很大的扩展，即使不被法律规则所调整的案件可能仍然能够被法律原则所覆盖。一个案件可能在以下三种情况下变得疑难：第一种情形，是指调整某个特定案件的法律较为笼统而出现了模糊等不确定的情形；第二种疑难情形表现为规范冲突，即对于某个案件虽然存在着现成的法律可用，但是该法律之适用所得出的裁判结果与实质的正义原则相违背，此时案件事实与法律之间呈现出了一种形式适应但实质不适应的状态；第三种疑难情形，是指出现了所谓的法律漏洞，即立法者在制定法律的时候本应考虑到某些情形但是由于种种原因并未就此类事项制定法律。[4] 目前学者们对于法体系及法秩序（尤其是后者）在疑难案件裁判中的重要作用鲜有论述或探讨，对此笔者将在第四章详细讨论法秩序在法律续造方面的价值与作用方式。

第二组概念主要是围绕着法律的特征所展开的，我们长时间习惯了对法律的确定性、清晰性、封闭性、完美性、无争议的想象，而对于法律的另一面（即不确定性、模糊性、开放性、缺陷性以及可争议性）却缺乏足够的关注与重视。确定性是法律的常态，不确定性只是法律的一种例外状

---

[1] 对此读者可以参见国内法理学教材对法律渊源的一般性介绍和讨论。

[2] 比如哈特的社会规则理论，see H.L. A. Hart. *The Concept of Law*. Second edition. Oxford University Press，1994，pp.91-99.

[3] See Ronald Dworkin，"Is Law a System of Rules"，in Ronald Dworkin eds. *The Philosophy of Law*. Oxford University Press，1977，pp.38-65. See also Ronald Dworkin. *Taking Rights Seriously*. Harvard University Press，1978，chaps 2 and 3.

[4] 参见沈宗灵：《法律推理与法律适用》，载《法学》1998 年第 5 期；刘星教授将疑难案件分为法律解释困难、处理结果有争议、法律未规定和法律规定相互冲突这四类。参见刘星：《略论法律适用中的疑难案件》，载《中山大学学报》（社会科学版）1993 年第 3 期。刘星一文中，处理结果有争议是指法律规定存在着形式与实质的矛盾，这通常表现为法律规则与原则出现了冲突，因此处理结果有争议与法律规定相冲突基本上是重合的，所以我们可以将二者并在一起。

态。卡多佐大法官曾提醒我们在认真对待确定性的同时，也应分清正确的确定性与虚假的确定性，此外还应看到确定性并不是我们唯一的追求，为此我们已经付出了巨大的代价。[1] 不确定性具体又可以体现为模糊性与开放性，模糊性可以体现为语义上的模糊（semantic vagueness）与语用上的模糊（pragmatic vagueness），[2] 前者需要借助于解释的技术或方法来应对，而后者往往需要引入特定的会话或对话语境。[3] 英国学者恩迪科特教授认为模糊性是法律的本质属性，并且他认为模糊性是没有办法彻底消除的。[4] 开放性也是导致法律不确定的渊源之一，哈特指出无论是运用先例还是立法来指引人们的行为总是会不可避免地呈现出一种开放性的结构（open texture），这尤其体现在法律语言的核心区域与边缘区域之分，当案件落在了法律的边缘区域或阴影区域时，法律的内容及对特定案件的适用都将变得不确定。[5] 法律并不是完美的，它可能存在一些缺陷，既可能是一些形式或程序上的缺陷，诸如法律中存在矛盾、法律不清晰、法律没有颁布，[6] 又可能是一些实质性的缺陷，比如法律条文背离已被认识的法律目的或背

---

[1] 参见［美］本杰明·N. 卡多佐著：《法律的成长》，李红勃、李璐怡译，北京大学出版社 2014 年版，第 28 页。

[2] 马默教授将“语用上的模糊性”也称为一种“对话性的模糊性”（conversational vagueness），对此参见 Andrei Marmor. *The Language of Law*. Oxford University Press，2014，pp.85–92.

[3] See Andrei Marmor. *Philosophy of Law*. Princeton University Press，2010，pp.147–158.

[4] See Timothy A. O. Endicott，“The Impossibility of the Rule of Law”，19 *Oxford Journal of Legal Studies*，1（1999）：11–13. See also Timothy A. O. Endicott. *Vagueness in Law*. Oxford University Press，2001，chaps 2 and 3.

[5] See H.L. A. Hart. *The Concept of Law*. Second edition. Oxford University Press，1994，pp.124–128. See also H. L. A. Hart，“Positivism and the Separation of Law and Morals”，71 *Harvard Law Review*，4（1958）：607–615.

[6] 参见［美］朗·富勒著：《法律的道德性》，郑戈译，商务印书馆 2005 年版，第 55—96 页。桑斯坦也曾列举过规则多可能出现的一些问题，比如：(1) 如果参考规则背后的正当性理由，规则存在过度包含或潜在包含的情形；(2) 随着具体情势的变化，规则可能会由于过时而被推翻；(3) 抽象化或普遍化有时可能会遮蔽住偏见；(4) 规则使得自由裁量权无容身之处；(5) 规则可能会放纵作恶者钻空子；(6) 规则是非人性化的，并且可能在程序上也是不公正的。See Cass R. Sunstein，“Problems with Rules”，83 *California Law Review*，4（1995）：991–995.

离法律的一般价值及原则。[1] 最后，法律虽然是人们所达成的最低限度的价值共识，但是法律仍然是具有可争议性的。[2] 值得注意的是，法律的以上诸特征往往会成为诱发疑难案件产生的重要因素。[3]

现在我们转向第三组概念，它们都是法律方法的重要内容，并且很多都是为了解决疑难案件的问题才被发展出来的，并且这些法律方法大多是在常规的法律方法无力应对案件的裁决时才被启用，亦即它们的适用前提之一是出现了法律漏洞（gaps）。学者们给法律漏洞下的定义是“违反立法计划的不圆满性”，佩岑尼克将法律漏洞分为四种：“(1) 制定法对某个特定的案件缺乏规定（不充分的漏洞）；(2) 制定法以一种逻辑上不一致性的方式调整一个案件（不一致性的漏洞）；(3) 制定法以一种模糊的方式调整案件（不确定性漏洞）；或者（4）制定法以一种道德上不可接受的方式调整案件（价值上的漏洞）。”[4] 严格来讲，笔者认为第三种（不确定性 / 规范模糊）尚不足以上升为漏洞，此种难题通常通过常规的解释技术就能够解决，第一种和第二种中的一部分（对于那些法律未规定其冲突解决规则的规范冲突）可以合称为“规范漏洞”，而第四种可以被称为“评价漏洞”，是指“在评价性的意义上，某个规则从表面上来看可以得到适用，但是出于一些评价性的理由（比如它的适用太不公平或太过荒唐等）导致该规则的适用存在争议”[5]。依拉伦茨之见解，对于漏洞之填补涉及法律之续造，法律续造与法律解释之界限在于是否超越“可能的字义空间”，法律内的法律续造与超越法律的法律续造之界限则在于是否超越立法之计划。[6] 对于

[1] 参见［德］卡尔·恩吉施著：《法律思维导论》，郑永流译，法律出版社 2004 年版，第 202—206 页；参见［德］伯恩·魏德士著：《法理学》，丁小春、吴越译，法律出版社 2003 年版，第 391—393 页。

[2] 参见徐继强：《法哲学视野中的疑难案件》，载《华东政法大学学报》2008 年第 1 期。

[3] 比如 Fernando Atria 认为，当法律处于争议的时候，案件就开始变得疑难。See Fernando Atria. *On Law and Legal Reasoning*. Hart Publishing，2001，p.73.

[4] See Aleksander Peczenik. *On Law and Reason*. Springer，2008，p.18.

[5] Fernando Atria. *On Law and Legal Reasoning*. Hart Publishing，2001，p.75.

[6] 参见［德］卡尔·拉伦茨著：《法学方法论》，陈爱娥译，商务印书馆 2003 年版，第 246—248 页。

法律之内的法律续造，包括通过类推适用的方式来填补开放的漏洞，通过目的论的限缩来填补隐蔽的漏洞，其他基于目的对法律所做的修正，以及借助于利益衡量来解决原则冲突及规范冲突；对于超越法律的法律续造，包括鉴于法律交易上之需要所进行的法律续造，鉴于“事物之本质”所从事的法律续造，以及鉴于法伦理性原则所从事的法律续造等。[1] 对于疑难案件之裁决，我们需要在这些传统法律方法的基础上朝着具有可操作性之具体方法或者较具有创新性之方法的方向有所推进。

下面的这组术语主要是由两对概念所组成的，形式法治与实质法治以及法教义学与价值判断，而形式法治与法教义学、实质法治与价值判断又分别存在着某种程度的对应或耦合。法治并非一个单一的概念，它具有一定的层次性，一般而言，较为基础性或初级的法治我们称之为形式法治，它强调的是一以贯之、一视同仁地遵守和执行规则，而比较少（注意并不是完全没有或排斥）开启关于规则的实质正当性的讨论或论证。而实质法治不仅仅着眼于是否有规则，同时还关注该规则是否符合实质性的原则和价值。如果说形式法治旨在建立起法律的形式权威，那么实质法治则致力于实现一种良好的社会秩序。[2] 法教义学与社科法学从性质上说是两种法学的学问方式，前者以实在法为研究对象并以实在法的解释与体系化为任务；[3] 后者是“针对一切与法律有关的现象和问题的研究，既包括法律制度

---

[1] 对于正文中所提及之法律续造的诸种方式，请参见［德］卡尔·拉伦茨著：《法学方法论》，陈爱娥译，商务印书馆 2003 年版，第 258—297 页。

[2] 关于形式法治与实质法治的基本界定，请参见陈金钊：《认真地对待规则》，载《法学研究》2000 年第 6 期；陈金钊：《规则、解释与法治实现》，载《杭州师范大学学报》（社会科学版）2009 年第 5 期；陈金钊：《对形式法治的辩解与坚守》，载《哈尔滨工业大学学报》（社会科学版）2013 年第 2 期；张翔：《形式法治与法教义学》，载《法学研究》2012 年第 6 期。

[3] 拉伦茨认为法教义学是“以处理规范性角度下的法规范为主要任务的法学，质言之，其主要想探讨规范的‘意义’。它关切的是实证法的规范效力、规范的意义内容，以及法院判决中包含的裁判准则”。参见［德］卡尔·拉伦茨著：《法学方法论》，陈爱娥译，商务印书馆 2003 年版，第 77 页。拉德布鲁赫将这种体系化的、解释性的法学进一步界定为“处理实证法秩序之客观意义的科学”，以区别于法哲学、法政策学和法社会学等。［德］拉德布鲁赫著：《法哲学》，王朴译，法律出版社 2013 年版，第 127—128 页。

研究、立法和法律效果研究，也包括法教义学所关注的法律适用和解释，主张运用一切有解释力且简明的经济研究方法，集中关注专业领域问题，同时注意利用其他可获得的社会科学研究成果，也包括常识”[1]。尽管社科法学并不是一个单一的、独立的学科，其旗下拥簇着琳琅满目的各色研究，比如法律经济学、法律社会学、法律政治学、法律人类学等，但其基本上仍然共享社科法学的基本主张和特点。正如个别学者所归纳的，社科法学注重从后果而不是从法条出发，社科法学以实用主义的态度对待法条，注重因果关系、强调语境以及个案研究等。[2]继而，在疑难案件频繁发生的情势下，强调以规则为中心内容的法教义学受到了挑战，一些社科法学者指出了法教义学在疑难案件裁决中作用的有限性，于此情形下一连串的政治或政策性判断则更为根本与重要，不仅如此法官还应更加重视对相关社会后果的考量。[3]因此，可以得出这样一个基本的结论：“对于疑难案件，法教义学基本上难以发挥作用，而社科法学则恰恰可以很好地发挥用武之地，社科法学通过后果分析，来展现出对法律问题的解释力和说服力，以及知识竞争力。”[4]对此，一些学者从不同角度做出了回应，[5]另外还有一些学者论证了法教义学的开放性及其对价值判断的包容，[6]故而法教义学的内在结构的复杂性及其面对新形势的革新能够在疑难案件的裁判中发挥一定的作用。

---

[1] 苏力：《中国法学研究格局的流变》，载《法商研究》2014 年第 5 期。

[2] 参见侯猛：《社科法学的传统与挑战》，载《法商研究》2014 年第 5 期。

[3] 参见苏力：《法条主义、民意与疑难案件》，载《中外法学》2009 年第 1 期；又可参见苏力：《法律人思维？》，载《北大法律评论》2013 年第 2 辑；还可参见侯猛：《社科法学的跨界格局与实证前景》，载《法学》2013 年第 4 期。

[4] 侯猛：《社科法学的传统与挑战》，载《法商研究》2014 年第 5 期。

[5] 比如参见雷磊：《法教义学的基本立场》，载《中外法学》2015 年第 1 期；又可参见孙海波：《法教义学与社科法学之争的方法论反省——以法学与司法的互动关系为重点》，载《东方法学》2015 年第 4 期。

[6] 关于法教义学与价值判断的讨论，请参见许德风：《论法教义学与价值判断》，载《中外法学》2008 年第 2 期；劳东燕：《刑事政策与刑法解释中的价值判断——兼论解释论上的“以刑制罪”现象》，载《政法论坛》2012 年第 4 期。

最后一组概念与疑难案件这个论题也紧密相关，我们在讨论疑难案件的时候经常会遇到它们。现代法学方法理论的核心是如何处理规范约束与个案正义之间的紧张关系，通常情况下（简单案件中）裁判者在规范之下运用一定的法律方法做出裁决的同时也就实现了司法正义，但是在一些特殊情形下（通常在疑难案件中）规范约束与个案正义的要求可能会出现紧张关系，法官往往会顾了这头而顾不了那头，机械地固执一端都难以满足疑难案件裁判的要求，因此我们需要一种能够同时兼顾二者的法律方法，亦即在疑难案件中法官仍然能够在既有法律的约束下寻求到公正的个案裁决，而这恰恰是学界研究目前所存在的一个薄弱点。规范约束是形式法治的基本要求，而个案正义则是实质法治的题中之义，调和规范约束与个案正义实质上也是在形式法治与实质法治之间寻求一种平衡。与此相关的一对概念是依法裁判与自由裁量，依法裁判是一种强调司法裁判受法律约束的基本立场，它最能够突显出司法裁判的根本法律属性，即裁判是从法律标准中推导出来的。而与之相对，自由裁量是指法官对法律的灵活运用甚至扩张。[1] 学者们主要集中于对依法裁判或自由裁量权进行单向度的研究，同时对于自由裁量权的种类及内在结构却疏于研究，而对于如何通过对自由裁量权的限制来维护依法裁判的立场也鲜有人论及。此外，在法律适用方面还存在着三种彼此不同的对待法条的审判方式，它们分别是法条主义、法律实用主义以及后果主义。首先，不得不提的是，这三个概念看似简单，但其实人们对于这些概念的使用是比较混乱的，缺乏更为细致、具体和明确的界定，法律实用主义对待法条采取了一种批判乃至怀疑的态度，这就会导致裁判极易偏离既有的法律标准。[2] 其次，学界对于法条主义呈现出

---

[1] 这方面的一些文献，请参见 Ronald Dworkin. *Taking Rights Seriously*. Harvard University Press，1978，pp.31-39；也可参见陈景辉：《原则、自由裁量与依法裁判》，载《法学研究》2006 年第 5 期；还可参见范立波：《原则、规则与法律推理》，载《法制与社会发展》2008 年第 4 期。

[2] 对于法律实用主义的介绍，参见［美］理查德·波斯纳著：《法律、实用主义与民主》，凌斌、李国庆译，中国政法大学出版社 2005 年版，第 72 页及以下；也可以参见［美］理查德·波斯纳著：《超越法律》，苏力译，北京大学出版社 2001 年版，第 4—12 页；另外还可以参见 Robert S. Summers. *Instrumentalism and American Legal Theory*. Cornell University Press，1982.

一种一边倒的现象，法条主义成了一个稻草人。法条主义对于实现形式法治和维护依法裁判的立场具有十分特别的意义，因而对于其概念、功能限度、内在结构均需要予以认真对待。最后，前面已经提及部分社科法学者所倡导的后果主义，需要承认后果主义的确对疑难案件的裁决能够提供帮助，但社科法学者所倡导后果主义的主张仍然主要停留在口头上，且操作稍有不当便会使得裁判偏离既有的法律，鉴于此，我们在法律方法中有必要引入并建构一种基于后果的推理方法，并使之与依法裁判的基本立场保持一致。

## 四、研究方法

本书综合运用了文献梳理、概念分析、比较研究、案例分析以及规范分析等多种方法。简单来说，文献梳理几乎是科学研究的必备方法，通过对关于疑难案件这个问题的古今中外的文献资料进行梳理，可以厘清学界对于这一议题的基本研究现状，同时也可以清晰地描述学者们对于这一问题的分歧与共识，对于我们进一步展开卓有成效的研究是十分必要和有益的。概念分析是分析法学的最为基本的分析工具之一，它不是通常意义上所讲的对一个概念的内容进行分析以揭示出该概念的内容是什么，而是指找出概念的必然的本质属性，并对这种必然属性在哲学上给出成功的说明，对法律的概念分析实际上就是揭示出法律的必然本质属性，以增进人们对于概念背后的法律的真正的了解。[1] 比如，“某人负有一项义务做 ×”与“某人被强迫做 ×”相比，前者更能体现出法律的独特本质。比较的方法也是法学研究的常用工具，通过比较我们可以从多方位更清楚地审视所要讨论的问题，本书中我们在多处使用了这种比较的方法，（相近的或对立的）概念的比较居多，比如说司法义务与道德义务、形式法治与实质法治、

---

[1] 关于概念分析，刘叶深认为它不等同于语义分析，应当从典型情形着手分析，以澄清理论疑难为目的，揭示并说明法律的必然特征，采取反思平衡的方法，并以理想性标准揭示出法律的独特性。对此参见刘叶深：《法律概念分析的性质》，载《法律科学》2011 年第 1 期。

依法裁判与司法偏离、法条主义与后果主义等。此外，笔者还借助于多个案例来辅助讨论，其中既有虚构的案例，也不乏司法实践中所发生的真实案例，这一方面能让我们直观地感受到疑难案件到底是什么样的，另外一方面也引导我们思考应对疑难案件的裁判方法。

此处稍微介绍一下规范分析的方法，其实在前面讨论研究疑难案件的几种进路时就已经提到过这种方法。它通常是与经验研究相对的一种研究方法，着重于从应然的角度对制度和原理进行剖析。就本书的研究主题而言，它并不直接指涉或关涉特定的地域或国家，而主要是一个一般法理学的问题，[1] 亦即尽管本书时常也会从英美法或欧陆法中汲取素材，但是笔者所关心的问题仍然是一般性的，所以我们所讨论的“裁判对于法律的背离与回归”并不特指中国司法裁判中法官对于既有法律的背离与回归，同样也不专指美国或德国司法裁判中法官对于法律的背离与回归，而是指在一种较为普遍或一般的意义上面对疑难案件时法官可能做出的法律适用选择。与一般法理学相对的是特殊法理学，即研究某个特定地域、某个特定法律文化下的问题，它相对有着较强的地域和文化方面的限制，特殊法理学往往和经验性的研究进路是一致的，但是它同时也并不绝对排斥规范性的研究，比如说对于中国的疑难案件问题，学者们既可以研究疑难案件一般性概念、特点，也可以研究特定的文化成因及裁判的方法等。因此，在这篇论文中我们的着眼点主要是一般或普遍意义上的疑难案件中的法律适用与选择的问题。

即便在秉持规范性研究进路的同时我们可能仍然会或多或少地涉及一些个案或经验性方面的探讨，比如在本书的第一章我们主要是从中国司法来切入的，又比如在第六章中我们讨论了中国司法实践中后果主义推理的

---

[1] 英国著名法律学者威廉姆·特维宁认为“一般法理学”（general jurisprudence）这个术语与“全球性法理学”（global jurisprudence）较为接近，这里所谓的“一般性”可以有四个方面的意思：（1）表示抽象的，比如法律的一般理论；（2）普遍的，具有跨时空性和地域性；（3）具有普遍性的意思；（4）数量上不止一个，接近无穷之大 / 多。See William Twining. *General Jurisprudence: Understanding Law from a Global Perspective*. Cambridge University Press，2009，p.18.

若干形式。除此之外，第八章对于中国疑难案的裁判特点的讨论所坚持的基本上是一种经验主义的进路，除了对实践中所存在应对疑难案件的正式制度与非正式制度进行描述之外，笔者还专门就“疑难案件的裁判经验与方法”这个主题在徐州市下辖的十余个基层法院对两百余名基层法官进行问卷和访谈，获得了大量的这方面的第一手资料，所以说，第八章的写作在一定程度上也是以这些实践材料作为基础的。这种对于疑难案件的经验性研究在学界并不是特别多，因此对于我们开展有益的探讨有十分重要的意义。所以，归纳一下本书的研究方法，基本上是以规范研究为主、以经验研究为辅。

## 五、中心思想、研究框架与可能的创新

本书首先承认与尊重疑难案件的有限存在，在此基础上笔者所关心的问题是，在案件疑难所导致的裁判僵局中法官如何做出理智的法律选择，并且如何以既有的法律为基础和根据做出裁决（decision-making based on law）。疑难案件的频繁出现及其所表现出来的日益复杂化的形态，给传统的法律方法提出了新的挑战，我们必须在法律方法理论上有所创新或推进。在本书中，笔者主张疑难案件的裁判仍然主要是一个理性化过程，它需要遵循一定的裁判原理和推理方法，并且尽管在面对疑难案件时既有的法律体系有时难以提供圆满的法律标准或根据，一定的法律偏离是在所难免的，问题的关键在于如何使这种偏离在法律上获得正当性。这是因为司法裁判的根本属性是法律属性，也就是说，即使疑难案件也应依据法律而被裁决，而不是依据法律之外的道德、经济、政治等标准来裁判，以此来捍卫依法裁判的基本立场。简单一点来说，本书的中心思想就是围绕如何依照法律裁决疑难案件这个问题，重构传统的一些法律方法（比如法条主义）以及探索出一些新的法律方法（比如后果主义推理），从而丰富关于疑难案件的法律理论和法律方法理论。

这篇论文主要包括九个部分，除了开头的导论和末尾的结论之外，正

文还有七章的内容。按照章节顺序，第二章大致发挥着一种类似于“引子”的作用，笔者试图借助于几个案例来展示当司法遭遇疑难案件时正常的裁判过程会发生哪些方面的“变异”，描述法官所面临的是一种怎样的裁判僵局，而并不试图对这些各色的难题给出答案。第三章主要是从法哲学的角度论证了“疑难案件是一种有限的存在”这个命题，并稍带论及了疑难案件的几种形成原因。论证了疑难案件的有限存在，便也解决了基本的讨论前提问题，那么接下来第四章讨论了法律在疑难案件裁判中的作用与限度，传统的“规则和原则”的法律渊源观并不总是能够为疑难案件的裁判提供完备的标准，为此笔者提出和发展了法体系和法秩序的法律渊源观，指出它们在为疑难案件提供裁判标准方面所可能发挥的重要意义。尽管如此，仍然存在着一些特殊的情形允许法官有条件地偏离法律，比如当既有的法律标准违背更高层次的正义价值时，又比如当某个新型的案件事实缺乏相应的法律予以调整时，问题的关键在于如何使对法律的偏离行为变得正当、可接受。后果主义的思维是一种逆向的法律推理，虽有助于疑难案件之裁决，但操作稍有不当极易使裁判偏离法律，为此笔者在第六章提出了后果主义推理的具体方法。与后果主义思维相对的法条主义备受批判，第七章集中清理了长期以来人们对于法条主义存在的误解，通过对法条主义内在复杂结构的解剖以展示其如何应对司法错综复杂的局面。第八章从经验性的角度描述了中国司法实践在应对疑难案件的过程中所发展出来的诸种正式制度与非正式制度，并进一步讨论了它们的成因及改革问题。

前人栽树，后人乘凉。本书的研究建立在前辈们关于疑难案件的研究的基础之上，如果说有所创新的话，那么可能体现在以下几处：(1) 首先，正如我们在前面综述部分所指出的，目前学界对于疑难案件的研究呈现出一种碎片化的现象，有关疑难案件的综合性研究仍然是相对匮乏的，本书可以算是朝着这个方向努力的一个尝试，本书既包括对包括疑难案件的概念分析和界定，也包括对疑难案件之形成原因的探究，除此之外的疑难案件的裁判方法则是全文的核心部分，希望这一研究能够帮助人们更好地、更加全面地了解疑难案件；(2) 其次，笔者提出了司法义务 (judicial duty)

的概念，无论一个案件是简单案件还是疑难案件，无论对于个案件来说是否存在相应的法律或者相应的法律是否完备，法官都负有一项裁判义务，具体笔者还将司法义务区分为三个层次，较为细致的讨论请见本书第四章；(3) 笔者从历史谱系的维度揭示了“法官应受法律约束”这一原则从“法官绝对地/严格地受法律之约束”到“法官相对地受法律之约束”的变迁过程，这一变迁是与法律在司法裁判中的有限限度联系在一起的；(4) 目前国内学界几乎没有关于“司法偏离”或“裁判偏离法律”的讨论，笔者区分了司法偏离及与其相近的几个概念，并阐明了司法偏离的诸种表现形式，此外还论证了司法偏离的正当性，即法官如何偏离法律正当地裁判；(5) 后果主义目前在学界仍然停留在一种口号上，笔者将其上升到法律方法的角度阐明其概念、表现及具体方法论内容，从而丰富和发展了传统的法律推理理论，这也是副标题“疑难案件裁判新论”的立意所在；(6) 最后，笔者贯穿全书的主旨是捍卫疑难案件的依法裁判立场，这尤其体现在第七章对于法条主义的重构、拯救与捍卫上；(7) 总的来说，目前对于疑难案件的经验性研究是相对匮乏的，本书第八章运用经验性的方法对疑难案件裁判进行了专门的研究，这对于增进人们认识真实实践中的疑难案件的相关问题有特别重要的意义。总之，以上几个方面即便算不上是根本性的创新，但仍然不失为一种推动疑难案件之裁判方法向前发展的尝试。

## 六、本章小结

导论部分写到这里即将告一段落。眼前的这一小章虽无多大的学术分量，但对于整篇论文来说是重要的。“导论”说白了就是一篇引导性的论述，它将引领读者带着问题走进下文。在本部分，笔者从“医学与法学之对比”的视角交代了这项研究的问题意识，继而说明了本研究的四项基本意义，即增进人们对疑难案件的理解，丰富和发展法律方法理论，以及重申依法裁判的基本立场。再往后是文献综述，笔者以关键词联想和展开的方式梳理了国内外对疑难案件这个问题的基本研究现状，不了解前人对于这个问题已经展开了何样的研究，盲目下笔就很可能进行一些重复性的、低水平的研究工作。有了一个较为扎实、稳固的文献综述，在此基础上可以进行科学的谋篇布局。最后，笔者还分别对研究方法、中心思想、研究框架以及可能的创新做了简要的说明和介绍。如果读者在阅读完这一篇小文字之后，能够知道笔者关注的问题是什么，了解笔者在本书中所坚持的基本立场，以及看清在正文的诸章中我们是如何来推进对这个问题的研究的，那么本章的写作目的也就达成了。接下来的一章，我们将通过四个案例来展示疑难案件对司法可能会带来的冲击，并讨论它是否会对我们的法治理想构成根本的威胁或挑战。

第二章

# 当司法遇到疑难案件

疑难案件的裁判是现代法学方法论的核心议题，任何关于法律适用的学说和理论都无法绕开它，一如拉伦茨所言："对于法官如何借助法律（或者在没有法律的情况下）获致正当的个案裁判之问题，所有现代法学方法论之作者莫不论及之。"[1] 法治要求"所有为法律所调整的问题及争议都应尽可能依照预先确立的、具有高度一般性和清晰性的规则来解决"[2]，亦即司法裁判是一种"依照法律的裁判"，如此一来裁决结果被要求从既有的法律中推导出来。对于简单案件而言，这一要求通常并不会成为一个问题，法律推理的过程毫无阻力且结果一目了然。然而疑难案件的存在似乎使得上述要求落空，进而使法治成为一种不可能之事。疑难案件的出现意味着规则在某种程度上不清晰、不确定甚至不完整，于此情形有论者主张法官"从正式法律文件以外汲取相关信息作出明智决定不仅

[1] [德] 卡尔・拉伦茨著:《法学方法论》，陈爱娥译，商务印书馆 2003 年版，第 18 页。

[2] Neil MacCormic，"The Ethics of Legalism"，2 *Ratio Juris*，2（1989）：184.

必须，而且有根据”[1]。这种法外裁判论的主张显然不仅会挫败依法裁判的理想，同时也会得出法治无法实现的基本论断。

法外裁判论走向了依法裁判的对立面，二者的主要分歧在于对以下这个问题的回答上，即法律与裁判之间到底是一种怎样的关系。依法裁判论认为在法律与案件裁判结果之间存在决定性关系，而法外裁判论则坚持二者之间（至少）并不总是存在一种决定性的关系。具体来说，一种观点主张法律与案件裁决之间并不存在任何关系，“法律只是一层窗户纸，精巧的律师和法官们可以操纵它们以证明任何他们想要的判决的正当性”[2]。由于秉持一种法律是极端不确定的观点，因而试图彻底切断法律与案件裁判之间的关系，进而对待法治也持有一种极端的怀疑主义的态度。与此相关，另外一种观点较为温和一些，仅仅主张法律是部分不确定的，比如说法律的模糊性[3]或开放性[4]会使其在某些特定案件中变得不确定，法律与裁判之间原有的决定性关系被迫中断，法官被要求转而诉诸“超法律的”或“非法律的”标准进行裁判，由此要求法官依照既有法律进行裁判的理想终将失败。

显然，只要我们能够驳倒温和的不确定论者所持的消极法治主张，那种为极端的不确定论者所倡导的消极法治论也将不攻自破。我们注意到温和的不确定论和疑难案件是联系在一起的，即恰恰是在那些法律出现不确定的场合，案件时常变得疑难起来，如果将疑难案件的裁判交付给法律之外的其他领域（比如说政治领域、经济领域、道德领域等），便会导向下文

---

[1] 参见苏力：《法条主义、民意与难办案件》，载《中外法学》2009 年第 1 期。

[2] Lawrence B. Solum，“Indeterminacy”，in Dennis Patterson eds. *A Companion to Philosophy of Law and Legal Theory*. Second edition，Blackwell Publishing Ltd，2010，p.479.

[3] 恩迪科特主张模糊性以及由此所生发的不确定性是法律的一个基本特征。See Timothy A. O. Endicott. *Vagueness in Law*. Oxford University Press，2000，pp.1–2. See also Timothy A. O. Endicott，“Law is Necessarily Vague”，*Legal Theory* 7（2001）：377–383.

[4] 哈特提出了著名的“法律的开放性结构”（open texture），意指总是存在一些无法被语词之核心事例所包含的边缘事例，无论是成文的立法还是判例体系均是如此。See H.L.A. Hart. *The Concept of Law*. Second edition. Oxford University Press，1994，pp.128–129.

所要检讨的法治不可能论。具体来说，本章写作思路如下：首先，说明疑难案件在司法裁判乃至整个法律体系中的核心地位，并分析疑难案件到底“疑难”在什么地方；其次，通过对四个真实疑难案件的引入，描述它们是如何让裁判陷入艰难困局的，从而为读者展示真实司法世界的复杂性及其所经受的考验；最后，集中检讨法治的不可能论这一命题，疑难案件及其所伴随的法律的不确定性只有构成一种“法治缺陷”时才会从根本上威胁法治，而即便是在裁判疑难案件的过程中守法裁判的要求仍然是能得到贯彻和证成的。借此，本章所要得到的一个基本结论是：疑难案件的存在通常并不会危及法治，法官仍然可以依赖或诉诸既有法律来确定当事人的权利和义务。

## 一、疑难案件作为司法裁判的核心

法律制定出来就是为了在现实生活中得到适用，大大小小被推往法院的纠纷希望通过法律来解决，在这个意义上讲司法裁判构成了法律体系的核心。就法官所处理的案件的性质而言，大部分属于简单或常规案件，在这些案件中法律的适用及其结果通常并不会引发争议。相比之下，另一类案件，也即上文所提及的疑难案件，由于种种原因，在这类案件中法律的适用陷入了一种僵局，案件的裁决结果也往往扑朔迷离。法谚“疑难案件出坏法”[1]，所突显的恰恰就是这样一种困境。能否精巧地借助于既有法律来妥当地裁判疑难案件，将成为检验法律体系以及司法的一个重要标准。“尽管从数量上来看，疑难案件属于偶发现象，但疑难案件既是裁判的核心，也是作为职业和学科的法律实践的核心。”[2]可以说，疑难案件在整个

[1] 正如前文所指出的，其意思是说疑难案件使得法律的适用出现了困难，法院有时不得不在某个法律的多种解释方案之间徘徊。甚至有时候针对某个特定问题的既有法律存在某些缺陷，从而在个案中不得不搁置或排除对它的适用。

[2] [德] Ralf Poscher:《裁判理论的普遍谬误：为法教义学辩护》，隋愿译，载《清华法学》2012年第4期。

法律体系和司法中也占据着十分核心的地位。它的存在到底有何重要之处？它的出现会对既有的法律及司法提出何种挑战？这便是本部分所重点关心的内容。

（一）这个问题为何重要

如果说立法是对人们权利和义务的初次分配，那么司法无疑是对于被打乱的（比如违约、侵权等）权利和义务结构的一种再分配。唯有在既有的法律整体框架内对权利和义务进行校正性的再分配，权利和义务的总量才能再次达到平衡。争议的当事人一旦将案件提交至法院，便意味着他们期待法院能够依照法律对于他们之间存在争议的权利和义务进行调整，这在简单案件中似乎不成问题，因为简单案件中的权利、义务争议是相对简单和清晰的，用以解决此类案件的法律也是确定的和无争议的，当事人也容易信赖这个判决是从法律中推导出来的，因此受争议的权利是很容易得到法律保障的。一旦案件由简单变得疑难，通过司法进行权利和义务的再分配也将随之变得困难。此时，可供用以裁决纠纷的法律有时是模糊不清的，有时候与更高位阶的正义标准相悖，还有时在既有的法律中根本无法找到此类标准，权利和义务的再分配由此就在有法和无法之间来回不定地摆动。

如何来救济疑难案件中被侵害的权利，对此出现了两种截然对立的主张，其中一种主张认为司法裁判的核心是法律裁判，亦即案件判决必须是从法律中推导出来的，这是司法裁判的法律属性所在，因此即便是在疑难案件中，当事人的被争议的权利仍然能够根据既有的法律得到恢复或救济。该主张包括积极和消极两个方面的内容，积极的方面要求裁判者必须依照既有的法律做出裁决，消极的方面要求除非存在充分的理由否则均不得偏离既有的法律。相比之下，另一种主张虽然也承认司法裁判是法律的核心事业，但是它认为疑难案件已经不再是司法裁判的核心内容，因为在疑难案件中最终起决定性作用的不再是法律而是法律以外的政治、道德、经济等其他社会标准，也就是说，争议当事人本应依照法律获得保障的权利最终未能实现。因此，在这种情形下疑难案件的裁判也相应地不能再被视作法律裁判。以上两类主张的核心分歧在于，疑难案件中当事人是否仍然享有法律权利。

当事人在疑难案件中仍然享有权利是一回事，而当事人在疑难案件中“好像”（as if）享有权利则完全是另外一些事。“好像享有权利”这个主张，其实是一种实用主义的策略，它对于法律（权利和义务）采取了一种怀疑主义的态度，“它否认人们曾拥有过权利；它抱持这样一种新鲜观点，即人们从来就不会，仅因某个立法机构说，它们对于会使社群变得更糟的东西拥有权利，或者一长串法官作过其他人拥有此种权利的决定，而就拥有那样的权利”[1]。也就是说，当事人是否享有权利最终不是法律说了算，而是由法外的一些利益评价标准所决定的。我们看看科斯所举的一个例子，一条铁路从一个农场经过，火车引擎所喷溅的火花会燃烧农场主的谷物，如何在他们之间合理地界定权利和责任呢？科斯认为在交易成本不为零的情况下，法官应本着财富最大化的原则在各争夺者中界定财产权，而不能错误地判断农场主或铁路公司之间谁对谁错、谁是侵权人或谁是受害者。通过成本与收益之考量，如果在火车上安置消除火花之装置的成本小于谷物损失，法官应将财产权利判给农场主一方，反之则站在铁路公司一边。[2]在疑难案件中更需要认真对待当事人所应享有的法律权利，而不应以法律之外的其他标准取消此种权利。

最后，疑难案件这个问题之所以重要还和司法对社会的影响密不可分。一方面，人们对司法寄予厚望，他们总是期望自己的处于争议中的权利能够获得法律上的认可和保护。疑难案件的出现，对司法能否有效地担当此任提出了更为严峻的挑战。另一方面，虽然不及立法和行政权那样主动、

[1] ［美］罗纳德·德沃金著：《法律帝国》，李冠宜译，时英出版社 2002 年版，第 161 页。

[2] 参见科斯的著名论文《社会成本问题》（The Problem of Social Cost），中文译本载［美］罗纳德·哈里·科斯著：《企业、市场与法律》，盛洪、陈郁译校，格致出版社、上海三联书店、上海人民出版社 1990 年版，第 75—129 页。在现实中交易成本总是存在的，甚至有的时候非常之高，法院在判决时应考虑到各种经济后果，甚至可能会在争议的当事人之间进行权利的重新界定。（第 96 页）

强势，司法权的力量也是十分强大的，它承担着对争议当事人的权利、义务或责任进行再分配的任务，在刑事案件中当事人生杀予夺的大权完全掌握在法官手中，因此能否正确地做出裁决决定着当事人的命运。比如在许霆案的审理中，从一审的无期徒刑到再审的五年有期徒刑，折射出了不同判决对于当事人生活和命运具有何等程度的影响。又比如在赵作海案中，当事人蒙冤入狱后由于亡者归来而被平冤昭雪，这类冤案、错案对于当事人的伤害和社会的影响往往是不可估量的。虽然在疑难案件中人们的权利时常处于不确定的状态，但是司法应当在面对疑难案件时有所作为，通过对争议权利的肯认和保护让人们不再惧怕司法。因此，司法应当认真对待疑难案件中当事人的法律权利。

### （二）疑难案件的“疑难性”

在裁判过程中我们可能会面临三种性质不同的争议，即事实的争议、政治道德与忠诚问题的争议以及法律问题的争议。[1]第一种争议是指对于案件中究竟发生了什么存在着争议，比如说某个犯罪行为是否是犯罪嫌疑人所实施的，用以证明犯罪嫌疑人有罪或罪重的证据是否存在等，诉讼法学者所讨论的“疑难案件”多半是此类关于事实的争议。事实争议的确会给案件的裁判带来一定的困难，比如证据不足使得犯罪嫌疑人有罪无罪或重罪轻罪难以确定，但我们仍然很难将单纯由事实所引发的裁判困难的案件称为严格意义上的疑难案件。第二种争议是指人们对于法律的内容在道德上有不同意见或存在分歧，对于这类争议我们其实并不陌生。当法官面对一项不正义的法律时，他是咬定法律不放松还是忠实于道德而背离该法律，这将是一个非常棘手的选择。需承认，此类争议涉及法律的内容正确性（the correctness of law），能够引发法律上疑难案件的产生。第三类争议是指对于法律本身的争议，人们对于法律的真实含义与内容发生实质性的分歧就是此类争议。假设法律规定“携带犬只者一律不得进入餐馆”，这里

---

[1] 参见［美］罗纳德·德沃金著:《法律帝国》，李冠宜译，时英出版社2002年版，第4页。

的“犬只”是什么意思？导盲犬算不算这条规定中的“犬只”？那警犬或搜救犬又如何呢？

疑难案件的英文表述是“hard case”，虽然“hard”有困难、疑难、复杂、棘手的等多种含义，但学界对于“hard case”的翻译基本上采“疑难案件”这个主流译法。笔者认为，对于“疑难案件”这个概念的理解，需要把握住其中至关重要的“疑”与“难”两个层面的特征。所谓“疑”通常是指人们对于某个事物不明白、不理解、存在着困惑、不能下断定等，疑难案件之“疑”意在说明人们对于调整该案的法律存在不理解或困惑，尤其是当法律内容存在模糊等不确定情形或者相关的法律之间存在冲突时，人们对于究竟应选择哪一种可能的法律解释方案或者应在冲突的规范中选择何者作为裁判之依据产生了困惑或分歧。所以，疑难案件之“疑”主要是落在法律之上，疑难案件首先是法律上有疑惑之案件。对于“难”，我们的通常理解是不轻松、不容易、不顺利、不好办、有难度等，而“疑难案件”之“难”则意味着某个法律的适用存在着困难，亦即从法律（规范）到个案（事实）的推理遇到了障碍和困难，二者之间呈现出一种并不严格一一对应的关系。在这个意义上，疑难案件又是一种难办案件。所以，一般而言，疑难案件就是对法律内容之理解存在困惑以及法律之适用存在困难的案件。

现实中，作为法律推理之小前提的案件事实很多时候并不能精确地依法律之规定而发生，而作为法律推理之大前提的法律规定也并不总是清晰、确定的，它有时存在着语义上的模糊而有待解释，有时存在着漏洞需要借助价值判断予以填补。[1] 可以说，具体个案事实与法律的要件事实能够达到完全对应是一种比较理想的情形，除此之外，在法律的要件事实与个案的事实构成这两端分别增添或改变一些元素（或要素）就会使得二者丧失完全对应的关系，从而使一个案件变成疑难案件。为了形象、细致地观察一个案件是如何从简单情形转变为疑难情形的，我们从一个简单的案例开

[1] 参见郑永流：《法律判断形成的模式》，载《法学研究》2004 年第 1 期。

始，通过不断地对其进行变形来审视其间所可能发生的各种细微变化，直观地来观察一个案件由简变难的整个过程。假定与这几个案件所对应的法律是“机动车与非机动车驾驶人、行人之间发生交通事故，非机动车驾驶人、行人没有过错的，由机动车一方承担赔偿责任”（暂用 R 表示）。这个规定初看起来似乎是清晰的、没有什么疑义的。

### 案件 1（初始案件）

机动车驾驶者 A 违规驾驶，致使在人行道正常行走的 B 受到伤害。B 将 A 起诉至法院，要求获得相应的损害赔偿。

显然，上述初始案件中的事实与法律规定 R 的事实要件基本上是完全相符的，因此法院可以直接根据 R 判定机动车一方对全部后果承担责任。案件 1 可以看作 R 的一个标准情形（standard instance），换句话说，案件 1 是一个简单案件，在案件事实与法律规范的对照和适用上并不存在特别的困难。

### 案件 2

机动车驾驶者 A 违规驾驶，致使在人行道正常行走的 B 受到伤害。经鉴定，B 为左桡骨远端骨折，伤残等级评定为十级。而经查明 B 在事故发生之前就患有骨质疏松的疾病，受害人 B 个人的体质性因素事实上的确对损害后果的发生起到了一定的影响。[1]

该案与 R 的标准情形已经产生了差异，是直接依据 R 判决机动车一方承担全部的侵权责任，还是根据受害人体质因素对于后果的参与度影响来

[1] 本案的原型是指导性案例 24 号“荣宝英诉王阳、永诚财产保险股份有限公司江阴支公司机动车交通事故责任纠纷案”。

相应扣减侵权人的侵权责任？本案中的法律争点在于：在交通事故侵权案件中，受害人的个人体质状况（比如自身的疾病等病理性因素）是否构成侵权法意义上的过错，如果构成过错则可相应减轻侵权人的责任，如果不构成过错，那么侵权人仍应对全部后果承担责任。相比于案件 1，受害人个人体质性因素的加入，使得案件 2 已经成为一个疑难的案件。

**案件 3**

机动车驾驶者 A 正常驾驶，致使违反交通规则的非机动车一方 B 受到伤害。经鉴定，B 为左桡骨远端骨折，伤残等级评定为十级。而经查明 B 在事故发生之前就患有骨质疏松的疾病，受害人 B 个人的体质性因素事实上的确对损害后果的发生起到了一定的影响。

本案与案件 2 之间存在着两个十分重要的区别：其一，本案中的机动车一方系正常驾驶，并未违反任何交通规则，因此也就不存在法律意义上的过错；其二，作为受害人的非机动车一方 B 除了自身具有病理性的因素之外，还存在着主观上的过错，即他违反了道路交通规则。那么，在这种情形下案件就变得更加复杂了：首先要确认的一个问题是，无过错一方的机动车驾驶者是否要承担责任；其次在具体责任的分担上是否可以将 B 的体质状况作为伤害参与度的衡量因素来对损害责任再做相应的扣减呢？

**案件 4**

机动车驾驶者 A 违规驾驶，致使乘坐该机动车的 B 受到伤害，经鉴定，B 为左桡骨远端骨折，伤残等级评定为十级。而经查明 B 在事故发生之前就患有骨质疏松的疾病，受害人 B 个人的体质性因素事实上的确对损害后果的发生起到了一定的影响。

与前几个案件相比，本案的特殊性在于受害者身份的特殊性或复杂性，他并不是前几个案件中的行人，而是乘坐侵权人车辆的乘车人，这种情形在现实生活中也时常会发生。这类案件中的难题在于：首先，法院能否直接适用 R 来判定 A 对 B 承担侵权责任？其次，A 要承担全部的还是部分的侵权责任？最后，法院是否可以将 B 的体质状况作为伤害参与度的衡量因素而对侵权人之责任做相应的扣减？

**案件 5**

机动车驾驶者 A 违规驾驶，致使正常驾驶的机动车驾驶者 B 受到伤害，经鉴定，B 为左桡骨远端骨折，伤残等级评定为十级。而经查明 B 在事故发生之前就患有骨质疏松的疾病，受害人 B 个人的体质性因素事实上的确对损害后果的发生起到了一定的影响。

本案的一个特色在于受害者身份的转变，具体来说该案中的受害者并不是行人，其同为机动车驾驶者，并且是一个并未违反交通规则的正常驾驶者。本案是否可以直接适用 R 来判令 A 承担全部的侵权责任？对于 B 自身的病理性因素对于损害后果的扩大性影响，是否是减轻 A 一方责任的理由？面对这些问题，规则 R 并不会说话，它不会告诉我们以上哪些情形可以直接适用，哪些情形不能适用。一个看似很清晰、确定的规则，在面对具体的个案事实时呈现了不同程度的困难或疑难，从而使得裁判过程无法像在标准情形下那样来得直接、顺利。在接下来的这一部分，通过对几个疑难个例的分析，来继续深入了解真实司法世界中疑难案件的复杂性及其给司法带来的困难。

## 二、真实司法世界的复杂性

真实的司法世界远远比上述抽象的讨论要复杂得多。这种复杂性本身又是很复杂的，用波斯纳的话来说其既有外在复杂的一面又有内在复杂的一面，前者是指外部法律实践的复杂、多样性，后者指的是法律职业内部的组织和构成的复杂性。[1] 仅就当前的讨论主旨来看，疑难案件所型构的更多的是第一种意义上的复杂性。疑难案件所打破的是法律规范与案件事实之间的严格对应关系，一定程度上事实与规范关系不相适应、事实缺乏规范标准、事实与规范关系形式相适应实质不适应都会使得案件的裁判陷入艰难。[2] 从表现形态上来看，尽管实践中的疑难案件纷繁复杂、千姿百态，但我们仍然可以对其进行类型化处理，最为常见的主要是规范缺失型、理由冲突型和法律模糊型这三类，伴随着科技的发展和社会的变迁、新型案件也慢慢开始增多。当然了，并非所有的新型案件都一定是疑难案件，只有不被既有法律所完整规范到的新型案件才能称得上疑难，那些虽然事实新颖但仍受既有法律调整的案件仍属常规案件。我们接下来看看，这四个案件的出现给既有的法律（体系）带来了何种挑战？于此情形下法治不能论的主张是否可以成立？需要说明的是，笔者此处仅关心（也只描述）这些案件所带来的裁判困境，对于这些案件的具体裁判结果则不是我们讨论的重点。

### （一）规范缺失：广西“驴友”案

梁某用“色狼回心转意”的网名在南宁市的某“驴友”网站发帖，征集“驴友”前往赵江泡水，费用是 AA 制，每个人大概 60 元，并且留下了自己的联系电话。受“驴友”陈某的邀请，骆某答应与陈某一同参与此次户外探险活动。后来，梁某一共召集了 12 名成员，他们每个人向梁某交付了 60 元的活动费用。当日晚上，考虑到活动区域周围的地势比较险峻，所以这个探险团队就决定在赵江河谷裸露的较为平坦的石块上安扎帐篷露营休息，陈某与骆某住在一个帐篷里，当晚至次日凌晨该地区一连下了数场

---

[1] 参见［美］理查德·波斯纳著：《波斯纳法官司法反思录》，苏力译，北京大学出版社 2014 年版，第 5—12、67—72 页。

[2] 参见郑永流：《法律判断形成的模式》，载《法学研究》2004 年第 1 期。

大雨，次日早上6时许，覃某和梁某起床去查看周围的水情。而在上午7时许，由于连续几场大雨使得赵江暴发了山洪，而这导致在河谷中安扎的帐篷突然被山洪冲走，不幸的是骆某也随帐篷一起被山洪卷走。面对此种险峻的情况，梁某等12名“驴友”在混乱中通过自救或互救基本脱离了危险，但最后发现骆某已经失踪，于是打电话报了警。此后，搜救队在赵江下游距离事发地大概3公里的河谷石缝中找到了骆某的遗体。受害人骆某的父母骆某某、黄某遂向南宁市青秀区人民法院提起诉讼，请求法院判令梁某等12人赔偿各项经济损失（计191068元）的80%（152854元），并请求12人赔偿精神损害抚慰金200000元。[1]

这是一例“驴友”自助旅游死亡赔偿案件，该案发生后在全社会引起了很多的关注和反响。一种观点认为这是一起自发组织的“自助户外探险”，且参加者均是成年人，在参加之前已充分知悉该活动所存在的人身安全隐患，并应对自己的行为、人身和财产负责，21岁的骆某受害是大家均不愿意看到的场景，在发现骆某失踪之后梁某等12人即刻进行了搜救并在第一时间报了警。梁某等人对于骆某的死亡并不存在主观上的过错，因此不应承担过错的侵权责任，但从情理上看对受害者家属进行一定的补偿是必要的。另一种观点则认为，“驴头”梁某的发帖行为本身就是一个要约，而“驴友”数人的回应则构成承诺，“驴头”和“驴友”在约定的地点集合则意味着合同的正式确立。在本案中各“驴友”向“驴头”梁某缴纳一定的活动费用，“驴头”对各“驴友”便负有了安全保障的义务，这包括保证交通工具和相关设备的安全性，对潜在危险的说明和提请注意义务，以及遇险时的组织救助义务等。[2]在连下数场暴雨后“驴头”梁某应当能够预见到河水暴涨可能会引发山洪，并且也应预见到在河谷裸露石块上安扎的帐篷有被洪水冲走的危险和可能，但是梁某并没有完全尽到这一安全保障

[1] 关于案件事实的表述，主要参考了南宁市青秀区人民法院（2006）青民一初字第1428号民事判决书。

[2] 参见张丽娜、张浩、陈钉、马荣：《“驴友”间民事法律关系初探》，载《学习月刊》2009年第6期。

义务，因此应由其承担相应的侵权责任。这两种观点中的哪一种有道理？

可以说案发时自助旅游才刚刚兴起不久，对于自助游的性质人们还并没有完全搞清楚，而民事立法（无论是合同法还是侵权法）对于自助旅游中的人身伤害并未有明确的调整，对此问题出现了所谓的法律空白或法律漏洞。法官在审理伊始就遇到了这种麻烦，因为他们翻遍了法条也找不到直接调整该事实的法律规范。正如主审法官在接受记者采访时所谈到的，“我们积极查找资料，一是希望能找到‘自助游’性质的明确界定；二是看看这类纠纷有没有相关法律规定可以依照或是法学专家的观点可供参考。结果让人失望！几天下来，我们虽然熬红了双眼，但还是没能找到法律上对‘自助游’的定义，也没能找到可以依据的法律规定或者其他法院的判决”[1]，可见这是一个典型的规范缺失型的疑难案件，既有法律并未对自助旅游的相关事项尤其是责任认定做出任何规定。在不得拒绝裁判的原则之下，法官被要求对该案中的责任进行一定的分担，由此难题就出现了，既然法律对此并无明文规定，那么法官该怎么办呢？作为发起者的“驴头”是否应对其他各“驴友”负安全保障义务？自助游的参与者是否应对自己的生命和财产负责？法官是该诉诸侵权法中一般过错责任原则判定“驴头”承担主要责任，还是该依照民法中的公平原则判定“驴头”承担一定的补偿责任？判决“驴头”承担过错侵权责任与公平原则相违背吗？

### （二）理由冲突：四川泸州遗赠案

黄某与妻子蒋某于1963年结婚，婚后蒋某一直未能生育，两人抱养了一个孩子。因为和妻子蒋某感情不和，黄某离家出走去外打工，1994年在外结识张某并与其产生了感情，二人开始了同居的生活。后来黄某被确诊患癌且已到晚期，张某不离不弃并四处陪同求医，还在病床前日夜陪护、照看。2001年4月18日黄某立下遗嘱，将自己价值约6万元的财产死后

---

[1] 参见陈华婕、田波：《“驴友案”：主审法官“吃螃蟹”》，载《法律与生活》2007年第1期。

遗赠给张某，并于4月20日对该遗嘱进行了公证。2001年4月22日黄某病故，遗嘱开始生效，但遗赠的全部财产均控制在蒋某的手里，她拒绝向张某交付丈夫黄某所遗赠的财产。故张某向法院提起了诉讼，要求法院判令蒋某向自己给付黄某所遗赠的约6万元的财产。[1]以上就是本案的基本事实，这是一起典型的遗嘱继承纠纷案件，但是与一般的遗嘱继承纠纷案件又有所不同，其特点在于本案中的受赠人的身份的特殊性，张某不仅仅是黄某与蒋某这段婚姻关系之外的第三人，而且还是一个感情上的“第三者”，这个特殊的主体身份给其招来了不少的争议，一段婚姻关系中的“第三者”能否成为遗嘱继承的适格主体？

在审理本案时，法官首先要根据案件事实检索法律，通过所争议的具体法律关系可以定位至继承法中关于遗嘱继承的相关条款。由于眼前案件的争议焦点在于遗嘱是否有效，因此调整本案的具体法律是《继承法》中关于遗嘱之效力的条款，也就是该法第16条之规定：“公民可以依照本法规定立遗嘱处分个人财产，并可以指定遗嘱执行人。公民可以立遗嘱将个人财产指定由法定继承人的一人或者数人继承。公民可以立遗嘱将个人财产赠给国家、集体或者法定继承人以外的人。”鉴于此，一些法官依据本条关于遗嘱效力之规定，认为该遗嘱表达了立遗嘱人的真实意愿，并且也经过了有关公证机关的公证，因此该遗嘱应是合法有效的，原告张某的请求是可以得到合法支持的。与此同时，另外一些人注意到了该案中受赠人的主体身份的特殊性问题，这种尴尬的主体身份为该遗嘱增添了一些不道德的色彩，这种不道德因素的加入会使判断者很容易得出遗嘱无效的结论。为了否定该遗嘱的法律效力，这些论者可以轻易地在《民法通则》中找到相应的支撑理由，这就是第7条有关公序良俗原则的规定，事实上法院就是以此作为裁判根据的。以上两种主张各有其理，但是它们所导出的裁判结果却是截然对立的。

[1] 参见四川省泸州市纳溪区人民法院（2001）纳溪民初字第561号民事判决书，以及四川省泸州市中级人民法院（2001）泸民一终字第621号民事判决书。

该案属于典型的法律理由冲突型疑难案件。它受两个以上的法律规范所调整，依据这些法律所得出的裁判结果是复数的，并且诸结果之间存在着不可调和的冲突。本案中，法官面临着“适用继承法之规则判令遗嘱有效”和“适用公序良俗原则确认遗嘱无效”的两难选择。也就是说，当继承法之规则与民法通则之公序良俗原则发生冲突之时，法官应如何在二者之间进行选择呢？前面已经提到，本案的争议焦点在于“第三者”这个特殊的主体身份能否成为合法的受赠主体。我们注意到为一、二审法院所忽视的一些重要细节，黄某与张某事实上还育有一女，黄某离家出走系蒋某所逼，她不仅对黄某不好，而且在经济上也对其严加控制。在黄某生病（注意黄某所患是癌症晚期，几乎不可能治愈，并且治疗成本十分之高）期间，也是张某一直在床前细心照料、不离不弃，为此还花去自己一万多元的积蓄。[1]不妨去想，蒋某有无尽到一个妻子应尽的责任？如果说张某的身份在道德上是可耻的，那么她对于黄某的情感和照顾在道德上是否也应受到责备？黄某生前向张某做出遗赠的真正目的是什么？是为了促使“第三者”继续保持付出或者想对付出表示酬谢，还是为了感激女方对自己临终前生活的照顾？在面对相互冲突的法律规则与法律原则时是否一定要放弃法律规则？[2]当以“上位法优于下位法”为由决定放弃适用规则时，是否也应当考虑一下“特别法优于一般法”这个规范冲突解决规则？即便是决定适用法律原则，又如何在公序良俗原则与自愿（意思自治）原则之间做出取舍呢？我们的法官不得不在以上诸种疑难之间做出抉择。

[1] 两审法院对于这些细节只字不提，公众们也一直抓着张某的不道德的“二奶”身份不放，似乎并没有注意到这些“至关重要的”细节。参见《多事的遗嘱》，载 http：//www.cctv.com/lm/240/22/38812.html，最后访问时间：2017 年 2 月 1 日。

[2] 对于本案在法律适用上的质疑与批判，可以参见孙海波：《“后果主义”与“法条主义”的较量——穿行于法律方法的噩梦与美梦之间》，载《法制与社会发展》2015 年第 2 期；孙海波：《法教义学与社科法学之争的方法论反省——以法学与司法的互动关系为重点》，载《东方法学》2015 年第 4 期。

## （三）法律模糊：许霆案

由法律模糊导致案件疑难是实践中最为常见的，许霆案就是一个特例。许霆在广州市天河区黄埔大道西平云路的广州市商业银行离行式单台柜员机（ATM）提款，当用自己的广州市商业银行银行卡（当时该卡内还有余额170多元）提取工资时，碰巧银行系统出现了故障，结果取出1000元，他惊讶地发现银行卡账户里只被扣掉了1元，狂喜之下，许霆连续取款5.4万元。当晚，回到住处便将此事告诉了同乡郭安山。两人随即再次前往提款，之后反复操作多次。后经警方查实，许霆先后取款171笔，合计17.5万元；郭安山则取款1.8万元。事后，二人各携赃款潜逃。所得赃款后来被挥霍一空。[1]对于这种利用ATM机发生故障恶意、多次取款的行为该如何定性产生了重大的争议。一审法院认为，被告人许霆主观上以非法占有为目的，客观上采取了秘密手段，盗窃国家金融机构的财物，且数额特别巨大，其行为已经构成了盗窃罪，故依法判处其无期徒刑。一审判决作出之后，迅速在全社会引发了热议，公众对于这个判决结果表示难以接受，一些人认为许霆的行为尚不构成犯罪，而应交由民事法律规范来调整，不应直接运用刑法作跳跃式的分析认定，[2]许霆的行为应定性为不当得利；另一些人认为许霆的行为肯定已经构成了犯罪，至于构成了哪一种罪名则需进一步的斟酌和推敲，在此之下又有了盗窃罪说（主流观点）、[3]信用卡诈骗罪说、[4]侵占罪说[5]等。

本案中，许霆的行为之特殊性在于他利用了自动取款机的故障恶意（且多次）取款，这种行为在此之前并不常见，即使之前出现过也很少被公开报道出来。我们转换一下场景，如果许霆在银行柜台取款，在其并未实

[1] 参见广东省广州市中级人民法院（2007）穗中法刑二初字第196号刑事判决书。

[2] 参见杨兴培：《“许霆案”的技术分析及其法理思考》，载《法学》2008年第3期。

[3] 参见张明楷：《许霆案的刑法学分析》，载《中外法学》2009年第1期；陈兴良：《利用柜员机故障恶意取款行为之定性》，载《中外法学》2009年第1期。

[4] 参见刘明祥：《许霆案的定性：盗窃还是信用卡诈骗》，载《中外法学》2009年第1期。

[5] 参见高艳东：《从盗窃到侵占：许霆案的法理与规范分析》，载《中外法学》2008年第3期。

施任何欺骗、敲诈、暴力、强迫或窃取等行为的前提下，由于银行工作人员的疏忽或失误向他错误地支付了款项，他只是被动地接受了这笔款项并将其据为己有。这种取款行为虽然也具有非法占有的目的，但是这很难说它能构成一种犯罪，而充其量只是一种无效交易行为。[1]在实践中，的确也是这么操作的，银行工作人员通常会以工作失误为由要求取款人无条件归还多收的款项。ATM机作为银行的延伸，它和银行柜台工作人员一样均是按照银行的指令对外开展业务，二者所代表的均是银行的意志，在这个意义上二者并无实质性的差异，那么本案中许霆在取款机上恶意、多次取款的行为能否按照民法上的不当得利来定性？这是本案的一个重要的争议焦点。陈兴良教授认为，许霆的第一次取款行为可被看作不当得利，而后续的170次取款在客观上是作为，在主观上是恶意，且有非法占有之目的，已经不再符合不当得利的构成要件了。[2]区分罪与非罪，这是裁判者要跨越的第一道屏障。

即便是承认许霆的行为已经侵犯了刑法所保护的法益，但对于该行为是否符合盗窃罪的构成要件则是本案的第二个争议点。裁判者应该从正、反两个方面展开推理活动，具体来说：他既要从正面论证许霆利用自动柜员机的故障恶意、多次取款的行为符合盗窃罪的构成要件，同时又要从反面排除许霆的行为符合其他相似之罪（本案中主要是侵占罪、诈骗罪、信用卡诈骗罪）的构成要件的可能。首先，利用取款机故障多次恶意取款的行为构成侵占罪吗？侵占罪的特点之一在于行为实施之前财物已在行为人的占有或控制之下，而在柜员机发生故障之时柜员机内的资金是否仍属于银行的控制之下？如果是的话，那么我们可以首先排除侵占罪。其次，许霆的行为是否符合诈骗罪或信用卡诈骗罪的构成要件？机器（ATM）并不具备人类所有的意志和意识，它能够作为被诈骗的对象吗？相应地，信用卡诈骗罪的主张基于这一原因还能站得住脚

[1] 参见陈瑞华：《脱缰的野马——从许霆案看法院的自由裁量权》，载《中外法学》2009年第1期。

[2] 参见陈兴良：《利用柜员机故障恶意取款行为之定性》，载《中外法学》2009年第1期。

吗？[1]最后，即便排除许霆的行为构成侵占罪、诈骗罪或信用卡诈骗罪的可能性之后，我们仍然无法得出结论说许霆的行为就一定构成盗窃罪。[2]以上种种疑难乃根源于刑法中对于盗窃罪之客观行为方面的模糊规定，亦即利用取款机故障恶意、多次取款的行为是否具有一般盗窃罪所要求的“私密性”或“秘密性”？这一取款行为从客观上来看是否符合刑法上的“窃取”？这一行为是否又进一步地构成所谓的“盗窃金融机构”？法律并未直接对这些问题给出明确的答案。

（四）新型疑难案件：冷冻胚胎案

这里的最后一类案件是新型疑难案件，新型案件（new case）之“新”主要在于案件事实之“新”，有些新型案件虽然事实新颖但仍受既有法律调整，只有那些不受既有法律所调整的案件才是疑难案件。虽然，从类别上也可以勉强将其归入上文第一类，但考虑到这类案件的特殊是由案件事实之“新”所导致的，这种“新”又突出地和网络、科技联系在一起。如果说疑难案件主要是和简单案件、常规案件对应而言的，那么新型疑难案件主要是相对于传统的、一般意义上的疑难案件来说的。伴随着科技和网络的发展，各类新型疑难案件被推向了司法的竞技场，比如说近些年时兴的网络代购，一些国际航班空姐的大额网络代购行为在性质上是否属于走私，对此有人坚持认为此种代购无异于走私，货物进出口没有报关如果不是走私又会是什么；同时也有人认为网络代购作为一种新兴的电子商务模式，尚处于法律的灰色地带，需要法律给予规范，不能一竿子打死一船

[1] 对诈骗罪的诈骗对象（即受骗者）的界定和分析，请参见张明楷：《许霆案的刑法学分析》，载《中外法学》2009 年第 1 期。

[2] 除了对许霆之行为进行定性（定罪）存在着争议和疑难，对于量刑事实上也存在着争议。一方面认定许霆行为构成盗窃金融机构，如此就将刑罚限定在无期徒刑之上。另一方面是面临着社会公众对于量刑过重（无期徒刑）的非议。当面对如此强烈的民意时，法院是否可以适用《刑法》第 63 条第 2 款来减轻处罚。对此请参见张明楷：《许霆案的定罪与量刑》，载《人民法院报》2008 年 4 月 1 日，第 5 版；张明楷：《许霆案减轻处罚的思考》，载《法律适用》2008 年第 9 期。

人。[1] 新型疑难案件之“新”在于案件事实的新颖性，其之“难”则在于既有法律相对于这种新颖事实的滞后性及不全面性。可谓前无古人、后无来者，法官处于一种无所适从的艰难局面。接下来，我们来窥探中国首例胚胎案所展现的司法的艰难一面。

沈某与刘某于 2010 年 10 月 13 日登记结婚。2012 年 8 月，沈某与刘某因“原发性不孕症、外院反复促排卵及人工授精失败”，要求在南京市鼓楼医院施行体外受精——胚胎移植助孕手术；鼓楼医院在治疗过程中，获卵 15 枚，受精 13 枚，分裂 13 枚；取卵后 72 小时为预防“卵巢过度刺激综合征”，鼓楼医院未对刘某移植新鲜胚胎，而于当天冷冻 4 枚受精胚胎。2013 年 3 月 20 日 23 时 20 分许，沈某驾驶车辆途中在道路左侧侧翻，撞到路边树木，造成刘某当日死亡、沈某于同年 3 月 25 日死亡的后果。当时沈某、刘某的 4 枚受精胚胎仍在鼓楼医院生殖中心冷冻保存。[2] 后双方父母因对上述 4 枚受精胚胎的监管权和处置权发生了争议，沈某的父母遂向法院提起了诉讼，主张其子沈某与儿媳刘某死亡后，根据法律规定和风俗习惯，胚胎的监管权和处置权应由其行使。该案引发了不小的社会热议，以至于被称为“全国首例胚胎案”。它是由人工生殖技术所引发的新型法律纠纷，对于人工胚胎的法律属性在法律上并没有明确的界定，相关主体对于胚胎所享有的权利究竟是监管权还是处置权也不甚明了，这是科技发展带给全人类的一种新型疑难案件。[3] 可以想象，裁判者在处理本案时所面临的各种压力。

解决本案的关键在于准确界定胚胎的法律地位。当既有的法律尚未对

---

[1] 参见烨泉：《网络代购，司法面对新型案件的摇摆》，载《法制日报》2013 年 12 月 18 日，第 7 版。

[2] 对于本案事实的提炼和归纳主要参照了该案一、二审法院所认定的事实。详情请参见江苏省宜兴市人民法院（2013）宜民初字第 7279 号民事判决书，以及江苏省无锡市中级人民院（2014）锡民终字第 01235 号民事判决书。

[3] 《华东政法大学学报》2015 年第 5 期设专题讨论人工胚胎的法律问题，朱晓喆教授在专题导引语中这样写道：“该案因为无明确法律依据，且相关学理也不成熟，故而尽管法院最终以死者的继承人享有‘胚胎的监管权和处置权’结案，但人工胚胎的法律地位尚无定论。放眼世界人工冷冻胚胎是各国普遍面临的法律与伦理疑难问题，是现代科技发展给人类社会秩序带来的共同挑战。”参见朱晓喆：《人工胚胎法律问题的比较研究（专题导引）》，载《华东政法大学学报》2015 年第 5 期。

此类新型问题进行明确的界定和调整时，裁判者该诉诸何种资源来辅助裁判？学理上对于胚胎的法律地位主要有三种代表性观点：（1）主体说，该说认为人类胚胎自怀孕起就成为人，即认为胚胎具有完整之人格；（2）客体说，认为胚胎不具有特殊的道德地位，而应被视为创造它们的夫妻的财产，因此夫妻可以任意处置他们所拥有的胚胎；（3）中间说，主张胚胎既非人亦非物，而是介于二者之间的一个中间体。[1]第一种观点混淆了人和胚胎，人是现实存在之物，而胚胎只是一种可能性的存在。第二种观点将胚胎完全视为一种财产，抽空了胚胎所具有的可能人格意义，缺乏对胚胎的必要尊重，因此也不足为取。相比之下，第三种观点是较为可取的。即便是当我们将人工胚胎视为一种中间之物，“受精胚胎具有发展为生命的潜能，含有未来生命特征的特殊之物”[2]，“胚胎是介于人与物之间的过渡存在，具有孕育生命的潜能，比非生命体具有更高的道德地位，应受到特殊尊重与保护”[3]。相关权利人是否对胚胎享有继承权？如果不能像继承财产那样来继承胚胎，那么法院将如何处置胚胎？它会以何种理由、基于何种根据判决权利人对胚胎享有监管权和处置权？这种监管权或处置权的具体内容是什么？这种权利的行使在遇到障碍或被侵犯时又该如何救济？裁判者在作出决定时必须考虑这些问题。

## 三、疑难案件与法治

### （一）法治及法治不能论

法治（The rule of law）并不简单等同于依照法律的统治（rule by law），它具有形式与实质两个维度。从形式主义角度看，法治意味着存在一套法

[1] 参见李昊：《冷冻胚胎的法律性质及其处置模式——以美国法为中心》，载《华东政法大学学报》2015 年第 5 期。

[2] 江苏省宜兴市人民法院（2013）宜民初字第 7279 号民事判决书。

[3] 江苏省无锡市中级人民院（2014）锡民终字第 01235 号民事判决书。

律规则，并且这套规则要得到全社会前后连贯一致的遵守和实行，此即形式法治观。而从实质的维度来看，法治意味着依照法律所形成的一种良好的社会秩序，这是所谓的实质法治观。相比之下，形式法治是一种较为初步的法治观，而实质法治则是一种较高层次的追求。学者们对于形式法治已有太多精辟的论述，比如富勒所提出的八项原则，即法律的一般性、颁布、不溯及既往、清晰、法律中无矛盾、不强人所难、连续性和一致性均是在形式上对既有法律品质的要求。[1] 又比如，萨默斯更是对法治提出了十八项原则或要求，这包括所有的法律形式均是合法地被制定的、法律应当是有明确内容的、法律应保持稳定而不能朝令夕改、法律的行为内容和责任内容均应事先公布于众、对法律的修改应取得事先明确的授权、法律的变化和发展只能对未来之事产生效力等。[2] 很显然，以上诸原则主要是从形式或程序上对法治所提出的要求，人们对此往往是比较容易接受或达成共识的。[3] 而实质法治所指向的则是道德和政治价值，道德和政治价值的多元性使得人们很容易产生分歧，因此实质法治运行的成本要大于形式法治。但这并不是说实质法治因此就是不重要或不值得追求的，事实上离开了实质法治的形式法治很容易走向一种专制统治。

这两种不同的法治观对司法裁判也分别提出了不同的要求。在形式法治观看来，裁判是法律之下的一种纠纷解决活动，一切法律问题的解决都应依照既已存在的规则来进行。[4] 这充分体现出了司法裁判的一个重要属性——法律属性，亦即司法裁判不得任意偏离既有的法律，如果说案件的裁判最终是由法律之外的标准所决定的，那么该判决就从根本上违背了形式法治。相比之下，实质法治赋予司法以更丰富的职能，认为司法的任务不仅是对案件做出裁决，而且还应给予争议的当事人一个公正的裁决，当

---

[1] 参见［美］朗·富勒著：《法律的道德性》，郑戈译，商务印书馆 2005 年版，第 55—96 页。

[2] See Robert S. Summers, "The Principles of the Rule of Law", 74 *Notre Dame Law Review*, (1999): 1693-1695.

[3] 参见张翔：《形式法治与法教义学》，载《法学研究》2012 年第 6 期。

[4] Neil MacCormic, "The Ethics of Legalism", 2 *Ratio Juris*, 2 (1989): 184-193.

既有的法律标准与正义原则发生冲突时，法官应毫不犹豫地服膺于后者，由此可见，实质法治观为裁判偏离法律创造了可能。法治的理想，既包括较低程度的形式法治的内容，同时也期盼较高层次的实质法治的实现，司法应如何兼顾二者确实是一个难题。笔者认为形式法治应当先行，这是因为法律规则本身就是人们的一种最低限度的价值判断共识，在法律被修订以前任何超越现行法及法律教义的价值论证都必须有足够的理由。[1] 否则，"如果一个不纠缠伦理争议的、内容有限的、最低程度的形式法治都无法实现，实质法治的各种宏大价值诉求就更没有实现的机会"[2]。实质法治对形式法治起到一个过滤、检验、兜底和补充的作用，如果既有的法律违背正义，或出现了不为既有法律所调整的问题，实质法治蕴含的价值和原则可以校正偏离正义的规则，同时也可以对既有法律起到价值补充的作用。所以，二者的冲突或紧张是表面的，在根本上其实是互补的和一致的。

判决应当仅仅依据客观事实符合逻辑地从法律中推导出来，这是法治的应有之义。然而对许多判决的细致分析表明，它们是基于不确定的事实、模糊的法律或不充分的逻辑被做出的，真正的判决根据不甚明了，官员的个性、政治因素或各种偏见对判决的影响要比法律大得多。[3] 我们在前面谈到，法治的实现有赖于对一些基本条件的满足，比如说法律要清晰、明确和具体等，而法律的模糊和不确定必然会滋生自由裁量和专断，这就容易迈向法治的对立面——专制统治。由此我们就会看到这样一种观点，认为疑难案件在法律实践中虽然只是偶发事件，但是其裁判已经不再是法律所能够解决的事情了，正如某些学者所指出的："当法律标准无能为力时，一项裁决的做出必须借助其他非法律的标准。在法律不确定的案件中，裁判不再被认为是法律裁决，而被视作某种政治的、道德的、经济的或者其他非法律的自由裁

[1] 参见许德风：《论法教义学与价值判断——以民法方法为重点》，载《中外法学》2008 年第 2 期。

[2] 张翔：《形式法治与法教义学》，载《法学研究》2012 年第 6 期。

[3] 参见［美］斯蒂文·J. 伯顿著：《法律和法律推理导论》，张志铭、解兴权译，中国政法大学出版社 1998 年版，第 3—4 页。

量。”[1] 如此一来，法治（这里主要是指形式法治）的理想也便落空了，笔者将这种主张称为法治不能论。简言之，这一主张的核心在于既有法律对于疑难案件的裁判已经无能为力，法官在裁判疑难案件时便不再受既有法律的约束，从而以依法裁判为核心要求的法治也便无法再实现。

法律具有两面性，其中一面是清晰的，这也是为我们所比较熟悉的一面，清晰、具体、明确是法律的常态；同时，法律也有模糊性和不确定的一面，这是一种反常的面目，通常在疑难案件中表现得最为明显。[2] 模糊是自然语言的本质属性，法律既然采用自然语言来表达，那么它注定无法摆脱模糊性，在这意义上可以说模糊性是法律的一个本质属性，[3] 我们无法将模糊性从法律中彻底消除出去。当法律出现模糊时，意味着调整某个特定问题的法律标准是不确定的，也意味着这个法律问题的答案是不确定的。为了应对模糊性难题，法官便需要运用一定的自由裁量权，在那些缺乏明确法律调整的案件中这种裁量权体现为司法造法（judicial legislation），如此一来法治从根本上受到了威胁。“法治不能论”的主张相对来说是较为极端的，模糊性尽管会对法治构成一定的威胁，但它并不会从根本上摧毁法治，理由如下：首先，清晰性和明确性是法律的常态，我们不应过分夸大法律的模糊性，即便是法律出现模糊的时候，我们也可以运用法律解释方法来缓解这种模糊性压力；其次，在由模糊所导致的疑难案件中，甚至在那些法律缺位的案件中，法官为求得公正的个案裁判偏离了具体规范转而诉诸一般性的法律原则或原理，这不仅向更高的实质正义迈进了一步，而且也与依法裁判的立场在实质上是相容的；最后，只有当某些领域的规则缺位或者与法律的理想相违背才能算得上是构成“法治缺陷”，[4] 一条法律仅出现模糊还算不上是法治缺陷，

[1] 参见［德］Ralf Poscher：《裁判理论的普遍谬误：为法教义学辩护》，隋愿译，载《清华法学》2012 年第 4 期。

[2] 关于法律的这种双面性的讨论，可以参见张真理著：《法：理解的存在——法律诠释学的基本立场》，北京出版社 2010 年版，第 1—9、35—46 页。

[3] See Timothy A. O. Endicott，“Law is Necessarily Vague”，*Legal Theory* 7（2001）：377-383.

[4] See Timothy A. O. Endicott，“The Impossibility of the Rule of Law”，19 *Oxford Journal of Legal Studies*，1（1999）：11-13.

法治也并不会因为某条法律是模糊的而变得不再可能。

## （二）守法裁判的可能性

正如我们刚刚所看到的，法治不能论建立在对依法裁判论立场进行打击的基础上。所以，为了成功地驳倒这一论断，我们不仅需要从正面论证法治不能论站不住脚，还需要从反面论证依法裁判的必要性与现实可能性。依法裁判的另外一种表述是法官或裁判应受法律的约束，这是一项拥有悠久历史并且十分强大的法律传统，时至今日在很大程度上仍然支配着我们的法学和司法活动。“大体上来说，裁判应当根据先存的法律标准而非法官个人的奇思妙想作出”，“法院的活动是要受到限制的，它必须依照现存的法律标准作出判决”，[1]诸如此类的论述还有很多。然而一个根本的问题仍然悬而未决，即裁判为什么要受法律的约束？换言之，司法裁判可以摆脱既有法律的约束吗？赋予法官更多的自由在个案中落实正义岂非更好？人们可能很容易会提出这些质疑，接下来我们将把分析的焦点集中于制约裁判受法律之约束的潜在成因。需要说明的是，在不同历史时期、不同的法学流派曾对这个问题发表过不同的见解，然而作为一个一般性问题，在此我们只归纳和讨论形成这一传统的一些普遍性的因素。

首先，是由立法至高无上性所决定的。立法的至高无上性（legislative supremacy）意指这样一种观念，立法机关拥有制定法律的正当权威，而法院在裁判案件时必须尊重立法机关的这种权威。[2]立法机关的职责在于制定法律，而法院则担负着适用法律以裁决纠纷的使命。那么，人们可能会问，立法（机关）的这种权威来自何处？美国学者 Keating 教授指出，立

---

[1] Philip Soper. *A Theory of Law*. Harvard University Press，1984，p.111.

[2] See Douglas E. Edlin. *Judges and Unjust Laws*：*Common Law Constitutionalism and the Foundations of Judicial Review*. The University of Michigan Press，2010，p.42；See Earl M. Maltz，“Rhetoric and Reality in the Theory of Statutory Interpretation：Underenforcement，Overenforcement，and the Problem of Legislative Supremacy”，71 *Boston University Law Review*，5（1991）：767-792；And see also Earl M. Maltz，“Statutory Interpretation and Legislative Power：The Case for a Modified Intentionalist Approach”，63 *Tulane Law Review*，1（1988）.

法的这种正当性源自人民的同意，而相比之下，法院的正当性则源自这样一种忠诚或公正，借此可以让人们所保留的那部分意志来对特定纠纷之裁决产生影响。如此一来，立法的至高无上性便支持这样一种司法顺从（judicial deference）的观念。[1] 其实立法与司法的这种性质上的差异和权力分立的思想是一致的，对此在《联邦党人文集》第 78 篇中有非常经典的论述："立法机关不仅掌握财权，且制定公民权利和义务的准则。与此相反，司法部门既无军权、又无财权，不能支配社会的力量与财富，不能采取任何主动的行动。故可正确断言：司法部门既无强制、又无意志，而只有判断。"[2] 立法者是民选的，立法机关的行为有着深厚的正当性基础，相比之下，法官多是被任命而非民选的，因此法官只能在法律的约束下裁决纠纷，而不得任意染指立法。

其次，与对法官自身之职能的理解和定位也密切相关。法官是否应受法律约束这个问题牵涉到法律与裁判之间的关系。进一步地，裁判与法律之间究竟是一种怎样的关系，又取决于人们对于法官自身之职能的理解和定位。我们知道法官这个职业的出现，本身是和纠纷的解决紧密地联系在一起的。争议的当事人以及法院构成了一个简单的三方结构，"对于各种不同的文化而言，无论何时，当两个人之间发生了仅靠他们自己无法解决的争议时，根据常识的一个解决办法是召集第三方以帮助达成一个解决方案"[3]，而正是这个三方结构使得法院获得了基本的政治合法性。法院的首要任务在于裁判纠纷，想必人们对此并不会有什么争议。然而，一旦将正义（justice）这个裁判要求考虑进来的话，对于法官的角色或职能的定位就产生了争议。因为，在"法官有责任对眼前案件作出裁判"与"法官有义

---

[1] Gregory C. Keating, "Fidelity to Pre-existing Law and the Legitimacy of Legal Decision", 69 *Notre Dame Law Review*, 1 (1993): 1-10.

[2] ［美］汉密尔顿、杰伊、麦迪逊著:《联邦党人文集》，程逢如、在汉、舒逊译，商务印书馆 1980 年版，第 391 页。

[3] ［美］马丁·夏皮罗著:《法院——比较法上和政治学上的分析》，朱勇等译，中国政法大学出版社 2005 年版，第 2 页。

务作出一个公正的裁判”这二者之间是难以画等号的。[1] 前者认为法官的责任就在于服从法律，哪怕这个法律是不公的亦须不移不惑地适用之；而后者看到了司法职能的深层次要求，亦即它旨在追求公正的裁决。所以，从对法官的职能定位来看，一方面它要求法官应严格受法律约束而不得随意偏离之，另一方面公正裁判之要求的加入又给裁判偏离法律留下了一定的空间，当既有法律与公正之原则或价值相悖时，或者当某个问题不被既有的法律所调整时，为了实现公正之裁决，法官可以运用价值权衡和道德推理。[2] 但是，即便在后一种情形下为了获得形式合法性，保险起见裁判仍然不能突破既有的法律原则，而通常并不会直接将裁判建立在法律之外的依据上。也就是说，即便为了追求实质法治也不能完全抛弃形式法治，后者是前者的一个重要基础。

再次，是形式法治及法教义学的内在要求。哈耶克曾为形式法治提出过一个很好的定义，他认为法治意指：“政府在一切行动中都受到事前规定并宣布的规则的约束——这种规则使得一个人有可能十分肯定地预见到当局在某一情况中会怎样使用它的强制权力。”[3] 形式法治相比之下是一种较为薄弱的法治观，它主要是从形式和程序上对既有法律提出要求，而实质法治则较为厚实，它包裹了对法律的内在道德批判。然而单纯追求实质法治也是有风险的，“实质法治之‘实质’由于存在太多的含义，因而是模糊的、不确定的。这种思维方式本身带有瓦解法治的思维倾向，因为实质法治所倡导的思维方式重点不是根据法律的思考，而是对法律外实质因素的把握，把实质因素当成思考判断的依据”[4]。形式法治与法官应受法律约束

[1] 在一般意义上可以将司法活动描述为：(1) 不得拒绝对案件作出裁判，(2) 法官必须依照法律来裁判，以及 (3) 法官不仅要根据法律而且要公平公正地作出裁判。参见［德］H. 科殷著：《法哲学》，林荣远译，华夏出版社 2002 年版，第 222—223 页。

[2] See Douglas E. Edlin. *Judges and Unjust Laws*: *Common Law Constitutionalism and the Foundations of Judicial Review*. The University of Michigan Press，2010，pp.124-129.

[3] ［英］弗里德里希·奥古斯特·哈耶克著：《通往奴役之路》，王明毅、冯兴元等译，中国社会科学出版社 1997 年版，第 73 页。

[4] 陈金钊：《对形式法治的辩解与坚守》，载《哈尔滨工业大学学报》（社会科学版）2013 年第 2 期。

有更亲密的关系，它“比纠缠于道德立场的实质法治更容易达成共识。在法律适用的形式平等和法律制度的安定性之下，人们可以有依据地规划其未来的生活，从而使得人类生活变得可以预期和可以控制，社会秩序和安全感由此得以形成”[1]。法教义学在这一点上与形式法治的要求比较相似，法教义学通过对法律的解释和体系化旨在以实在法约束法官的裁判，[2] 法教义学主张的裁决方式是通过长时间的讨论所积累和沉淀下来的，“可以减轻裁判者价值衡量的负担，而直接得出契合法律背后基本价值要求的结论”[3]，因此不必在每次适用法律时都重新开启对它的价值判断。[4] 在此意义上，法官应受法律约束与法教义学的要求是内在一致的。

最后，是司法责任与职业安全这个重要的现实性考量因素。一个可以观察到的普遍现象是，许多国家在其法典中规定了法官负有依法裁判的职责，比如《德国法院组织法》（GVG）第 1 条规定：“法官权力由独立且仅服从法律的法院来行使。”《德国基本法》（GG）第 20 条第 3 款规定：“立法权应受宪法秩序的约束，行政权与司法权应受法和法律的约束。”该法第

---

[1] 张翔：《形式法治与法教义学》，载《法学研究》2012 年第 6 期。

[2] 参见雷磊：《法教义学的基本立场》，载《中外法学》2015 年第 1 期。哈斯默尔主张通过法律解释的方法来约束法官，“约束在法律规范的词语含义上（语法解释），约束在相关法律条文的意义关联上（体系解释），约束在调整的目的上，即具体的立法者在对有疑问的规范上所追寻的目的（历史解释），今天它在有疑问的规范中表现为客观的（目的解释），和约束在宪法的原则性价值判断上（合宪解释）。这类规则指引的法律范围，可能确保减少法官选择的可能性，因而增强法律对他的约束”。参见［德］温弗里德·哈斯默尔：《法律体系与法典：法律对法官的约束》，载［德］阿图尔·考夫曼、［德］温弗里德·哈斯默尔主编：《当代法哲学和法律理论导论》，法律出版社 2002 年版，第 283 页。

[3] 许德风：《论法教义学与价值判断——以民法方法为重点》，载《中外法学》2008 年第 2 期。

[4] 这是法教义学的“否定禁止”功能。法教义学限制了法律人面对法律文本与案件事实时的自由空间，已有的法教义学命题总是一再地呈现并提醒他们，越过现有教义而提出任何新的解答模式的企图都要承担更为沉重的论辩责任，而所提出的新解答模式也须接受更为严苛的检验。参见白斌：《论法教义学：源流、特征及其功能》，载《环球法律评论》2010 年第 3 期。教义学所提供的裁决方式能够超越长期阶段而固定下来，若每次开启新的讨论，那么每次可能会达到不同的结果，这与可普遍化原则、正义原则相矛盾。参见［德］罗伯特·阿列克西著：《法律论证理论——作为法律证立理论的理性论辩理论》，舒国滢译，中国法制出版社 2002 年版，第 329 页。

97 条规定："法官应独立行使职权，并仅服从法律。"[1]Jeffrey Brand-Ballard 将这种规定称为"法官所应予以遵守的规则"（adherence rules），在《美国模范法官行为守则》中有大量诸如此类的规定。[2] 在我国亦有类似的规定，比如《宪法》第 128 条规定"中华人民共和国人民法院是国家的审判机关"，第 131 条规定"人民法院依照法律规定独立行使审判权，不受行政机关、社会团体和个人的干涉"；《法官法》第 7 条规定法官负有"严格遵守宪法和法律"以及"审判案件必须以事实为根据，以法律为准绳，秉公办案，不得徇私枉法"等义务。宪法和法律上作此规定，意味着"立法的权力在宪法上是分配予立法者的，所以作为该法律的执行者的角色分配，法官必须因此受到立法者制定的法律以及其所表达出来的价值判断的拘束"[3]。与此相关，司法判决的形式合法性直接源自法律，法官一旦公然违背法律，而判决建立在非法律性根据的基础上时便难以获得其形式合法性，由此必然会给自己招来一些不必要的责任或风险，"准备在一个真正开放的体系中讨论与论证的人，只是一小群，大部分的人较喜爱受到'严格的、赤裸的法律文义'的约束，以免必须自己承担责任。不要冒险！这句话成了（法官们的）座右铭！"[4] 退一步来说，即便某个判决的形成从实质上看并不是以法律为根据而做出的，那么法官仍然会用法律的形式来武装该判决，使得这个判决从表面上看仍然是从既有的法律中被推导出来的。法官想方设法在外观上（形式）做到依法裁判，究其原因只有一个，那就是避免承担责任、避免不必要的麻烦。

---

[1] 为了准确起见，文中所引条文的德文原文分别引述如下："Die richterliche Gewalt wird durch unabhängige，nur dem Gesetz unterworfene Gerichte ausgeübt." "Die Gesetzgebung ist an die verfassungsmäßige Ordnung，die vollziehende Gewalt und die Rechtsprechung sind an Gesetz und Recht gebunden." "Die Richter sind unabhängig und nur dem Gesetze unterworfen."

[2] See Jeffrey Brand-Ballard. *Limits of Legality*：*The Ethics of Lawless Judging*. Oxford University Press，2010，pp.56-60.

[3] 吴从周著：《概念法学、利益法学与价值法学——探索一部民法方法论的演变史》，中国法制出版社 2011 年版，第 448 页。

[4] 括号中的内容是笔者所加。参见［德］阿图尔·考夫曼著：《法律哲学》，刘幸义等译，法律出版社 2004 年版，第 73—74 页。

## 四、本章小结

通过对疑难案件在理论以及实践上的描述，我们确实可以清晰地看到它给司法所带来的复杂、不确定和疑难。极端的不确定论者恰恰抓住了法律的不确定性这一面，将其在疑难案件中所呈现出来的困境予以过度的放大，从而得出法治不再可能的结论。不得不承认，作为法律实践的非常规状态，疑难案件的出现的确会对法治产生一定的威胁或影响，这集中表现在它会使作为法治最核心要求之一的依法裁判的理想变得岌岌可危。由于法律体系的功能在于裁决案件，[1] 法院的重要职责之一在于为纠纷提供解决方案，有学者将给出解决方案视为法治的一个基本要求。[2] 当法律出现模糊、变得不确定甚至缺位时该如何是好？对此拉兹指出，为此类案件提供裁决方案仍然是法院系统的重要职责，以此来突显法院系统在整个法律体系中的核心地位。[3] 一如亚里士多德所教导的那样，法律难免会有规定得不周详之处，于此情形下，执法者仍应根据法律的精神解释并应用原有法律，从而公正地处理那些尚未被法律所规定的事项。[4] 总而言之，疑难案件之下法律的模糊、不确定、缺失只有导向专制统治时才能构成一种法治缺陷，进而从根本上危及法治理想，除此之外，守法裁判总是能够得到辩护并总是值得追求的。

---

[1] See Richard A. Wasserstrom. *The Judicial Decision*：*Toward a Theory of Legal Justification*. Stanford University Press，1961，p.1.

[2] See Timothy A. O. Endicott，"The Impossibility of the Rule of Law"，19 *Oxford Journal of Legal Studies*，1（1999）：13–15.

[3] See Joseph Raz. *The Authority of Law*. Oxford University Press，1979，pp.172–174.

[4] 参见［古希腊］亚里士多德著：《政治学》，吴寿彭译，商务印书馆 1983 年版，第 168 页。

第三章

# 疑难案件的存在之争

人们在日常生活中几乎无时无刻不在做决定，但时常也会面临着不知该如何是好的困境，在法律实践中亦是如此，法官时常也会陷入不知该如何裁判的困境。这样的例子有很多，比如说，前文所谈到的伴随着现代生物科技的发展，实践中出现了人工授精胚胎的法律争议，胚胎就其性质而言究竟是一种纯粹的财产存在，还是一种法律上之完整人格，既有法律对此并未给出明确的回答。如果采纳前者势必会判决相关权利人可以像对待一般财产那样来处置胚胎，而如若秉持后一种观点则会对胚胎做出完全不同的处置方案。又比如说，一位绝症患者在临终之前将自己的遗产赠与其情人，并且也履行了公证等相应的法律手续，面对这份形式要件完备的遗嘱，法官们对其是否能够产生法律效力产生了争议，有些法官认为只要具备法律所规定的遗嘱之生效要件该遗嘱自然取得其法律效力，另一些法官主张该遗嘱在实质内容上有悖于公德因此应为无效。不难看出的一点是，在以上这两种情形中法官似乎可以有多个不同的选择。

一般而言，疑难案件系指那些在法律的理解与适用方面存在困难和争议的案件。疑难案件的出现似乎是一件必然之事，并且生活经验也往往能够佐证这一点。但是，在理论上这一命题是否一定能够成立？换言之，简单案件与疑难案件的二元划分是否一定站得住脚？[1]进一步地，它的存在范围有多广？这将是当前这一章所要着力处理的问题。需说明的是，疑难案件既是中西各国司法所可能遭遇的普遍难题，同时也是一个重要的理论问题，而接下来的讨论主要把这个议题放在一般法理学的语境中加以分析，不会单一地将其关联于大陆法系或英美法系的司法文化与结构，因而本章的讨论视角仍然主要是法理学的或法哲学的。

在法律实践中，并非所有的案件都是简单案件，疑难案件不仅在经验上是客观存在的，而且在理论上这一论断亦能获得辩护。并且，案件尽管确实有简单与疑难之别，但是疑难案件仅仅在一种十分有限的范围内存在。一言以蔽之，疑难案件只是法律实践的一种例外状态，简单案件的普遍性存在才是法律实践的常规状态。以上正是本章所要辩护的中心观点，具体将按照以下步骤展开论证：首先，依次检讨三种有关疑难案件是否存在的竞争性观点，在这三种立场中有限存在论较为可取，它不仅在理论上能够站得住脚，而且更为切合我们真实的法律实践；其次，在某些情形下法律中的不确定性、指引的有限性以及法律的可争辩性必然会使得案件发生疑难，亦即由于这三个方面的原因使得疑难案件的存在成了一件必然之事；最后，将讨论议题继续向前推进，疑难案件的存在并不意味着实践中的每一个案件都是疑难案件，在大多数案件中我们并不总是需要解释法律，可以通过重构法律解释与法律理解的关系来尝试划定疑难案件的范围。

[1] 在理论上有两种观点显得格外耀眼，其中一种宣称并没有什么疑难案件，一切案件都可以以一种十分简单的方式被裁判。与之相对，另一种观点主张压根就不存在简单案件，司法过程的复杂性要求每一次法律的适用必然伴随着解释，因此每一个案件都应是疑难案件。

## 一、不存在疑难案件？

### （一）完全否定论

在这种理论的主张者看来，案件并没有什么简单或疑难之分，一切案件都是简单案件，试图在简单案件与疑难案件之间划出界线简直就是多此一举，实践中貌似“疑难”的那些案件仅仅只是一种假象而已。这种理论的典型是曾一度被法律人尊奉为“正统理论”的法律形式主义（legal formalism），其基本思想在于既有法律体系已经为所有问题都预备好了答案，法官的任务就是去发现并适用这些法律从而得出答案。以今天的眼光反观法律形式主义，可能会觉得这种理论过于僵化、可笑甚至荒谬，并且作为一种理论形态可能在现实实践中并不存在严格的对应物，但是在历史上这种思想曾一度主导过美国的法学和司法。[1]19 世纪末期，一方面受到了英国实证主义哲学之风的影响，另一方面是美国本土的立法活动的高涨，这共同催生了法律形式主义并进一步刺激了其发展。

需要指出的是，法律形式主义并不是一个法学流派，而只是一种学习、研究和对待法律的方法，在这个意义上，欧陆的概念法学也是形式主义的进路。[2] 法律形式主义的倡导者将法律作为一门科学（极其类似甚至等同于自然科学）来对待，认为通过科学的方法人们可以从法律的一些基本概念和原则中演绎出法律问题的答案。在诸多关于法律形式主义的讨论中，耶鲁大学法学院的夏皮罗教授所作的概括最为精当：（1）坚持司法克制，除了寻找和适用既存的法律之外，法官再没有什么能够做的了；（2）认为

[1] 关于法律形式主义一个概述，请见 Duncan Kennedy，“Legal Formality”，2 *The Journal of Legal Studies*，2（1973）：351-398；Frederick Schauer，“Formalism”，97 *The Yale Law Journal*，4（1988）：509-548；Morton J. Horwitz. *The Transformation of American Law*，*1870-1960*：*The Crisis of Legal Orthodoxy*. Oxford University Press，1977，pp. 253-268；Brian Z. Tamanaha. *Beyond the Formalist-Realist Divide*：*The Role of Politics in Judging*. Princeton University Press，2009，pp.1-66.

[2] 参见柯岚：《法律方法中的形式主义与反形式主义》，载《法律科学》2007 年第 2 期。

法律是确定的，既有法律可以为任何法律问题提供答案，因此法律是不存在所谓的“漏洞”的；(3) 概念主义的立场，即认为法律是由概念和规则所构成的一个层级有序的体系，位于上端的是抽象概念和原则，越往下规则的内容和形式就越具体，而且下层阶的低抽象度的规则都可以从上层阶的抽象概念和原则中推导出来；(4) 裁判的非道德性，法官在裁判中只使用形式逻辑（主要是演绎的方法），而不得诉诸或求助于任何形式的道德推理。[1] 几乎所有的法律形式主义者都会共享以上这四个主张。

这四个主张若结合为一点，则法律体系是没有漏洞的。我们在前面已经交代法律形式主义对待疑难案件的基本态度，认为存在疑难案件仅仅只是一种幻象。如果形式主义者能够证明法律是没有漏洞的，那么他们对待疑难案件的否定论立场才会有说服力。法律形式主义者既然已经在既有法律与案件裁决之间建立起了一种一一映射的关系，那么为了完成对每一个案件的裁决，他们必须确保裁判者能够找到可以适用的法律。几乎所有对于法律形式主义的解读，都认为法律形式主义承诺任何案件都可以被既有的法律规则（legal rules）所涵盖，因此并不存在不受既有法律所调整的案件。其实，这是一种对法律形式主义的误读。法律形式主义者的眼中并不仅仅只有规则，在他们看来，具体的规则、抽象的原则及概念（principles and concepts）共同构成了一个逻辑上一致、自洽的体系。[2] 实践中一旦出现了不被既有规则所覆盖的新案件，法官便会诉诸处于较高位阶的、更加一般和抽象化的法律原则。原则大多数时候是隐身于判例之中的，需要法官运用归纳的方法予以提炼。当原则确定以后，法官下一步的工作就是设法从中推导出可供裁判适用的规则。

按照夏皮罗教授的分析，推导规则的过程是一个概念分析与演绎推理相混合的过程。法官首先需要分解该原则所包含或使用的抽象概念（比如财产、对价、承诺等），其次法官通过适用这些概念进而推导出新的低层次

---

[1] See Scott J. Shapiro. *Legality*. Harvard University Press，2011，pp.241-243.

[2] See Thomas C. Grey，“Langdell's Orthodoxy”，45 *University of Pittsburgh Law Review*，1（1983）：8-9.

规则。[1] 接下来，法官只需要将该新的低层次规则作为司法推理的大前提，把案件事实作为小前提，就可以推导出本案的裁判结论。这里有两点非常有意思：(1) 在形式主义者所建构的法律体系中，起到兜底作用的是抽象的概念和原则，法律体系之所以无所不包，是因为通过抽象的概念和原则可以不断生产出新规则；[2] (2) 法官事实上在有意无意地从事着造法的事业，因为“法官可以从一个特定案件中抽取出具有任何程度之一般性的先例原则”[3]，同时通过抽象原则和概念也可以进一步抽取出具有任何抽象程度的低层次规则，换句话说，实践中需要什么样的规则法官就可以从抽象原则和概念中提取出这样的规则。因此，按照形式主义者的如上逻辑，通过原则和概念的不断生产与再生产，法律体系是不可能有漏洞的，故而也就没什么疑难案件可言。

### （二）完全肯定论

与完全否定论一样，完全肯定论则走了另一个极端。该理论认为纯粹简单的案件是不存在的，每一个案件或多或少地都具有一定的疑难性，看似简单的案件实质上都是疑难案件。在司法裁判的过程中，法律在被最终适用以前首先必须经过“解释”这个环节，法官通过对有待适用的法律进

[1] See Scott J. Shapiro. *Legality*. Harvard University Press，2011，pp.242-243.

[2] 布莱恩·莱特认为形式主义内部也可以进一步分为两种：一种是简单版本形式主义，主张司法判决是通过三段论推理自动获得的；另一种版本是复杂的形式主义，其复杂性在于认为法律推理不是机械地进行的，它实质上也要求法官识别各种不同的法律渊源（比如成文法中的法律规则或法律原则，又比如判例中先例规则或先例原则）、解释这些法律渊源以及区分相关的与不相关的渊源，此外还需对“为何如此推理是正确的”提供一个理论上的解释，而德沃金就是这后一种法律形式主义的典型代表。See Brian Leiter. “Legal Formalism and Legal Realism：What is the Issue？”，16 *Legal Theory*，2（2010）：112-113. 仔细观察，我们会发现德沃金的整全法思想，就是通过建构性解释的技术不断从原则中获得既有裁判的制度性支持，从而为任何一个案件都能找到唯一正确的答案。从这个意义上说，德沃金的思想与法律形式主义有惊人的一致之处，至少在这个侧面上他是一位不折不扣的形式主义者。

[3] Richard A. Wasserstrom. *The Judicial Decision：Toward a Theory of Legal Justification*. Stanford University Press，1961，p.35.

行解释——通常要根据法律的价值、精神、原则与目的——从而形成适用于眼前案件的裁决规则。简言之，每一个司法裁决并不是简单地通过演绎逻辑推理出来的，而是法官通过解释并适用法律而获得的结果。换言之，裁判结果是作为一种解释的产物而出现的。主张这种理论的典型代表是德沃金，说得更确切一些是晚期的德沃金。之所以如此，是因为德沃金本人的法律概念观在前后两个阶段有着十分明显的变化，这种变化在很大程度上也牵动着他对待疑难案件的复杂态度，并且这种态度也经历了一种明显的变化或转向。

在德沃金早期的作品中[1]，他旗帜鲜明地提出在司法实践中确实存在疑难案件。实践中我们会遇到两类案件，一类是受既有法律规则所调整的案件，而另一类则是不受既有法律所调整的案件，那么能不能说后者就一定是疑难案件？德沃金提醒我们不要过早下定论，因为在他看来，以往的法律理论（主要是指法律实证主义理论）对于法律之范围的划定过于狭隘了，法律不仅仅是由规则所组成的，同时还包含着法律原则。有些案件即使不被规则所调整但其一定能够被原则所覆盖，但是如果针对同一个案件，既存在可供适用的法律规则又有可以选择的法律原则，甚至这两种不同的法律标准之间可能存在冲突。如果一个案件依据规则所获得的结论并不符合正义等一般法律原则，那么可以说该案就是一个疑难案件，比如德沃金所讨论的“瑞格斯诉帕尔默”[2]案就是一个代表性的例子。他的论证逻辑是十分清晰的，疑难案件之所以存在并不是因为法律有漏洞，而是因为既有的法律标准（主要是指规则与原则）之间可能会产生实质性的冲突。

再到后来，德沃金的上述态度发生了一些明显的转变。但是和之前一样，他仍然否认法律中存在漏洞，因为几乎无所不包的原则使得法律体系

[1] See Ronald Dworkin. *Taking Rights Seriously*. Harvard University Press，1978；See also Ronald Dworkin. *A Matter of Principle*. Harvard University Press，1985.

[2] *Riggs v. Palmer*，115 N.Y. 506，22 N. E. 188（1889）.

成了一种“无缝之网”（seamless web）。[1] 与之前不同的是，德沃金发展出了一套建构性的解释理论，认为法官只要运用这种理论来解释法律，就一定能够为任何案件寻找到唯一正确的答案。德沃金承认一项成文法可能包含着依靠语境所无法确定其含义的模糊性术语，它也可能会使用一些抽象的术语，但是这并不足以使一个案件成为疑难案件。某个法律规定的意思之所以处于争议，并非因为该规定所使用的文字不清楚，而毋宁是因为人们对于过去政治决定背后的道德和政治理由存在争议。因此，法律中的不确定性（比如模糊、有歧义）与其说是法官解释制定法的原因，倒不如说是法官解释的结果。[2] 由此，法律的解释与适用是一体两面的，法律的适用必然包含着对法律的解释。就此，德沃金认为是否需要划分简单案件与疑难案件是个假问题，[3] 因为对于任何一个案件而言，法官一开始便会运用建构性解释方法来解释法律，案件的裁决自然而然也是作为解释的结果出现的，所有的案件都具有一定程度的复杂性，因此任何一个案件事实上都是一个疑难案件。

### （三）有限存在论

如果说以上两种观点都有些极端的话，那么第三种观点则走了一条中间道路，它认为由于某些原因疑难案件在实践中必然存在，因此划分简单案件与疑难案件是有必要的。这一主张的支持者相对来说是比较多的，只要不是那么极端，一般都会坚持疑难案件的有限存在论立场。有限存在论者主张，当某个法律问题已经被既有法律标准所确切地调整时，这个案件就是一个简单案件，法官的任务就是径直适用法律以发现问题的答案；而一旦针对某个事项的法律含混不清需要法官做实质性的权衡

---

[1] 德沃金对于法律漏洞的专门讨论，请参见 Ronald Dworkin，“On Gaps in the Law”，in Paul Amselek and Neil MacCormic（ed.）. *Controversies about Law's Ontology*. Edinburgh University Press，1991，pp.84-90.

[2] See Ronald Dworkin. *Law's Empire*. Harvard University Press，1986，pp.351-352.

[3] See Ronald Dworkin. *Law's Empire*. Harvard University Press，1986，p.354.

和判断时，或者当针对某个事项压根就不存在法律标准时，该案就是一个疑难案件。哈特是为数甚少的专门讨论疑难案件的学者之一，在著名的“公园汽车案”[有一项法律规则禁止你将车辆带进公园。该规则显然禁止的是机动车辆，但是自行车、轮式旱冰鞋、玩具汽车是否也在该规则的禁止之列呢？飞机又如何呢？就该规则的目的来说，这些东西是否能够称得上是“车辆”（vehicles）？] 的问题上他持有一种典型的有限存在论立场，该案显然不是一个简单案件，因为人们对于那条法律规定的“汽车”到底是否包含玩具汽车、轮式旱冰鞋、救护车、电动轮椅等存在争议。如他所言：“在日常交流中，我们所使用的词语必定拥有一些标准的实例，在此范围内人们对于它的使用并不会产生什么疑问。因此，语词必定会拥有一个确定的意义核心，但同时它也拥有一个可争议的阴影区域，在此区域内词语既不是可以确定无疑地被使用也不是绝对地不予使用。”[1]

哈特从自然语言之性质的角度，敏锐地意识到了法律语言同样所可能存在的问题，即语言通常既有标准情形也有边界情形，而疑难案件恰恰就发生在案件落入边界情形的范围内。“公园禁止汽车入内”这条规定的每一个语词都很平常、清晰，但是一旦遭遇现实中的具体个案事实，麻烦就来了。当我们谈到“汽车”这个词的时候，我们脑海里马上会浮现关于汽车的一些标准特征或构造，比如有四个轮子或更多，靠发动机运行，需使用电力或天然气、汽油等燃料，产生一定的噪声等，那么显然公共汽车、家用小轿车、货车都无疑可以归入这种标准情形的行列。但是对于电动轮椅、轮式旱冰鞋、玩具汽车是否也属于汽车之列呢？我们对此会产生怀疑，我们不能马上给出一个肯定或否定的回答，因为这些事物一方面与汽车的某些特征很相似，比如它们都有轮子，它们可以为人们的出行带来方便等，但是另一方面它们也与标准情形下的汽车有差异，比如通常它们并不会制

[1] See H. L. A. Hart, “Positivism and the Separation of Law and Morals”, 71 *Harvard Law Review*, 4 (1958): 607.

造（太大的）噪声或污染。

无论是使用一般性的成文规则模式还是先例模式来指引人们的行为，都不可避免地会出现类似于以上情形的边界案件（borderline cases）。这一点在成文法中表现得最为明显，即便规则本身是清楚的，但是“在特定具体个案中，该等规则所要求之行为的类型仍旧可能是不确定的。特定的事实情境并非已经自己区分得好好的，贴上标签表明是某一一般规则的具体事例，在那儿乖乖地等着我们。而且规则本身也不能够站出来，指定它自己所包含的事例”[1]。一旦既有法律标准与案件事实之间展现出了一种互不对应的状态，疑难案件就会随之出现。这主要有两种情形，第一种情形类似于公园汽车案，法律规定的模糊进一步导致了法律的不确定性，而这需要借助于解释或者其他实质性的判断才能予以确定；另一种是法律出现了漏洞，即出现了一些不被既有法律规则所调整的新案件，法官必须通过行使自由裁量权来填补这个空白。但是，法律并不总是模糊不清或有漏洞的，常规情形下的案件都是简单案件，只有在少数的以上两种情形下才会产生疑难案件，因此疑难案件是法律中的一种例外而非经常状态，亦即疑难案件仅仅在一种有限的范围内存在。

## 二、案件何以变得疑难？

在以上三种对待疑难案件的基本态度中，有限存在论相对来说较为真实和可取一些。笔者先来评价一下其他两种立场，完全否定论对于法律体系的构想过于天真和理想化，认为法律体系并无漏洞，它已经为所有问题都事先预备好了答案，法官的任务就是去寻找和发现这些答案，可见它对司法过程的描述也过于简单化。如果真实的司法过程果真这般简单，那么要法官、律师还有什么用呢？同时，我们还必须指出这种理论所存在的一个问题，尽管它口口声声否认疑难案件的存在，否认法官对于道德理由和

[1] ［英］哈特著：《法律的概念》（第二版），许家馨、李冠宜译，法律出版社 2006 年版，第 121 页。

政治理由的依赖，但是它有关“从原则、概念到规则”的生产过程，其实有时候也模糊了司法和造法的界限。因为这个产生新规则的过程本身就是一种“法律创造”，更何况想推导出何种抽象程度的规则几乎完全是由法官说了算，这在某种程度上只是掩盖了疑难案件存在的现实，法律并不存在漏洞也只是一种幻象而已。

完全肯定论认为疑难案件的存在是司法实践的一种常规状态，最有意思的一点是它居然否认法律存在漏洞，同时它又主张“解释（性活动）”的介入会给案件的裁判增加困难。可以说该理论看到了法官在疑难案件方面所能够发挥的重要作用，但是却过分地夸大了疑难案件的范围。将法律的适用完全等同于法律的解释，无疑也增大了司法裁判过程的复杂性。因为，在大多数案件中法律是清晰、确定、现成地摆在那儿的，法官可以运用形式逻辑径直地适用它们而无需解释。相比之下，有限存在论的主张较为客观、真实和可取，其最有力的论据是“法律体系必然存在漏洞”，因为完全肯定论者和完全否定论者所曾诉诸的“法律原则”（一个是依靠原则推导出具体规则，一个是依靠对法律原则的解释而裁判）的数量十分有限、范围十分狭窄，即便通过对它们的解释或再生产也不可能推衍出能够应对一切新案件的法律标准，所以法律漏洞必然存在，相应地，疑难案件也是存在的。在本部分，笔者将转向对案件何以疑难这个问题的分析。

### （一）法律的不确定性

在结束了一两周的课程之后，法学院一年级的学生都会十分惊讶地发现法律是何等的不确定和不清晰，这是因为他们在入学之初认为存在一种他们将要学习的关于法律的知识体系，并且这种知识体系是已经摆在那儿的，是已经被写进成文法和司法判决中的，然而学生们会很快发现法律比他们原本想象的要模糊得多。[1]通常来说，法律人眼中的法律要比门外汉眼中的法律不确定和模糊得多，这是因为前者经常置身于法律争议的内部，

---

[1] See Andrei Marmor. *Philosophy of Law*. Princeton University Press，2010，p.137.

他们最清楚法律在实践中所展现出来的复杂形态。法律的不确定性在实践中是如此显著，以至于达莫托教授将其称为当今法学界的核心议题。[1] 然而，“法律是不确定的”这个命题本身同样也是不确定的，人们对于它究竟意指什么存在分歧，所以在深入讨论这一议题之前，笔者将首先对法律的不确定性进行一个初步的界定。

论者们通常是以“既有法律并不决定案件裁决”这个标准来界定疑难案件的。这个界定本身需要再进一步分解为两个命题：（1）既有法律总是无法决定案件的裁决，也就是说，既有法律与案件的裁决之间无任何关联，我将这个论断称为“极端的不确定性命题”，它主张法律一直是不确定的，总是需要法官运用一定的方法去解释、判断和加工。极端的不确定性命题集中体现于现实主义法学及批判法学的有关主张中，比如“法律就是政治”“法律就是法官的判断”等，作为对自由主义法律理论的反叛，这种极端性主张将会从根本上摧毁形式法治，因为形式法治最核心的要求在于司法争议必须根据法律的标准做出。（2）既有法律只是有时并且是在少数时候不决定案件的裁决，在大多数时候，案件的裁决是能够从既有的法律标准中推导出来的，只有在少数疑难情形中法律是不确定的，因而也就无法决定案件裁决的做出。笔者将这第二种主张称为“温和的不确定命题”。

很显然，从我们的日常经验来感受，法律既不是完全确定的，也不是完全不确定的，而只是在某些时候（准确地说是少数时候）法律才是不确定的。这一点和劳伦斯·索罗姆教授的主张是一致的，他认为介于“完全确定性”（radical determinacy）与“极端不确定性”（radical indeterminacy）之间，还有一个重要的概念往往被人们所忽视，这就是“不够确定”（underdeterminacy），而这个概念恰恰可以解释“疑难案件”的存在。他进一步说，如果在某种意义上法律不足以决定某个案件的结

[1] See Anthony D'Amato, “Pragmatic Indeterminacy”, 85 *Northwestern University Review*, (1990): 148-149.

果，以至于法官必须在可接受的结果之间进行选择，这种选择方式会改变“胜诉方”或“败诉方”，那么这个案件就是一个疑难案件。[1] 这与笔者在本书中所坚持的疑难案件的有限存在论立场相一致，下文将要讨论和辩护的是一种温和版本的不确定性（而非极端的不确定性）。因此下文如无特别说明，不确定性均是指温和版本的不确定性或者是索罗姆教授所说的“不够确定”。

1. 语义的语境依赖性

语言交际的语境有可能会导致法律的不确定性，这意味着词语的含义具有一种语境依赖性（context-dependent），“离开了语境我们将无法理解任何规则”[2]。我们通常是在一个具体的或特定的语境中使用语词的，具体一点说就是，某个语词可以在不同的语境中被使用，而随着语境的改变语词的含义也会随之发生改变。因此，在某种意义上可以说正是语境的存在才使得我们理解一个话语（utterance）所要表达的含义或内容是什么。比如说，考虑一下这句话：“很遗憾，不久你将会死去。”假如这是医生对一位身患绝症之人所讲的，我们能够明白医生的意思是说这位患者很快将死于无法治疗的疾病，对患者及其家属来说这无疑是一个很坏的消息。让我们转换一下语境，假如这是一位哲学家告诫世人热爱生命时所说的话，那么它想要表达的意思是人生苦短，提醒我们在有限的生命里过好每一天。[3] 同一个表达，只是改变了语境，却展现出了完全不同的含义，这样的例子还有很多。

有些人可能会说，我把简单问题搞得复杂化了，在日常的交际中我们哪里需要什么语境，通常在言说者开口讲完话之后，聆听者不假思索地就能领会到交际内容的意思。比如中午在食堂门口我遇到一位好友，他问我

[1] See Lawrence B. Solum, “Indeterminacy”, in Dennis Patterson (ed.). *A Companion to Philosophy of Law and Legal Theory*. Second edition, Blackwell Publishing Ltd, 2010, pp.480–482.

[2] Margaret Jane Radin, “Reconsidering the Rule of Law”, 69 *Boston University Law Review*, (1989): 817.

[3] See Andrei Marmor. *Philosophy of Law*. Princeton University Press, 2010, p.139.

“你吃了吗？”，我会毫不犹豫地回答“已经吃了”或“还没吃”。表面上看，我们的交谈可能并没有什么语境因素的加入，其实不然，“食堂”这个特殊的地点以及“中午”这个特定时间恰恰构成了一个重要的语境，我很清楚我朋友问的并不是我有没有吃早饭或吃水果，也不是明天中午或者昨天中午吃了吗，而是今天中午有没有吃。正如比克斯所指出的那样，一个表达的表面含义或内容，通常是指来自相关社群中的人们所不假思索地赋予该表达的含义或内容。[1] 在某些情形下，看上去语境似乎并不在场，但是事实上它已经无形地被言说者和聆听者所共享和接受了。

除此之外，语境本身也是一个很复杂的事物，有时我们很难十分清晰地确定其边界。正如乔纳森・卡勒指出："永远存在着引进新的语境的可能性，因此我们唯一不能做的事就是设立界限。"[2] 语境构成了语言之语用学的一个重要面向，它在日常交际过程中发挥着一种十分重要的作用。上文已略微提及，在大多数时候言说者和聆听者可能会共享同样的语境性知识，这种默会的知识对他们而言是不证自明的，并且往往也不会单独拿出来而成为一个独立的分析过程，因为聆听者无需任何形式的解释便能领悟言说者想要传达的意思。也就是说，语境在一定程度上固然会影响交流，但是这并不意味着交流在任何时候总是要依赖语境。只是在个别的情形下[3] 语境的缺席或模糊可能会使言说者的意思呈现一种不确定性，在这种情形下通过嵌入相关语境对相关表达进行分析，才能使言说者的意思变得清楚、明白。

2. 法律中的模糊性

模糊性（vagueness）在许多意义理论领域都是一个十分核心的议题，

---

[1] 参见［美］布莱恩・比克斯著：《法律、语言与法律的确定》，邱昭继译，法律出版社 2007 年版，第 79 页。

[2] ［意］安贝托・艾柯、［英］斯特凡・柯里尼著：《诠释与过度诠释》，王宇根译，生活・读书・新知三联书店 2005 年版，第 130 页。

[3] 比如，“要么是因为语境性背景的一些特定方面有时并不是足够清晰，要么是因为尽管共享语境性背景，但它所传达的内容仍然是不清晰的或不确定的”。See Andrei Marmor. *Philosophy of Law*. Princeton University Press，2010，p.140.

尽管如此，在本小节笔者主要关注的仍然是法律中的模糊性。[1]法律的模糊性常常会使一个法律命题真伪不明，在这种情形下一个案件就变成了疑难案件，因此笔者将法律的模糊性视作导致法律不确定性的另一个重要渊源。在着手分析法律中的模糊性之前，有一个术语与模糊性非常接近且常常被人们所混淆，它就是“歧义性”(ambiguity)。所谓“歧义”通常是指一个词有多个可能的含义，在中文里一词多义的现象并非没有，比如说“信”这个词作为名词讲有信件、信息的意思，而作为动词则表示相信、信任。在英语世界中，这种现象更加明显和普遍，比如朋友告诉我“Let's meet at the bank after work”，这是什么意思？是说下班后在河边见，还是在银行见？这里关键取决于“bank”一词该如何理解（或翻译)。当一个法律命题包含了歧义性词语时，这个命题所要表达的含义同样也会呈现出一种暂时的不确定性，因为人们既可以采取这种解释，也可以采取那种解释。但是歧义性难题是不难解决的，通过在会话中引入相关的语境，比如我们这附近根本就没有河，或者我的那位朋友在银行上班，就能十分顺利地解决那个歧义性难题。

言归正传，我们继续讨论法律中的模糊性。如果某个法律命题存在边界情形，那么人们将难以决定到底是适用还是拒绝适用它，并且导致这种决定上的困难并不是出于对案件事实的忽视，在这种情形下我们说这个法律命题就是模糊的。[2]英国法学家恩迪科特教授认为，模糊性以及因模糊性而产生的不确定性是法律的基本特征，虽然并非所有的法律都是模糊的，但是在不同的法律制度中必然包含模糊的法律。[3]同笔者在本小节一开头所讨论的不确定性的几个命题一样，极端的模糊性概念及理论也是不值得

[1] 有关语言哲学中模糊性的讨论，可以参见 Stephen R. Schiffer. *The Things We Mean*. Oxford University Press，2003，chapter 5；以及 Giuseppina Ronzitti. *Vagueness*：*A Guide*. Spring，2011.

[2] See Ralf Poscher，“Ambiguity and Vagueness in Legal Interpretation”，in Lawrence Solan and Peter Tiersma（ed.）. *Oxford Handbook on Language and Law*. Oxford University Press，2012，pp.128–144.

[3] 参见［英］蒂莫西・恩迪科特著：《法律中的模糊性》，程朝阳译，北京大学出版社 2010 年版，第 1 页。

捍卫的，法律在绝大多数时候仍然是清晰、明了的，只有个别时候才会出现模糊性，结果导致人们依照法律所应获得的权利或应履行的义务变得不确定、模糊。在这个意义上，笔者所辩护的只是一种有限的模糊性，它的确构成了法律不确定的渊源，并且因此也构成了疑难案件中法官享有自由裁量权的一个重要渊源。

语言的模糊性是自然语言的一个基本特征，并且这种模糊性通常是无法彻底消除的，而只能想办法降低或减少模糊性。我们注意到，模糊性这个术语本身是很宽泛的，不是特别好界定。但总的来说，可以将模糊性分为语义的模糊性（semantic vagueness）和语用的模糊性（pragmatic vagueness），前者通常使用或包含了模糊性的语词，它所涉及的是该语词的含义与其所适用的那个对象之间的关系，比如说“富有的人都应纳税”，什么算是富有？精神上富有算不算富有？拥有多少财产才能被看作富有？相比之下，语用的模糊性是指在特定的情形下做出某个陈述是否恰当，在这种情形下会话语境或环境是十分重要的。[1] 这两种不同的模糊性构成了广义的模糊性的范围，至于这二者之间是一种怎样的关系，马默教授指出它们在大多数时候是可以完全独立的，亦即一个表达即便没有使用模糊的词语在特定的语境下也可能是模糊的，当将一个使用了模糊性语词的表达适用于边缘情形时它可能是清晰的。[2] 除了上述这个较为宏观的分类之外，法律中的模糊性还有一些更为细致的类别，比如说按照模糊性的程度，可以分为一般模糊性、明显模糊性（比如“高的”“成熟的”“富有的”等）和过度模糊性等。[3] 根据模糊性产生的原因，可以进一步细分为不精确性

[1] 参见［英］蒂莫西·恩迪科特著：《法律中的模糊性》，程朝阳译，北京大学出版社 2010 年版，第 42—43 页。

[2] See Andrei Marmor, “Varieties of Vagueness”, in his *The Language of Law*. Oxford University Press, 2014, pp.91–92.

[3] See Andrei Marmor, “Varieties of Vagueness”, in his *The Language of Law*. Oxford University Press, 2014, pp.92–101.

导致的模糊、开放结构导致的模糊、不完整性导致的模糊等。[1]

可以说，模糊性是导致法律不确定的主要渊源，也是使案件陷入疑难的最常见理由。伴随着模糊性的出现，法律所表达的内容偏离了其通常所指示的意义，从而进一步切断了法律规定与案件事实之间的完全对应关系。比如说，我国《刑法》第 128 条第 1 款规定："违反枪支管理规定，非法持有、私藏枪支、弹药的，处三年以下有期徒刑、拘役或者管制；情节严重的，处三年以上七年以下有期徒刑。"该规定中的"枪支"便具有一定的模糊性，一把 54 式手枪、92 式手枪或 AK47 显然属于以上所禁止的枪支之列，但是仿真玩具枪或摆摊打气球的气枪是否也属于该条所禁止的枪支便是一个颇具争议性的问题。

例如，备受关注的"天津老太摆摊打气球被判刑"的案件，所涉及的争议焦点恰恰是对于枪支的认定与把握问题。家住天津市河北区的 51 岁的赵某，迫于生计花两千元从他人手中盘下了一套射击打气球的装备在码头摆摊，两个月后被当地公安查处。经公安局物证中心鉴定，9 支枪中有 6 支为"枪支"，天津市河北区人民法院一审以非法持有枪支罪判处其有期徒刑三年六个月。[2] 这一结果似乎有悖于常理和生活经验，正如有学者所言，从这个判决中"让人们看得到法律，却看不到法官的良善德行以及司法对善的追求；看得到判决，却看不到正义"[3]。这 6 支用于打气球的气枪虽然

---

[1] 参见［英］蒂莫西·恩迪科特著：《法律中的模糊性》，程朝阳译，北京大学出版社 2010 年版，第 44—73 页。笔者注意到，还有一些学者将"法律（规范）之间的冲突"也视为模糊性的一个渊源，认为不同的法律或同一法律中的不同条款，为某个特定案件提供了矛盾的解决方案，由此认为这种"法律冲突"也会导致或带来法律的模糊性。See Scott Soames，"Vagueness and the Law"，in Andrei Marmor（ed.）. *The Routledge Companion to Philosophy of Law*. Routledge，2012，p.100. 这种观点是值得商榷的，法律规范之间的冲突固然会带来法律的不确定性，会导致案件的裁决至少是不唯一的，但是在这种情形下法律并不必然是模糊的，在很多时候它们是很清晰的。

[2] 该案事实可参见天津市第一中级人民法院（2017）津 01 刑终 41 号刑事判决书。

[3] 刘艳红：《"摆摊打气球案"：一个丧失司法良知的裁判》，载《东南大学学报》（哲学社会科学版）2017 年第 1 期。

达到了相关国家标准，[1] 但是能否因此就被判定为《刑法》第 128 条所规定的“枪支”仍存疑问，对于该条“枪支”的解释不仅依赖公安部枪支认定的形式标准，还应结合该条所保护的法益（公共安全）/ 法律意旨来做进一步的实质性解释，[2] 通过不断地在法律规范与案件事实之间的来回盼顾，以澄清法律规定中所可能蕴含的模糊性，从而化解由模糊性所带来的法律适用方面的疑难。

除此之外，立法者在立法中应尽可能避免使用模糊性或本身具有伸缩性的术语，但是实践中又不可能完全做到这一点，结果导致我们的法律条文中包含了这种模糊性的术语，比如我国《刑法》中就包含了大量的这种模糊性术语，像是“轻微”“严重”“极其严重”等。根据经验或常识，法律越清晰越好，因为法律越清晰，案件的裁决相应地也更确定。而当法律是模糊的时候，案件的裁决也变得隐晦不明了，因此从这个角度看模糊性是危及法治的。但是，从另一个角度来看，模糊性也有其特有的价值，[3] 因为规则并不是越精确越好，越精确其适用范围就越小、可变性就越差，而如果模糊性的术语能够在立法中运用得当的话，那么不仅可以增加法律的弹性和灵活性，而且还能起到填补法律体系漏洞的兜底作用，所谓立法讲究“宜粗不宜细”蕴含的就是这个道理。因此模糊性有其两面性，一方面加大了案件裁判过程的复杂性，另一方面也丰富了法律体系的内容。

---

[1] 公安部 2010 年 12 月 7 日颁布实施的《公安机关涉案枪支弹药性能鉴定工作规定》规定：“对不能发射制式弹药的非制式枪支，按照《枪支致伤力的法庭科学鉴定判据》（GA/T 718-2007）的规定，当所发射弹丸的枪口比动能大于等于 1.8 焦耳 / 平方厘米时，一律认定为枪支。”

[2] 参见刘艳红：《“摆摊打气球案”：一个丧失司法良知的裁判》，载《东南大学学报》（哲学社会科学版）2017 年第 1 期。

[3] 对法律中模糊性之价值的讨论和辩护，请参见 Timothy Endicott，“Law is Necessarily Vague”，*Legal Theory*，7（2001），pp.379-385；以及 Timothy Endicott，“The Value of Vagueness”，in Andrei Marmor and Scott Soames（ed.）. *Philosophical Foundations of Language in the Law*. Oxford University Press，2013，pp.14-29.

## （二）指引的有限性

法律旨在为人们的行动提供理由，我们按照法律的要求为或不为一定的行为，因此在一定程度上可以说法律的核心功能在于指引人们的行为。实在法（无论是制定法还是判例法）归根结底是出自人类之手，而人类终究只是一种有限理性的存在，人类的知识事实上也是远远不完善的，[1]因此作为立法者的人类必然无法预料到将来所可能发生的一切事情，亦即“有限的存在物无法选择出全面的、一致的规范来指引行为”[2]。法律一旦制定出来之后便是相对稳定的，而社会生活是复杂的、是不断向前变化发展的，因此制定法无论多么完美也总是会有疏漏。同样的道理，在判例法体系中这种张力展现得更为明显。当前一个案件与先例在关键事实方面存在实质性的差异时，或者对于眼前案件根本就无相关先例可以诉诸时，这体现了“法律指引的有限性”。

法律指引的有限性告诉我们，在某个节点上法律指引必然会用尽，亦即对于眼前的某个案件或某个法律问题，并不存在一个相关的、可以直接适用的法律标准，由此出现了我们通常所说的“法律漏洞”，系指“法律对其规整范围中的特定案件类型缺乏适当的规则”[3]，从而“违反立法计划的不圆满性”[4]。佩岑尼克将法律漏洞分为四种：“(1) 制定法对某个特定的案件缺乏规定（不充分的漏洞）；(2) 制定法以一种逻辑上不一致的方式调整一个案件（不一致性的漏洞）；(3) 制定法以一种模糊的方式调整案件（不确定性漏洞）；(4) 制定法以一种道德上不可接受的方式调整案件（价值上的漏洞）。”[5]严格来讲，只有第一种才符合我们通常所说的狭义的法律漏洞，即某个案件不受既有法律的调整，而后三种情形多多少少是能够被既

---

[1] 关于人类必然无知和有限理性的讨论，请参见 F. A. Hayek. *The Constitution of Liberty*. The definitive edition. The University of Chicago Press，2011，p.71 and following.

[2] See Scott J. Shapiro. *Legality*. Harvard University Press，2011，pp.241-243.

[3] [德] 卡尔·拉伦茨著：《法学方法论》，陈爱娥译，商务印书馆 2003 年版，第 249 页。

[4] 参见黄茂荣著：《法学方法与现代民法》，中国政法大学出版社 2001 年版，第 292—295 页。

[5] See Aleksander Peczenik. *On Law and Reason*. Springer，2008，p.18.

有法律所规范到的。

指引的有限性使得裁判者很难在案件事实与既有法律之间建立起直接的联系，案件的疑难也恰恰表现在规范与事实之间的脱钩。为了将不完整的法律变得完整，此处便涉及对漏洞的补充，从而“消除法秩序中的‘体系违反’，俾法律所追求的‘价值’，可充分圆满地获得实现”[1]。依拉伦茨之见解，法律续造与法律解释之界限在于是否超越“可能的字义空间”，法律内的法律续造与超越法律的法律续造之界限则在于是否超越立法之计划。[2] 对于法律之内的法律续造，包括通过类推适用的方式来填补开放的漏洞，通过目的论的限缩来填补隐蔽的漏洞，其他基于目的对法律所做的修正，以及借助于利益衡量来解决原则冲突及规范冲突；对于超越法律的法律续造，包括鉴于法律交易上之需要所进行的法律续造，鉴于“事物之本质”所从事的法律续造，以及鉴于法伦理性原则所从事的法律续造，等等。[3] 诚然法律指引在一定程度上会走到尽头，但需要强调的是，在绝大多数情形下法律可以提供十分确定的指引，过分夸大法律指引的有限性是极其危险的。

### （三）法律的可争辩性

以上两点缘由尽管作用的方式不一，但都使得案件在特定情形下陷入了不同程度的疑难。除此之外，法律的“可争辩性”（arguable）也是诱发疑难案件的一个重要因素。与指引的有限性所呈现出来的法律漏洞不同，在法律的可争辩状态下针对案件事实确确实实地存在着可供适用的法律规范，易言之，在这种情形下法律并没有不当地缺席。与模糊性所导致的法律的不确定性也不一样，在可争辩的情形中通常存在复数的可供援引的规则，这些规则均指向待决案件，只不过由于其存在的价值或基础不同而使得这些法律落入了一种可争辩的状态，此时“假若两项规定的

[1] 杨仁寿著：《法学方法论》，中国政法大学出版社 1999 年版，第 142 页。

[2] 参见［德］卡尔·拉伦茨著：《法学方法论》，陈爱娥译，商务印书馆 2003 年版，第 246—248 页。

[3] 对于正文中所提及之法律续造的诸种方式，请参见［德］卡尔·拉伦茨著：《法学方法论》，陈爱娥译，商务印书馆 2003 年版，第 258—297 页。

法效果不同，而且彼此并不排斥，就必须探究这两种法效果是否应并行适用，或此一法效果会排除另一法效果的适用。假使法效果间相互排斥，那么只有其中之一得以适用"[1]。可争辩的初级形态，体现不同的法律规则之间的竞合，对此借助于一定的逻辑规则（比如位阶规则）通常不难解决；可争辩的高级形态，则表现为法律规则与法律原则之间、不同的法律原则之间的冲突。

可争辩性意味着我们通常总是要基于一定的标准来进行争辩，那么离开了统一的标准可争辩性也将不复存在。在论辩中，争论者首先会援引一个命题，它是关于法律禁止或许可人们做什么的各种陈述或主张，其内容既可以非常抽象也可以非常具体，因此它通常表现为较为具体的法律规则或较为抽象的法律原则。针对单一法律命题的援引及争辩在本节的前两部分已有论及，本部分主要论及规则竞合的情形，并且主要是讨论可争辩性的高级形态，这是可争辩性的典型情形。为了证明所主张的法律命题为真，我们则需进一步援引一些更深层次的命题来进行辩护。这类法律通常被称为法律根据，争论者可以借助它们来争辩法律到底是什么，然而法律根据也是可以争议的，此即德沃金所言的"理论争议"（theoretical disagreement），[2]不同的法律根据的背后所代表的是不同的法律价值或理由。所以，我们看到，在这个争辩的最高梯度上，争辩者所援引的终极标准也是存在冲突甚至是不可通约的，就此点而论疑难案件是必然存在的。

我们通过前文的一个例子来透视一下疑难法律实践的这一深层结构。这个案件对很多人来说并不陌生，四川泸州的一位身患绝症的男士在临终前通过遗嘱的形式将自己的财产赠与其情妇张某，该遗嘱的设立也履行了相应的法定手续，但是在其去世以后该遗嘱的履行发生了争议，其妻子蒋

---

[1] [德] 卡尔·拉伦茨著：《法学方法论》，陈爱娥译，商务印书馆 2003 年版，第 146 页。

[2] See Ronald Dworkin. *Law's Empire*. Harvard University Press，1986，pp.3-6. 法律的理论争议在于法律效力之判准的争议，亦即争论者们关于法律之根据的争议，某个规范在法律上是有效的应必须满足那些标准。See Brian Leiter，"Explaining Theoretical Disagreement"，76 *The University of Chicago Law Review*，3（2009）：1215-1251.

某以该遗嘱无效为由将张某告上法庭。[1] 针对该案的法律适用，争辩者们可能会援引不同的法律命题，比如说有人会援引《继承法》关于遗嘱生效的相关规定，还有人（正如一审、二审法院所做的那样）可能会援引《民法通则》中的公序良俗原则。紧接着，他们会诉诸一定的理论根据来支撑自己的主张，援引《继承法》的人主张遗嘱只要符合法律所规定的形式要件便自然取得其法律效力，而援引公序良俗原则的人则宣称将财产遗赠给情妇的行为是有违社会公德的，因此该遗嘱应被看作是无效的。更进一步地，将这一争辩再向前推进便触及法律根据背后的终极性价值或理由之间的争议，主张遗嘱有效的人依赖的最终价值是自愿价值或自由价值，自愿性是私法的核心，民事主体可以自由地处分自己的财产权利，而主张援引《民法通则》的论者所依据的终极价值是禁止权利滥用，权利之行使尤其是不能违背社会公德。到了这一步，就很清楚了，该案的疑难之处最终集中于争辩者们所诉诸的法律背后的终极性价值之间的竞争上。

总结一下，从实质上看，法律的可争辩性表现为争论者所援引的法律背后的终极性价值之间存在竞争关系。争论者们总是认为自己的主张是正确的，即便觉得任何他者之主张可能存有些许理由，但依然坚持自己的主张是正确的，并试图化解、“战胜”与其竞争的他者。[2] 从具体争议的形式上，法律规则与法律原则的冲突是法律可争辩性的典型形态，[3] “在评价性的意义上，某个规则从表面上来看可以得到适用，但是出于一些评价性的理由（比如它的适用太不公平或太过荒唐等）导致该规则的适用存在争议”[4]。表面上看似法律规范之间的冲突，其实隐含的是规范背后的法律理由与价值之间的争议。对于

[1] 该案详情可以参见四川省泸州市纳溪区人民法院（2001）纳溪民初字第 561 号民事判决书，以及四川省泸州市中级人民法院（2001）泸民一终字第 621 号民事判决书。

[2] 参见刘星：《多元法条主义》，载《法制与社会发展》2015 年第 1 期。

[3] 比如刘星教授将法律规定相互冲突的案件看作疑难案件的一个重要类型。参见刘星：《略论法律适用中的疑难案件》，载《中山大学学报》（社会科学版）1993 年第 3 期。苏力教授认为疑难（难办）案件也包括法律适用的结果不合情理甚至违背天理的案件。参见苏力：《法条主义、民意与疑难案件》，载《中外法学》2009 年第 1 期。

[4] Fernando Atria. *On Law and Legal Reasoning*. Hart Publishing，2001，p.75.

法律背后的价值或理由的争辩的过程其实也是对法律进行解释的过程，通过解释来消除或缓解各种观点之间的紧张关系，最终选择那个相对具有优势的理由来正当化案件的裁决。有意思的是，是不是在每一个案件中，人们都需要（或必须）深入法律命题的背后挖掘其深层次的理由或价值？换言之，法律命题是不是总是在所有场合中都是具有可争辩性的，这个问题涉及疑难案件的范围有多广，法律解释是不是一种普遍化的实践活动，法律解释与法律理解之间是一种怎样的关系，对此将是下一部分所要讨论的重点了。

## 三、疑难案件范围之确定：法律解释与法律理解

行文至此，我们已经从法律的不确定性、指引的有限性以及法律的可争辩性这三个方面讨论了疑难案件的成因，这从另一个侧面也论证了笔者在第一部分所提出的疑难案件的有限存在论的立场。这里需再次重申，疑难案件的确是一种实实在在的实践现象，但它只是在极个别情形下、偶尔发生的，换言之，疑难案件仅仅构成法律实践的例外状态，法律实践的常规状态或普遍状态依然是简单案件。[1]对于疑难案件的“有限存在论”这个命题的辩护，前一部分仅仅完成了第一步，即论证了疑难在某些情形下必然是会存在的；为了完成对整个命题的辩护，我们还需要做进一步的工作，即要论证疑难案件仅仅只是一种“有限的存在”，而这就涉及法律解释与法律理解之间的关系。

由此我们便转向了这样一个问题，即对法律的理解（understanding of law）与法律的解释（interpretation of law）之间是一种怎样的关系？是否在任何案件中我们总是需要解释法律？对此主要存在两种观点，一种观点认为无需诉诸解释便可径直地适用法律作出裁判的案件是简单案件，而只有部分需要依赖解释才能获得解决的案件才是疑难案件。另一种观点主张法

---

[1] 有学者将此称为法律适用的“个别化”现象。可以参见胡玉鸿：《论司法审判中法律适用的个别化》，载《法制与社会发展》2012 年第 6 期。

律的解释与理解是交织在一起的，一切案件的裁判都是解释的结果，相应地，疑难案件以一种完全普遍的状态存在着。可见，对于法律解释与法律理解之间的关系的不同处理，直接关系到疑难案件的存在范围。对此，本部分在重新理解法律解释与法律理解的基础上，尝试对疑难案件的"有限存在"进行论证。

### (一)"法律解释"的解释

正如帕特森所言，当今我们所身处的这个时代是一个解释的时代，从自然科学到社会科学、人文科学，再到艺术，大量的证据显示解释已经成为这个时代的重要主题。[1] 在法学领域中解释同样掀起了一股不小的浪潮，不少学者主张法学就是一门解释性的学问，[2] 从而在法学领域出现了一种有趣的现象，即法学或法律的解释性转向（interpretive turn），[3] 其中心思想在于如欲理解一个（法律）实践，必须将解释施加于该实践之上，从而在各种可能的（经常是相互竞争的）解释中选择那个能够最佳化该实践的解释方案。伴随着解释性转向浪潮的到来，法律中的理解与解释之间的界限也变得愈加模糊不清了。想要理解一种法律实践，或者想要理解某个特定法律规范的意旨，最好的办法莫过于去解释它，因此，出现了一种十分值得注意的现象，即一

---

[1] 参见［美］丹尼斯·帕特森著：《法律与真理》，陈锐译，中国法制出版社 2007 年版，第 104 页。

[2] 坚持法学的解释性品格是欧陆的法教义学（"juristische Dogmatik"或者"Rechtsdogmatik"）的传统主张，这些法教义学学者主张法学的研究对象是以条文形式表现出来的实在法（positive law），对这些实在法的两大研究方法是解释和体系化。比如参见［德］魏德士著：《法理学》，丁晓春、吴越译，法律出版社 2005 年版，第 136—142 页；又见［德］拉德布鲁赫著：《法哲学》，王朴译，法律出版社 2005 年版，第 113—125 页。在英美法中，与法教义学大致对应或接近的一个词是"doctrinal study of law"，虽然英美的学者很少使用法教义学这个指称，但并不意味着"法教义学"这个东西在英美法中就不存在，英美中仍然存在着法律解释学，而这种解释学就是一种类似于欧陆法中的法教义学的存在。

[3] 代表性的文献，比如 Michael S. Moore，"The Interpretive Turn in Modern Theory：A Turn for the Worse?"，41 *Stanford Law Review*，4（1989）：871-957；Ken Kress，"The Interpretive Turn"，97 *Ethics*，4（1987）：834-860；Stephen Matthew Feldman，"The New Metaphysics：The Interpretive Turn in Jurisprudence"，76 *Iowa Law Review*，（1991）：661-699.

些法律中解释理论的倡导者主张“所有的理解都是一种解释”或者“理解就是解释，解释就是理解”，在帕特森看来这是目前解释性传统中所存在的一种审慎的误导人的思想。[1] 在此，笔者将这种思想称为一种“普遍解释”、“过度解释”或“泛化解释”，接下来会对其详加检讨。

由此我们将分析的视角再一次聚集到了“法学中的普遍解释主义”，德沃金的建构性解释理论就是一个典型的代表，事实上德沃金的理论在一定程度上也推动了上述法学中的解释性转向。在德沃金看来，“法律是什么？”并不是一个简单的分析性或描述性命题，而一直是一个包括道德考虑在内的评价性命题。换言之，一个法律命题的真假并不取决于社会事实，相反它是由道德评价所决定的。因此，法学不再是一种纯粹的描述性学问，而是一种面向政治评价和道德评价的规范性学问。相应地，法律实践也是一个必然包含规范性判断与评价的实践。德沃金认为传统的法律实证主义是一种被“语义学之刺”所刺到的理论，在此基础上他提出一个雄心勃勃的命题，即认为法律是一种解释性的概念，法律实践也是一种解释性的实践，任何对于法律的理解都离不开对法律的解释。接下来我们看看德沃金是如何来论证这一观点的。

通常而言，我们认为解释是要抓住、领悟或阐明一项言谈（utterance）或一个文本（text）的意义或含义，想要弄清楚它说了什么或表达了什么通常并不困难。而在艺术领域的解释则存在着明显的开放性，解释者所欲探求的是一种能够最好地呈现某个艺术作品的解释方案。与之相似，社会实践解释（法律解释）在本质上是一种建构性解释，亦即“赋予某个解释对象或实践以目的（注意这里的目的是指解释者的目的而非作者的目的），从而使该对象或实践成为其所属种类或类型中的最佳可能实例（the best possible example）”[2]。德沃金用了一个写“连环小说”的例子，小说后一章的作者会如何写下去（而且是要写出有价值的东西）在本质上取决于他如

---

[1] 参见［美］丹尼斯·帕特森著:《法律与真理》，陈锐译，中国法制出版社 2007 年版，第 104—105 页。

[2] Ronald Dworkin. *Law's Empire*. Harvard University Press，1986，p.52.

何解释之前作品的内容。如此一来，人们关于法律之内容或含义的争论实质上是对于“何种解释对于该法律而言是最佳的、最有意义的”争议，并且法律的含义是否清晰并不是解释的原因而是解释的结果。[1] 德沃金最终模糊了法律理解与法律解释的界限，并将法律解释看作法官在每一个案件中的必备工作，这正是下文所要批判的普遍解释主义的理论。

在法律理论中，普遍的解释主义的另一版本是富勒的目的论。在他看来，“法律是什么？”从根本上取决于“法律应当是什么”，也就是说如果我们想要理解一项法律说了什么或要求我们做什么，我们必须结合或诉诸该规则的目的来进行解释，比如想要理解“公园内禁止车辆通行”究竟提出了何种要求，就必须深入该规则的背后去探寻其目的。如此一来，即便是在简单案件中，规则的适用仍然是离不开解释的。我们应当知道，富勒提出这一观点是建立在对法律实证主义的一个核心命题的批判的基础之上的，即法律实证主义坚持法律应当与道德相分离，法律是什么并不取决于法律应当是什么。富勒指出，依照哈特的看法，当将某个词语适用到其标准情形之上时，法官并不扮演什么创造性的角色，他仅仅只是在适用那项法律，由此对于法律是什么的理解似乎并不需要诉诸法律应当是什么。富勒对此予以回击，认为在某些案件中我们之所以似乎能够径直地适用规则而无需追问该规则的目的究竟如何，这并不是因为我们将其视为一种好像没有任何目的的命令性安排，相反是因为我们能够清楚地看到或者不用想就知道该规则的一般目的是什么。[2] 这样，富勒在一定程度上也模糊了简单案件与疑难案件的界限，因为在任何案件中对规则的适用必须伴随着以规则目的为基础的解释。

---

[1] See Ronald Dworkin, *Law's Empire*. Harvard University Press, 1986, p.358. 关于德沃金建构性解释理论讨论较为全面和细致的文献，也可以参见 Andrei Marmor. *Philosophy of Law*. Princeton University Press, 2010, pp.97-108.

[2] See Lon L. Fuller, “Positivism and Fidelity to Law: A Reply to Professor Hart”, 71 *Harvard Law Review*, 4 (1958): 630-672.

## （二）普遍解释主义的困境

需要承认的是，普遍解释主义理论积极地肯定了解释在法律中所应发挥的重要作用，在人们对于法律的内容和含义出现分歧时，无疑是需要对法律进行解释的；但是另一方面，也是更为重要的一个方面是，普遍解释主义似乎走得有点过远了，它把解释的限度无限制地推向了一个极端，将一切对于法律实践所做的理解和说明都看作一种解释，这一点是不可取的。事实上，学界对于这种普遍解释主义的现象也给予了警惕，在文学领域中学者们围绕“解释”与“过度解释”曾展开过激烈的争论，[1]不少学者试图为一种“适度的解释理论”和“有限的解释理论”进行辩护。法律学者同样也从各种不同的角度对普遍解释主义进行了批评。总的来说，对这种理论的反对呼声要远远强于支持声，以至于迈克尔·戴维特说：“如果有人在你面前再提‘解释’，就给他一枪。”[2]接下来，笔者将简要描述一下普遍解释主义所可能招致的一些批评。

首先，一个最为常见的批评在于，普遍解释主义理论与真实的法律实践并不相符。实践中，人们之所以需要对法律进行解释，是因为人们对于法律的含义存在实质性的分歧，需要运用解释的技术和方法来寻求答案。可以说，在大多数情形中，成文法文本的含义都是清晰的，不仅对法官来说是这样，而且对争讼案件的当事人、代理律师、法官以及其他法律人而言同样也是如此，他们无可争辩地都同意那个法律文本的表面（字面）含义就是该法律的“真实的”含义。[3]对于这种一眼看去就理解了法律之内容或意涵的情形，是否还有必要再进一步对其施加解释呢？笔者认为答案是否定的。这主要有两个方面的原因：其一，法律解释不是任意启动的，它需要有一定的前提，比如说只有在法律不清楚或不确定时解释才有必要。

[1] 参见［意］安贝托·艾柯、［英］斯特凡·柯里尼著：《诠释与过度诠释》，王宇根译，生活·读书·新知三联书店2005年版。

[2] 参见［美］安德瑞·马默主编：《法律与解释：法哲学论文集》，张卓明、徐宗立等译，法律出版社2006年版，第5页。

[3] See Mark Van Hoecke. *Law as Communication*. Hart Publishing，2002，p.152.

简言之，解释的启动需要一定的“门槛条件”，含义清晰的法律文本并没有通过门槛条件的测试，因此不能进入解释的范围。其二，如果人们对法律文本之内容已经达成共识，再允许对其进行解释，既有可能制造新的分歧——把简单问题（案件）复杂化的做法——又不符合经济效益的原则。

其次，普遍的解释主义会陷入一种无穷循环倒退的解释困境。假定对一个法律文本 X 的解释是 Y，作为解释的结果 Y 本身也需要解释，依此递推永远没有结束对法律进行解释的尽头。因此，对于那个法律文本的真正含义也就一直处于一种难以确定的状态中。哈特注意到了这一点，他说运用解释的方法和技术虽然可以减少法律的不确定，但是却无法彻底消除这种不确定的现象。原因在于解释规则本身就是指导我们使用语言的一般化规则，而它所用的一般性术语自身也需要解释。[1] 解释的目标在于解决分歧、尽早确定法律文本的含义，而解释的普遍主义显然在一定程度上难以实现这一目标。与此相关，如果对于法律文本采取一种普遍的解释主义态度，那么不同的解释者针对同一法律文本往往会基于自己特有的知识背景、关注重点、法律素养而给出不同的解释，这至少对于含义本来就清楚、确定的法律文本来说是难以接受的。正如帕特森所言，由于解释的视点可能不同，所以从根本上讲我们没有办法在竞争性的解释之间进行选择，这很容易会滑向一种相对主义。[2] 德沃金的建构性解释尤其面临着这个难题，[3] 由于价值的不可通约性使得我们很难确定或判断究竟何者是“最佳可能的解释”。

[1] 参见［英］哈特著:《法律的概念》(第二版)，许家馨、李冠宜译，法律出版社 2006 年版，第 121—122 页。

[2] 参见［美］丹尼斯·帕特森著:《法律与真理》，陈锐译，中国法制出版社 2007 年版，第 105 页。

[3] 建构性解释理论主张一个解释应力图将解释的对象展现为其所属类型的最佳可能实例。接着，问题就来了，类型归属一定是可能的吗？如何发现那个“最佳”的实例？马默教授从这两个角度对德沃金的建构性解释理论提出了挑战，首先他认为对解释对象进行类型归属在有些时候是成问题的，其次即便是类型归属这个前提成立，那么“何为最佳”也存在着问题，因为他忽略了不可通约性的问题，对于解释对象来说，某些解释可能比上不足而比下有余，但是没有任何解释可以宣称自己是最佳的，对此完全不存在所谓的最佳。详细讨论请参见 Andrei Marmor. *Philosophy of Law*. Princeton University Press，2010，pp.100-107.

### （三）法律解释与法律理解的界限

在普遍的解释主义理论框架下，简单案件与疑难案件之间的界限被模糊化了，具体来说就是疑难案件的范围被过度地放大了。由于普遍的解释主义具有导致法律不确定、司法裁判丧失客观性以及加大法律运作的成本等危险，因此对于这一理论的接受需慎之又慎。那么在分析了为何要拒绝普遍的解释主义之后，法律解释的问题并没有自然就获得了全部的解决。为了从根本上限定解释的范围，我们接下来要做的一个工作就是重构理解与解释的关系。既然普遍的解释主义在将一切理解都当成解释这个问题上犯了错误，那么在法律领域中解释与理解本来应该是一种怎样的关系？在讨论之前先来澄清一对基本概念之间的关系，即法律解释与法律适用之间的关系。可以说，法律适用是一个范围和外延更广的概念，通常包括法律的发现（或找法）、通过法律推理适用法律、裁判结论的做出及检验。当在找法阶段出现了困难或所找之法本身存在模糊或不确定等问题时，才会有启动法律解释的必要。由此可以看出，法律解释在个别疑难案件的裁判中会成为法律适用的一部分重要内容，但这并不是说每一次法律适用都必然离不开对法律的解释。[1]

关于理解与解释的关系，在哲学诠释学中有较多的讨论。并且，在不同的发展阶段（比如古代诠释学、近代诠释学以及现代诠释学）、不同的学者那里，解释与理解呈现出了不同的关系。比如在诠释学的早期阶段，并不是特别注重区分解释和理解，二者常常被视为同一思维活动。在施莱尔马赫确立了一般诠释学后，他开始在解释与理解之间进行区分，并视二者为一种互补的关系。在狄尔泰的体验诠释学那里，为了使诠释学从实证主义的困境中摆脱出来，他严格区分了解释与理解，并将二者绝

[1] 陈坤教授列举了持有这一立场的一些常见观点，比如费斯主张“司法裁决即是法律解释的过程”，陈兴良认为“任何法律都需要解释，否则无法适用”，梁慧星宣称“现在的民法解释学认为，法律只有解释之后才能被适用”，等等。对此请参见陈坤：《对当下法律解释学研究中几个基本问题的澄清》，载《南京师范大学学报》（社会科学版）2012 年第 6 期。

对地对立起来。海德格尔则对这种绝对的二分观提出了批评，坚持理解与解释具有同一性，认为理解就是解释，解释中又有理解。在他看来，理解是模糊不清的，所理解的东西必须通过解释才能变得清楚、变得可以理解。伽达默尔与海德格尔的立场基本一致，他将理解过程视为一种对话过程，在对话中的理解不是对参与对话的主体的理解，而理解会话者的语言，唯有借助于解释才能做到。[1] 归纳一下，对于理解与解释的关系有三种观点：(1) 解释与理解完全对立，分别指向精神科学与自然科学；(2) 两者具有同一性，是一体两面的关系；(3) 解释与理解互补，理解是解释的基础，解释以追求理解为目标。潘德荣教授认为，就目前的理论研究看前两种模式是不可取的，[2] 唯独第三种模式正确地在理解与解释之间划出了界限。

此处笔者具体剖析一下第三种模式。从本质上来看，解释与理解是两种存在紧密联系但又不同的活动。首先，理解是一种被动的状态，对于一个规则的理解意味着人们知道如何去遵守该规则。相比之下，解释是一种主动的活动，对于一个规则的解释意味着澄清它的文义，进而使之变得可以理解。[3] 其次，理解是解释的前提和制约，比如在日常对话中，理解(这话是什么意思，那个言说者想要表达什么内容)构成了言语交际的逻辑起点，同时理解也构成了整个思维活动的最终目标。只有当理解活动受阻或中断时，解释活动方能启动并且它以实现理解为目标。这与贝蒂对理解与解释的界定基本一致，在他看来解释体现为一种以理解为目标或者结果的程序，解释从其使命来看就是带给理解以某种东西。简言之，解释的目的和结果是理解，其任务在于使某物变得可以理解。[4] 在法律解释与法律

---

[1] 参见潘德荣著：《西方诠释学史》，北京大学出版社 2013 年版，第 288—293、337—339 页；也可以参见洪汉鼎著：《诠释学——它的历史和当代发展》，人民出版社 2001 年版。

[2] 参见潘德荣：《理解、解释与实践》，载《中国社会科学》1994 年第 1 期。

[3] 参见陈坤：《对当下法律解释学研究中几个基本问题的澄清》，载《南京师范大学学报》(社会科学版) 2012 年第 6 期。

[4] 参见涂纪亮著：《现代欧洲大陆语言哲学：现代西方语言哲学比较研究》，武汉大学出版社 2007 年版，第 59—60 页。

理解的问题上，笔者所坚持的是一种有限解释的理论，对于我们可以理解的法律文本通常是不需要解释的，只有在理解上出现了困难才需要启动解释。因此，文本是否清晰、确定便构成了法律理解与法律解释之间的可能界限。

新近也有不少学者将维特根斯坦关于规则遵守的理论应用于法律中解释问题的讨论，比如比克斯、马默和舍勒都做过这方面的工作。[1] 维特根斯坦说："存在这样一种对规则的理解：它并不是解释，而是在一个又一个的应用实例中显示在我们所谓的'遵守规则'和'违反规则'的活动中。"[2] 维特根斯坦在对待规则之遵守的问题上走了一条中间道路，一方面明确无误地存在着"简单情形"，比如他所举的写数列的例子，就遵守一条规则的运算"+1"而言，在 420、421 之后如果你写下 422，那么意味着你遵守了该规则。为什么人们对于在 421 之后接着写 422 而不是 423 或其他没有异议，那是因为人们对于该规则的内容和意义存在着一致性的共识，用维特根斯坦的话说就是人们共享着相同的生活形式，它教导人们以同样的方式一致性地行事，正是如此人们才不假思索地、自动地按照该规则做出回应。然而另一方面，在疑难情形中，由于人们所分享的共识被打破，因此对于"该如何继续"的问题也出现了实质性的分歧，此时规则变得不再像简单情形中那么清楚和确定。所以，在对后期维特根斯坦哲学（尤其是规则遵守理论）的解读上，也应当避免走入两个极端，正如比克斯所言："如果说把维特根斯坦的遵守规则论解读为怀疑论摧毁了意义和确实性，那过度解读维特根斯坦的关于确定性的说法则有着相反的危险。"[3] 因此，在

[1] 参见［美］布莱恩·比克斯著：《法律、语言与法律的确定》，邱昭继译，法律出版社 2007 年版，第 40—62 页；See Andrei Marmor. *Interpretation and Legal Theory*. Second edition. Oxford University Press，2005，chapter 7；Ralf Poscher，"Interpretation and Rule Following in Law：The Complexity of Easy Cases"，in T. Gizbert-Studnicki，K. Płeszka，M. Araszkiewicz，P.Banas（ed.）. *Problems of Normativity*，*Rules and Rule Following*. Springer，2014，pp.281-294.

[2] 参见［英］维特根斯坦著：《哲学研究》，李步楼译，商务印书馆 1996 年版，第 121 页。

[3] ［美］布莱恩·比克斯著：《法律、语言与法律的确定》，邱昭继译，法律出版社 2007 年版，第 48 页。

将维特根斯坦的规则遵守理论扩展至法律领域时，应当避免陷入以上两个极端。

通常情形下，对于某个法律规则我们会自动地、不假思索地遵守它，比如说，有一项法律规定“禁止将狗带入X博物馆”，想必在我们读完这条规则之后，马上就能明白或抓住它想要表达的意思。如果你带着宠物狗，显然你不会公然将其带进X博物馆。如果你的孩子手里面抱着一只毛绒玩具狗，显然它并不在那条规则的禁止之列。理解是一种“心领神会”的活动，是一种理解者与文本或实践对象的相容、共存状态，[1] 在讨论理解何以可能时，狄尔泰指出：

“每一个字，每一个句子，每一个表情或客套话，每一件艺术品，以及每一个历史行为之所以能够被人们所理解，正是因为有一种共通性，将表现出这些东西的人和理解这些东西的人连结起来；每个人都是在一个共同的领域中体验、思考和行动，也只有在这样一个领域里才能进行理解。一切被理解的东西都带有一种来自共通性的熟悉的标记。”[2]

因此，无论是“公园内禁止汽车入内”还是“禁止将狗带入X博物馆”，在大多数情形下它们的含义都是清晰的，是不需要通过进一步的解释就能确定的。事实上，人们正是因为理解了该规则所要求的内容，才会按照该规则的指示来行动。用哈特的理论来说，就是落在语词核心区域的案件是不需要解释的，只有落在了语词的阴影区域，即出现了边界情形（borderline case）——比如消防车或救护车能不能进入公园？又比如警犬、导盲犬、搜救犬能不能带入×博物馆？——时解释才能派上用场，也只有在这个时候对于规则之目的或意旨的考量才是正当的和可欲的。一言以蔽

[1] 参见谢晖：《理解和解释：法学家心镜的法律图像（上）》，载《河南政法管理干部学院学报》2003年第1期。

[2] 涂纪亮著：《现代欧洲大陆语言哲学：现代西方语言哲学比较研究》，武汉大学出版社2007年版，第53—54页。

之，理解是法律实践的常态，而解释并不总是存在，它只是法律实践的一种例外状态。

## 四、本章小结

讨论至此我们对于疑难案件的存在问题已经有了一个大致的认识。正如我们在本章第一部分所检讨的，对于疑难案件是否存在这个问题，大体上有三种相互竞争的观点摆在我们面前，分别是完全肯定论、完全否定论和有限存在论。其中肯定论认为疑难案件不仅存在，而且甚至可以说一切案件都是疑难案件。完全否定论的观点恰好与其相反，认为压根就不存在什么疑难案件，试图区分简单案件与疑难案件简直就是多此一举。不难看出，这两种观点各自都走了一个极端，于是我们转向了第三种立场，它首先肯定疑难案件的存在，其次又坚决地将疑难件的范围限定在一个较为有限的区域内，也就是说，实践中无论是从发生的概率还是绝对数量上来看疑难案件都是相对较少的。此即有限存在论的立场，而这恰恰也是笔者所要坚持和捍卫的。在书中笔者反复强调，法律在绝大多数时候都是清晰和确定的，相应地，在绝大多数时候案件是简单、好办的；而只有在极个别的情形下才是不确定的，在这些特殊的情形下案件才会变得疑难、难办。简言之，可以说，简单案件是司法实践的常态，疑难案件只是一种较为特殊的状态或反常的状态。

为了证明疑难案件是存在的这个命题，笔者分别从法律的不确定性以及指引的有限性这两个角度展开论证。语境对于理解法律至关重要，语境的不当缺席往往会让法律的内容变得难以捉摸。法律的模糊性也往往让法律的理解和适用变得很困难。此外，由于社会事实的复杂性及多变性，规则的指引总会出现挂一漏万的情形。总之，这些因素的存在使得疑难案件的出现成为一种必然。但同时，对于那种将疑难案件范围无限放大的普遍解释主义理论要保持警惕。解释在一定程度上的确和疑难案件相关，肖尔就认为解释是挣脱或应对一个法律含义处于不确定状态的窘境或困局，当我们不能快速且容易地确定规则到底要求我们做什么时，可以说该规则是需要解释的，并且通常“解释”这个术语是专门留给那些疑难案件的。[1]但是，我们发现在大多数时候法律是不需要解释就能够理解的，“认为人们在理解一项表达（utterance）时经常或总是进行解释，这是一个严重错误的想法”[2]。规则的内容能否被理解就成了法律中理解与解释的可能界限，或许这就是我们从“*absoluta sententia expositore non indiget*”[3]这句古老的谚语中所能学到的最重要的东西了。问题在哪里清晰，解释就应在哪里止步。

[1] 肖尔甚至认为，有关法律解释的问题，其实可以进一步转化为一个疑难案件应如何裁决的问题。See Frederick Schauer. *Playing by the Rules*：*A Philosophical Examination of Rule-Based Decision-Making in Law and in Life*. Oxford University Press，1991，pp.207-208.

[2] See P. M. S. Hacker，“Languages，Rules and Pseudo-rules”，8 *Language & Communication*，2 (1988)：168. 转引自李锦：《遵守规则视域的法律理解与解释——“反对解释”命题的一个维特根斯坦式的解释》，载《重庆理工大学学报》2011 年第 1 期。

[3] 其大意是：“如若文字意义清晰，则无需进行解释”（an absolute sentence needs no expositor）。

第四章

# 疑难案件与司法义务理论之构造

没什么话题能比疑难案件更吸引人们的目光了。实践中疑难案件的频发也使得法律理论稍显尴尬，“当实践真正需要智力支持的时候，法学却并不在场。面对疑难的个案，几乎所有的人都显得手足无措”[1]。由于并不存在一种明确的理论指引，加之实践中裁判经验的累积不足，这使得人们对于疑难案件的认识存在偏差，最终导致法官在处理这类案件时出现了较大的混乱甚至错误。其中有一种理论格外引人注目，它主张在疑难案件的裁判中既有的法律已经无用武之地了，法官应当诉诸法律之外的道德、政治、经济、社会等理由来裁判，相应地，疑难案件的裁判已经不再是一种法律裁判，而是沦为了一种道德裁判、政治裁判、经济裁判和社会裁判等。司法裁判的根本属性是法律属性，这要求案件裁决必须依照法律性标准（legal standards）而得出，这符合司法合法性原则最低限度的要求。前述理论放松既有法律性标准对裁判的约束，也就从根本上否认了司法裁判的法

[1] 舒国滢：《并非有一种值得期待的宣言——我们时代的法学为什么需要重视方法》，载《现代法学》2006 年第 5 期。

律属性，对裁判的合法性以及形式法治原则构成了严重的威胁。

法官可以任意背离法律进行判决的观点之所以能够横行霸道，一个非常重要的原因在于我们的法律理论（尤其是有关疑难案件的理论）中缺乏一种“司法义务”的概念和理论，这就是说：法官不仅不能拒绝裁判，而且也不得任意背离既有法律进行裁判，这是其所负有的区别于一般守法义务的更高义务。通过引入司法义务的概念，本章将论证，既有法律在疑难案件的裁判中非但不是无能为力，反而是能够有所作为甚至大有作为的。具体来说，本章的基本思路如下：第一部分将以一种普遍流行的法外裁判论作为讨论起点，指出这种理论在疑难案件裁判实践中的谬误性及危害；紧接着，正是由于我们缺乏一种司法义务的概念，才导致各种法外裁判理论的产生。有鉴于此，提出此概念、界定其内涵、剖析其层次，不仅十分必要而且意义重大。最后，讨论既有法律在疑难案件裁判中的重要作用，通过对法律原则的强调以及法秩序的发掘，重构并拓展传统的法律渊源理论。即便是实践中法官需要在法源选择的问题上做些突破，也始终应尽可能地守住依法裁判的底线要求。

## 一、疑难案件裁判的普遍谬误

### （一）再访简单案件与疑难案件之分

在其他文章中笔者曾指出并非所有的案件都是疑难案件，事实上只有极少数案件才会在裁判中发生疑难，因此简单案件是作为一种实践常态而存在的。[1] 这里再次简要探讨一下简单案件与疑难案件的二元划分。简单案件的一个突出特点在于其裁判通常并不存在困难，即通常存在着明确的、可供适用的法律性标准，法官并无太多选择或自由裁量的余地，其唯一的任务就是运用形式推理的方法来适用法律并从中推导出案件的裁决，并且

[1] 参见孙海波：《疑难案件的法哲学争议：一种思想关系的视角》，载《法律科学》2013 年第 1 期。

由此所得出的裁决是唯一的和排他的。[1] 以至于，莱昂斯使用了“机械的裁决方式”来描述简单案件的处理。[2] 与其对应的概念是疑难案件。相比之下，疑难案件这个概念无疑要复杂许多，它意味着：对于某个案件要么根本就不存在可供适用的法律性标准，以至于法官面对它时无所适从；要么存在着多个相互竞争的法律性标准，法官不得不纠结于应以何种标准来进行裁判。总的来说，当人们对于如何裁决一个案件或者对该案件的裁决结果发生分歧时，该案就是一个疑难案件。[3]

进一步地，人们可能会问是不是无法依照既有法律而被裁决的案件才是疑难案件呢？对于这个问题的回答要求我们留意另外一组概念，即“能够依照既存法律裁决的案件”与“无法依照既存法律裁决的案件”。仔细留意，不难发现这两组概念并不是完全一一对应的关系，它们之间实质上存在一些微妙的差异，并非所有的疑难案件都是无法依照既存法律而被裁决的案件。上文已有所述及，对于有些疑难案件而言的确存在相关的法律标准，并且存在着复数的可供选择和适用的标准，更为确切地说这些标准（包括规则与规则、规则与原则、原则与原则）之间相互竞争和冲突，在这种情形下尽管有法可依，但是案件在裁判中仍然面临着选择和评价的困难。同样的道理，并不是所有能够依照既存法律被裁决的案件就一定是简单案件。这是因为，有些案件虽然能够通过径直适用既有法律而被裁决，但是由此所得到的裁决结果可能在道德上存在争议，从而会暴露出其内在疑难的一面，“某个案件可能在逻辑上是简单案件，但是它在道德上同样也可能是一个疑难案件”[4]。所以，我们不应将能否依照法律来裁决作为划分简单

[1] See Frederick Schauer, “Easy Cases”, 58 *Southern California Law Review*, (1985): 399-440. See also Brian Bix. *Law, Language, and Legal Determinacy*. Oxford University Press, 1995, pp.63-76.

[2] See David Lyons, “Justification and Judicial Responsibility”, 72 *California Law Review*, 2 (1984): 180.

[3] See David Dyzenhaus. *Hard Cases in Wicked Legal Systems: Pathologies of Legality*. Oxford University Press, 2010, p.1, note 2. See also Kent Greenawalt, “Discretion and Judicial Decision: The Elusive Quest for the Fetters That Bind Judges”, 75 *Columbia Law Review*, 2 (1975): 385-386.

[4] David Lyons, “Justification and Judicial Responsibility”, 72 *California Law Review*, 2 (1984): 191.

案件与疑难案件的单一标准。对于疑难案件而言，法律适用上存在困难并不代表不能适用法律。

## （二）法外裁判与非决定论

疑难案件既已存在，如何进行应对便成了一个重要问题。可以说，在面对疑难案件时法官并没有太多的选择权。笔者注意到，有学者指出：当面临一个不受既有法律所调整的问题时，法官可能具有这样几种选择：(1) 坚持或遵守法律；(2) 偏离法律；(3) 使自己从这个案件中脱身；(4) 辞去法官职务。[1] 很显然，第三种和第四种是在逃避裁判责任，这两种做法是不合适的。如此一来，一位好法官只能在第一种和第二种之间进行选择。也就是说，为了给所面临的疑难案件做出一个裁决，法官要么选择遵守既有的法律，要么选择偏离既有的法律。恰如莱昂斯所言："即便某个案件是疑难案件，法官仍然必须对它做出裁决。" [2] 而无论他所选择的那个结果最终被证明是正确的还是错误的，他都必须当即做出一个决断，除此之外似乎已经别无他法了。由此，针对疑难案件的裁判有两种风格迥异的理论渐渐浮现了出来，其中第一种理论主张法官总是能够在既有的法律中为疑难案件找到答案，既有的法律与疑难案件之间存在着一种决定性的关系；另一种理论则斩断了既有法律与裁判之间的关联，认为案件并不总是能够根据既有的法律性标准而获得裁决，既有法律对于疑难案件的裁判已经无能为力。

如果说将依法裁判的立场和决定论捆绑在一块儿，那么可以将那种试图切断法律与裁判之间联系的理论称为司法裁判的"非决定论"。非决定论对既有的法律持有一种怀疑主义的态度，在其内部也存在一些明显的分歧：温和的非决定论者主张既有法律仅在疑难案件中不约束裁判，而极端的非决定论者则宣称在任何情形下既有法律都不约束裁判，"认为法官本身

---

[1] See Jeffrey Brand-Ballard. *Limits of Legality*: *The Ethics of Lawless Judging*. Oxford University Press, 2010, p.92.

[2] David Lyons, "Justification and Judicial Responsibility", 72 *California Law Review*, 2 (1984): 178.

顺从于规则或在裁判时‘受拘束’是错误的，如果不是无意义的话”[1]。相比之下，极端的非决定论则走得更远，比如提倡运气决定裁判或法官的个性与直觉决定裁判等。尽管如此，我们仍然可以说，所有的非决定论者都共享着这样一个承诺：在疑难案件中，法官不（应）再受既有法律的约束，他可以自由地偏离既有法律，转而诉诸法律之外的其他非法律性标准来裁判案件。“疑难案件的裁判不被视为法律实践，而是被视作非法律的、政治的、经济的、道德的或其他性质的自由裁量。越来越多的观点声称疑难案件的裁判任务属于其他学科如经济学、法与经济学、政治学及日益繁荣的法律与政治研究的领域。”[2]这一主张从根本上放弃了既有法律体系对于疑难案件之裁判的约束，从而也就放弃了司法裁判的根本法律属性，而这正是司法裁判领域所普遍盛行的一种谬误。

法官的任务是根据既有的法律对摆在其面前的案件作出裁决，作为经验性的常识，这一点难道还不明确吗？诉诸法律之外的政治道德标准为疑难案件提供论证支持，这难道不是僭越了司法和立法的界限吗？人们可能会对那一谬误提出类似的种种诘难。从根本上来说，这个谬误源自人们对于既有法律（体系）的不信任。正是出于这样一种对既有法律的怀疑和不信任，他们才会将裁判的触角伸向法律之外的其他标准。具体而言，这一谬误的支持者可能会从两个方面展开辩护。

第一种辩护思路主张法律至少是部分不确定或不完整的，并且它承认当法律不完整或不确定时案件就会变得可疑。由于在这种情形下，是法律自身出现了问题才促使了疑难案件的出现，所以显然就不能再以这些法律作为基础来裁判疑难案件。此时为了裁判眼前的案件，法官便被赋予了一种自由裁量权。诚如哈特所言，法律的开放性结构意味着法律体系中必然存在一些领域，其中如何设定规范留待法官去发现或发展，也就是说，在

[1] [英] 哈特著：《法律的概念》（第二版），许家馨、李冠宜译，法律出版社 2006 年版，第 121 页。

[2] [德] Ralf Poscher：《裁判理论的普遍谬误：为法教义学辩护》，隋愿译，载《清华法学》2012 年第 4 期。

这些领域中法官实际发挥着司法造法的功能。[1] 具体来说，法官首先像立法者那样创制一个法律规则，然后再回溯性地将该规则适用于其眼前的问题案件或待决案件中。德沃金认为司法自由裁量权只是一个相对的概念，正如面包圈中的小洞一样，如果没有周围一圈的限制，它只能是一片空白。他进一步区分了两种版本的自由裁量权：第一种是弱意义的自由裁量权，意指法官对于既有法律的适用包含灵活的判断；第二种则是较强的版本，它主张法官在特定的情形下可以不受既有法律性标准的约束，并且可以根据实际裁判需要发展与创造新的法律性标准。[2] 显然，此处所讨论的那个普遍谬误所指向的必然只是强意义的自由裁量权。

为前述谬误进行辩护的另一种主张则走得更远，它对既有法律（体系）保持着一种全面的、根本的怀疑主义态度，认为法律在大多数案件甚至所有案件中都是不确定的，因而在大多数案件（不仅仅是疑难案件）的裁判中，法律性标准必须让位于一种政治学、经济学的、社会学的、心理学的非法律性标准。相应地，司法裁判最终也应被政治裁判、经济裁判、社会裁判、心理裁判所取代。在德国学者 Ralf Poscher 看来，19 世纪德国法学思潮中的强调自由的法律发现的自由法运动 [3]、以法律怀疑论为主要内容的美国法律现实主义及其后裔批判法学都可以视为这种极端理论的变种形式。[4] 除此之外，法律实用主义也应当被纳入这个行列，因为它也是一种对法律概念保持怀疑的理论，实用主义否认人们曾经拥有过权利，人们从来就不会仅仅因为立法机构说人们拥有权利就拥有权利。基于实用主义的

---

[1] See H. L. A. Hart. *The Concept of Law*. Second edition. Oxford University Press，1997，pp.135-136.

[2] 参见［美］罗纳德·德沃金著：《认真对待权利》，孙健智译，台北五南图书出版股份有限公司 2013 年版，第 79—88 页。

[3] See Francois Geny，"Judicial Freedom of Decision：Its Necessity and Method"，in *Science of Legal Method*. Modem Legal Philosophy Series. Boston：The Boston Book Co.，1917，pp.2-47. And see also Eugen Ehrlich，"Judicial Freedom of Decision：Its Principles and Objects，" in *Science of Legal Method*. Modem Legal Philosophy Series. Boston：The Boston Book Co.，1917，pp.71-85.

[4] 参见［德］Ralf Poscher：《裁判理论的普遍谬误：为法教义学辩护》，隋愿译，载《清华法学》2012 年第 4 期。

理由，法官有时之所以必须做得好像（as if）人们拥有法律权利的样子，仅仅是因为这么做更符合社会利益或更能带来最实惠的后果。[1] 法律实用主义试图切断过去立法与眼下司法裁判的关系，主张以对正义、经济、效率或其他美德的判断来取得以法律规则为导向的教义判断，某个判决之合法性的证立因此依赖于对相关法外标准的选择。[2] 需要说明的是，这种极端的不确定性理论和极端的确定性理论一样，在当代几乎找不到太多的辩护者，[3] 在实践中也很难说事实上真的存在与其完全对应的司法方法。

## 二、司法义务及其诸层次

再次重申，无论是温和的不确定论还是极端的怀疑论，它们在对待以下这个问题的态度上都是一样的，即认为既有法律对于疑难案件的裁判已经无能为力，法官必须“超越法律”并诉诸一些非法律性标准来解决裁判中的难题。因此，从性质上来看，“那种放弃处理疑难案件并将其托付给其

---

[1] See Ronald Dworkin. *Law's Empire*. Harvard University Press，1986，pp.151-164.

[2] See Richard Warner，“Legal Pragmatism”，in Dennis Patterson eds. *A Companion to Philosophy of Law and Legal Theory*. Second edition，Blackwell Publishing Ltd，2010，pp.406-414. See also David Luban，“What's Pragmatic about Legal Pragmatism”，*Cardozo Law Review*，18（1996）：43.

[3] 格林沃特教授认为，几乎很少有论者能够以一种十分清晰、细致的方式描述这种极端的不确定性理论，事实上也没有人会愿意相信这个理论，因为他们可能觉得这种主张是十分荒唐的。然而，既有法律在大多数情形下能够为法律问题提供解决方案，只有极少数情形下法律标准可能难以为裁决提供帮助，以此来说明极端的不确定性命题为何是荒唐的是非常有意义的。See Kent Greenawalt. *Law and Objectivity*. Oxford University Press，1992，pp.34-35. 学界通常将法律现实主义描述为一种相对彻底的法律怀疑论，法律不过是法官在法庭上将要说的和做的。这种观点其实比较具有误导性，的确，部分法律现实主义者（事实上极少数，比如弗兰克）坚持一种彻底的怀疑论，但是绝大多数法律现实主义者还是承认法律的相对确定性的。比如布莱恩·莱特在对法律现实主义辩护的过程中指出，法律现实主义者并不否认简单案件的存在，他们所支持的仅仅是一种局部的不确定性或弱的不确定性。See Brian Leiter，“American Legal Realism”，Dennis Patterson eds. *A Companion to Philosophy of Law and Legal Theory*. Second edition，Blackwell Publishing Ltd，2010，pp.254-255. 邓肯·肯尼迪也主张法律现实主义者在一定程度上过度夸大了法律的不确定，然而这并不符合真实的司法实践。See Duncan Kennedy，“A Semiotics of Critique”，22 *Cardozo Law Review*，(2001)：1168.

他学科的理论无疑是在放弃法律的核心并交诸其本不属于的领域”[1]。笔者在前文将此种宣称当作司法裁判领域中所普遍奉行的一种谬误性主张，它在一定程度上对形式法治构成了严重的威胁。因为根据形式法治原则，司法裁判最终只能/只应依照法律性标准（legal standard）做出。然而这种谬论之所以如此盛行，从根本上说是因为它对于司法义务概念的忽视，司法义务的缺席使得法外因素可以肆意地进入，从而轻易乃至意恣地决定案件的裁判。笔者注意到，在我们的理论中司法义务相对还是一个十分陌生的概念。为了清理上述谬误，限制裁判对法律的任意背离，接下来将发掘司法义务这个概念，并揭示其所蕴含的三个不同层次的重要内容。

### （一）司法义务与道德义务

法官是否负有一项遵守法律的义务？这看似是一个简单得不能再简单的问题，许多人可能会不假思索地回答说，法官当然有义务遵守法律了，这是他们和其他公民所共同负有的一项普遍义务。然而，从经验上来看，在裁判中法官偏离法律的情形时有发生，于此情形是否可以说法官违背了自己的那一义务？这个问题暂时搁置一下。当说法官负有依照法律裁判案件的义务时我们在谈论什么？对此还是先来界定一下“司法义务”这个概念，其对应的英文是“judicial duty”或“judicial obligation”，与一般意义上的公民的守法义务不同，它是一项特殊的义务或附加的义务，其义务主体指向了作为裁判者的法官这一特殊的对象。菲利普·汉姆伯格教授意识到了这一点，他区分了“守法义务”（duty to act under the law）与“司法义务”（duty to decide in accord with the law），认为二者并不是一回事。法官除了负有作为公民所负有的一般性的守法义务之外，还负有一项特殊的依照法律进行裁决的义务。因此，不能说法官在裁决案件时仅仅是在依照一项可适用的法律行事，或者说他们之所以作此裁决是因为他们受到了其所

---

[1] [德] Ralf Poscher:《裁判理论的普遍谬误：为法教义学辩护》，隋愿译，载《清华法学》2012年第4期。

适用的那项法律的约束。毋宁说，法官在裁决中遵守相关法律仅仅是因为他们作为法官负有一项依照该法进行裁决案件的特殊义务。[1] 在这个意义上，法官不仅负有一般的守法义务，而且还肩负一项特殊的司法义务。

伯顿认为司法义务所指向的是法官能够或者应当如何裁判案件，在一个法律体系中法官负有遵守法律的义务，这一点毫无疑问是不证自明的。如果法官仅仅只根据他自己所认可或赞同的法律来断案，那么他们显然就违反了自己所负的那项法律义务。[2] 拉兹也论及了司法义务的问题，他主张法官不能随心所欲地行为，即便是在行使司法造法的自由裁量权时，其行为仍然会受到一系列的限制。[3] 通过学者们对于司法义务的描述，可以看出司法义务这个概念是对法官主体所施加的特定限制。由此，司法义务与一般性法律义务之间的差异就变得更加明显了。可以说司法义务是对司法裁判行为正确性的一种要求或限制，某个单纯地遵守法律的行为并不必然是值得赞许的，因为它仍然很可能是一种恣意的或滥用裁量权的举动。司法义务的概念要求法官的行动要忠实于法律，忠实意味着法官应尽其所能地将适用既有法律视为其特殊的任务与使命，忠实也意味着法官要以一种谦恭的或恭顺的态度来实现这一任务。[4] 因此，在一般性法律义务之外单独区别出这样一种司法义务是有其独特意义的，它所捍卫的是一种司法裁判要忠实于既有法律的理想。

除了区分一般意义的法律义务与司法义务之外，还有一个重要的概念值得我们留意，这就是法官所可能负有的道德义务（moral obligation）。相比之下，对法官施加的道德义务是一个层次更高的义务，因为它对裁判者提出了更高的要求，此时判断一个裁判是好还是坏的标准已经不仅仅在于它是否

[1] See Philip Hamburger. *Law and Judicial Duty*. Harvard University Press，2008，p.104.

[2] See Steven J. Burton. *Judging in Good Faith*. Cambridge University Press，1994，p.35.

[3] 注意，拉兹虽然使用的表述是“legal duty”，但他所指的实际上是法官在特定情势下所负担的司法义务。See Joseph Raz. *The Authority of Law：Essays on Law and Morality*. 2nd Edition. Oxford University Press，2009，pp.197–199.

[4] See Jason E. Whitehead. *Judging Judges：Values and the Rule of Law*. Baylor University Press，2014，p.15.

是依据既有法律而得以做出的，相反在于这个判决结果在道德上是否是可欲的，简言之，法官是否在该案中落实了正义。由此，道德义务要求法官在任何一个案件中都要实现正义，当法律不能给某个案件带来正义的结果时，那么对于正义的考量将会居于压倒性的优势地位。于此情形，为了获得一个道德上可欲的后果，法官负有改变法律的道德义务。[1] 司法义务要求法官在裁判中要受法律的约束，其不得任意改变或背离既有的法律性标准；而道德义务则要求法官服膺于更高层次的道德标准，它所要求的是在任何案件中法官都必须做出一个公正的裁决。司法义务与道德义务既有交叉也有冲突，在大多数案件（简单案件）中这两种要求基本上是重合的，司法裁判可以同时满足“受法律约束”与“实现个案正义”；而在个别（疑难）案件中法律性标准与道德标准为裁判者提供了两种不同的（通常是相互竞争或冲突的）指引，如果坚守既有法律势必难以在个案中落实正义，同样的道理，如果一味地追求个案正义则受法律约束的要求势必会落空。

同时做到既“受规范约束”又“落实个案正义”在某些案件中确非易事，并且由于法律规则自身所具有的一些特性以及裁判者认识能力的局限，在审判实践中偶尔会出现对“受规范约束”和“落实个案正义”顾此失彼的现象，这是难以避免的。然而，我们也应警惕不当地将二者绝对对立或过度放大二者之间张力的做法。至此，通过与道德义务这个概念的对比，进一步加深了我们对司法义务的认识。总的来说，有三种相互竞争的司法义务观摆在我们面前，它们是“绝对的法律义务观”、“适度的法律义务观”和“绝对的道德义务观”。绝对的法律义务观，主张司法裁判绝缘于政治和道德，法官只忠实于既有法律，因此在任何情形下他所能够做的就是在既有的法律框架内进行解释、推理和论证。适度的法律义务观（a *pro tanto* judicial obligation）认为每个法官都拥有适度的义务依照法律裁决其所面对的案件，[2] 在既有的法律无法为某个案件的裁判提供指引或与道德标准

[1] See Steven J. Burton. *Judging in Good Faith*. Cambridge University Press，1994，p.203.

[2] See Jeffrey Brand-Ballard. *Limits of Legality*：*The Ethics of Lawless Judging*. Oxford University Press，2010，p.58.

产生冲突时，法官有义务在一定程度上发展和补充既有法律。绝对的道德义务观则将司法裁判完全等同于道德裁判，认为法官在任何案件中随时都可以忽视法律标准的存在，因为道德标准对于他们而言是首要的和至高无上的。[1] 绝对的法律义务观和绝对的道德义务观均过于极端，前者只会将我们引入机械法学的老路子上来，而后者则会引我们走向一种法律虚无主义的危险。相比之下，适度的法律义务观更具有可取性，它看到了实践中法律的必然限度，同时又最大限度地捍卫了法律标准在司法裁判中的作用。

### （二）司法义务的诸层次

当代法律实证主义理论对于司法义务的认识给了笔者很大的启发，法律实证主义者认为在司法实践中法律必然会有用尽的时候，于此情形下法官便享有一种自由裁量权。恰如夏皮罗所指出的，“如果因为一个案件没有可适用的法律规则或该规则包含模糊不清的术语，则该案不能明确地受既有法律规则的约束，法官就不能适用法律而必须行使自由裁量权以裁决案件”[2]。这里，可以将他们的司法义务观归结为这样几个方面：首先，法官有义务适用被司法实践视作妥当的法律性标准；其次，当针对某个问题无法可依时，司法义务便赋予法官一种有限的司法造法的权力；最后，在判例法体系中，法官固然有义务遵守先例，但是同时在某些情形下法官也拥有改变、拓展或推翻先例的有限权力。[3] 对于上述这些观点在内容上正确与否暂且不议，但是它们所展现出的司法义务这个概念的层次性却是十分

---

[1] 绝对的道德义务观虽然认识到道德标准对于法律标准的检测和补充性作用，但是它将道德的地位和作用推向了一种极致，从而间接地否定了司法义务的存在。典型的是对法律持有极端怀疑态度的学者，这一点在前文已有所述及，比如卡多佐就曾声称，法官有权力（而非权利）不顾一个制定法的命令而做出判决，他们亦有权力越出法律空隙的边界，越出先例和习惯为司法创造所设定的边界。参见［美］卡多佐著:《司法过程的性质》，苏力译，商务印书馆 1998 年版，第 80 页。

[2] Scott J. Shapiro，“The ‘Hart-Dworkin’ Debate：A Short Guide for the Perplexed”，in Arthur Ripstein eds. *Ronald Dworkin*. Cambridge University Press，2007，p.25.

[3] See David Dyzenhaus. *Hard Cases in Wicked Legal Systems*：*Pathologies of Legality*. Oxford University Press，2010，p.15.

重要的。司法义务并不是一个单一的概念，它对法官或司法行为提出了几个不同层次的具体要求，以下便分别阐述之。

1. 不得拒绝裁判

司法义务所蕴含的首要义务是不得拒绝裁判，即无论法官所面对的是简单案件还是疑难案件，他都必须受理并依法对这个案件进行裁判。笔者注意到，有学者在讨论法官义务时使用了"judicial responsibility"（司法责任）这个术语，其更加突显了法官所担负的裁判责任。[1] 这里需要强调的是，法官必须裁决某个案件是一回事，而法官应如何裁决某个案件则是另外一回事，不可将二者混淆在一起。不得拒绝裁判也是现代法治原则的内在要求，在法治社会或国家中，一切行为或事项皆应受法律的调整或约束，人们信赖法律并以此作为行为标准，因此一旦发生纠纷并诉至法院，那么法院或法官就有义务受理该争议，并从法律的角度给当事人一个说法，而不得无故推脱或者敷衍了事。在简单案件的裁判中，不得拒绝裁判通常并不会成为一个问题，因为对这些案件的裁决一般而言并不会有什么难度，因此法官也就没有必要拒绝受理和裁决这些案件。然而在疑难案件中情形就稍微复杂了一些，因为在很多时候法官确实束手无策，他因此要面临"不得拒绝裁判"与"不知该如何裁判"的两难局面。

不得拒绝裁判是法官所负有的最低限度的义务，作为一项原则性的要求已经在许多国家的法律中得到了体现。[2] 比如《法国民法典》第 4 条规定："审判员借口没有法律或法律不明确不完备而拒绝受理者，得依拒绝审判罪追诉之。"[3] 加拿大 2004 年颁布的一项法案规定："法官不得以法律没有规定、模糊或有缺陷为借口而拒绝裁判案件。"[4] 即使摆在法官面前的是

---

[1] See David Lyons, "Justification and Judicial Responsibility", 72 *California Law Review*, 2 (1984): 183-184.

[2] 不得拒绝裁判是欧洲长期以来的法律传统，它主张法院有义务在对争议的事实情况没有相应的法律规定的时候，对属于其管辖范围内的待决法律案件作出裁决。参见［德］魏德士著：《法理学》，丁晓春、吴越译，法律出版社 2005 年版，第 349 页。

[3] 《拿破仑法典（法国民法典）》，李浩培、吴传颐、孙鸣岗译，商务印书馆 1979 年版，第 1 页。

[4] *Interpretation Act*, CQLR c I-16, 41.2, issued in 2004.

无法可依的棘手案件，其亦不得拒绝裁判之，否则就违反了作为司法工作人员最基本的职责，而要承担相应的法律责任。[1] 即便是在那些没有以明确法律形式确立该原则的国家，法院或法官不得对案件说不也成了司法原则和精神的内在要求。正如张骐教授所指出的那样："中国正在迈向法治社会，新的社会秩序类型要求法律和法院在社会生活中发挥更为积极、更为广泛的作用，扮演更为重要的角色。在法律没有或者缺乏明确规定的情况下，中国法院已经积极地介入了纠纷的解决过程中，只是有时做得好些，令当事人心悦诚服，有时做得不尽如人意，给当事人留下疑团重重。" [2] 总之，将不得拒绝裁判列为司法义务的首要内容，对于疑难案件的裁判具有十分特别和重要的意义。

2. 以依法裁判为原则

根据形式法治的理念，判决应当基于既有的法律性标准而做出。相反，如果既有的法律性标准对于法官的裁判行为不具有约束性，法官可以根据自己的价值偏好做裁决，那么该裁决显然就很可能是专断的或任性的。司法义务不仅要求法官必须勇毅地面对每一个案件（尤其是疑难案件），同时还要求法官应依照既有的法律来裁决案件，这在我国体现为司法裁判应当"以事实为根据，以法律为准绳"。至此，我们已经进入司法义务的第二个层次的内容，即原则上法官应依照既有的法律作出个案裁决。其核心观点在于：一般而言，在法律与判决之间存在一种决定性的关系，如果一个判决（的根据）不是来自法律而是来自法律之外，那么这个判决将面临合法性质疑。我将这种理论称为法律决定论，这和施密特所讨论的规范论思维有相似之处，认为法律是由规则或规范所组成的，法律规范自身脱离具体的事实情境而以一种抽象的形式存在，相应地司法推理便是一种抽象的、

[1] 德国历史法学派的代表人物萨维尼曾表达过类似的观点，他说："对于法官而言，根据职责的一般性质，制定法的模糊性并不能妨碍他们形成关于制定法内容的明确观点，并据此作出判决。尽管在一个法争议之中，事实可能非常有疑问，但法官并不能因此拒绝作出裁决。"参见［德］萨维尼著：《当代罗马法体系 I》，朱虎译，中国法制出版社 2010 年版，第 162 页。

[2] 张骐著：《法律推理与法律制度》，山东人民出版社 2003 年版，第 55 页。

非个人化的法律适用活动。[1] 由于规范论者认为在规范之外再无法律，所以一旦发生法律争议，就必须在既有的法律规范中寻找答案。必须承认的是，这种决定论思维看到了法律对于裁决的重要决定意义，强调了司法裁判本质上是一种法律裁判，并且还最大限度地捍卫了法官受法律约束的原则。

细心的读者可能已经注意到，笔者给依法裁判的义务设定了一个前提，即在一般情况下或通常情况下法官应当依照既有的法律作出裁决，那么这就意味着并不是在所有的情况下法官都必须如此行为。言外之意，在实践中至少会存在一些特殊的情形，法官无法绝对地贯彻依法裁判这个要求。[2] 莱昂斯认为“法院应仅仅依照法律规则来裁决案件”这个观点有点幼稚，其理由在于：首先，大多数案件都可以通过诉诸规则而得到裁决，但是并非所有的案件都能如此。在有些案件中规则过于模糊以至于很难径直地得到适用，同时各规则之间也可能存在着冲突，此外对于某些案件缺乏现成可用的规则。其次，更进一步，这种观点模糊了司法责任（义务）的广度，它忽视了疑难案件或者那些无法通过适用既存法律规则获得裁决的案件的存在。最后，这种观点也遮蔽了司法责任的道德复杂性，因为即便是简单案件所诉诸的那些规则其自身仍然也需要正当性证明。[3] 由此，我们会看到，就司法义务的第二层次的要求而言，对于应以依法裁判为原则是存在个别例外的。

此外，要强调的是，笔者在本章中所坚持的是一种适度的法律义务观，从基本外在结构和具体内容要求上来看，它都要比绝对的法律义务观和绝对的道德义务观更为复杂，但同时它又力争较好地兼顾这两者。可以说，

---

[1] See Karl Schmitt. *On the Three Types of Juristic Thought*. Translated by Joseph Bandersky, Praeger Publishers, 2004, pp.47-48.

[2] 麦考密克认为法官的任务就是在待决案件中适用相关的法律规则，这已被法官奉为了一项必须予以遵守的行为规范。而至于在疑难案件中这一规范到底要求了什么，则完全交由法官自己去判断。See Neil MacCormic. *Legal Reasoning and Legal Theory*. Oxford University Press, 1978, p.56.

[3] See David Lyons, "Justification and Judicial Responsibility", 72 *California Law Review*, 2 (1984): 178-179.

法律的模糊性及由规范间冲突所导致的不确定性往往会给裁判者带来自由裁量的空间，但从性质上讲这是一种较弱的自由裁量权，通常并不会危及依法裁判的立场。而相比之下，法律的缺失所带来的是一种较强的自由裁量权，它会从根本上威胁依法裁判。于此情形下，适度的司法义务观要求裁判者既要考虑个案正义，又不能任意偏离既有法律。正如托马斯大法官所呼吁的那样，“即使在模棱两可或者含糊的问题上，我们也必须竭尽全力适用原则和规则；否则，案件的裁决结果将仍然只是个人偏好”[1]。根据较强的司法裁量权的理论，即便法官负有参照道德上最佳的原则以解决手头案件的法律义务，这种看似不受任何特定引导的裁量权实质上要受到法律的限制，法官必须依照最符合自己的信念和价值观的方式来作出判决。[2]至于提供理由以论证自己的所作所为与依法裁判的立场相一致，则是下一个阶段的工作了。

3. 为裁决提供论证

裁决的作出并不意味着裁判过程的终结，裁判的作出者还负有为裁决提供论证的义务，笔者将此称为司法义务的第三层次的内容。现在回过头去看，不得拒绝裁判是最低限度的司法义务，依法裁判是中度的司法义务，而为裁决提供论证理由则属于较高层次的司法义务。西方有法谚，“无理由即无判决”，所谓“理由”（reasons）即判决赖以做出的根据（grounds）。法官必须为其判决提供理由，换句话说，法官有义务论证其判决的合法性和合理性。有学者认为法律决定的作出者应当提供理由来正当化其裁决是与法治的概念联系在一起的，如果法官拒绝对其裁决给出理由，这不仅会导致司法专断，而且会使其作出的决定缺乏一致性，法律将几乎很难为公众

---

[1] ［美］克拉伦斯·托马斯：《裁判是什么》，载［美］戴维·奥布莱恩编：《法官能为法治做什么：美国著名法官讲演录》，何帆等译，北京大学出版社 2015 年版，第 205 页。

[2] See Joseph Raz, “Legal Principles and the Limits of Law”, 81 *The Yale Law Journal*, 5 (1972): 847–848. 恩迪科特也指出，当法官负有法律义务来适用道德原则以填补法律中的缝隙时，那些原则指定了一个独特的解决方案，法官不得任意为之。See Timothy Endicott, “Raz on Gaps: The Surprising Part”, in S. L. Paulson eds. *Rights*, *Culture*, *and the Law*. Oxford University Press, 2002, pp.99–118.

所知悉，甚至在确保公民能够就他们认为应该反对的法律决定进行争论时存在地域性困难。[1] 相反，如果法官能够严格地为其裁决提供理由和论证，那么以上难题便会迎刃而解。为裁决提供论证是司法义务的一项重要内容，对这一义务的违背将不同程度地影响裁决的可接受性（acceptability），甚至危及某判决赖以存在的合法性基础。

通常而言，一个司法裁判的完整过程应当包含法律的发现、裁决的发现以及裁决的证成三个部分，其中裁决的发现和证明构成了司法论证的核心，相应地，某个结论赖以获得的程序是“发现的程序”（process of discovery），而结论的证明所依凭的程序则是“证成的程序”（process of justification）。[2] 裁决的发现要以法律的发现为前提，并借助于法律推理的方法才能实现。裁决的发现与裁决的证成尽管在大多数情形下具有同一性，即在裁决发现的同时也就完成了对裁决的证成，可以说二者在实现或完成的时间节点上具有一致性，但是也应注意，在个别情形中这二者并不是同步的，也就是说，在一些情形下裁决的发现并不意味着裁决就获得了证成。在裁决发现之后裁判者仍然需要对裁决进行证成，于此情形下裁决的证成被看作一种独立的、附加的过程。在前面已经指出，对裁决提供证成是一项十分重要的要求，因为任何法律决定或决策都必然涉及当事人的利益安排，故而裁决做出者必须对其决定或决策提出足够的理由，以增强其说服力或可接受性。[3] 既然裁决的论证具有如此重要的意义，那么在何时一个判决需要相应的论证呢?

刚刚我们提及，在大多数情形下（主要是指在简单案件中），裁决的

---

[1] 参见［美］玛蒂尔德·柯恩:《作为理由之治的法治》，杨贝译，载《中外法学》2010 年第 3 期。对于“法律将很难为公众所知悉”，放在普通法的语境中可能会更好理解一些，因为在那儿法律本身寄生于判决之中，更具体说是从“判决理由”（*ratio decidendi*）之中提取出来的。如果法官拒绝说明判决的理由和根据，人们自然也就无从认识相关的法律。这进一步又会导致柯恩所讲的问题的产生，即判决难以获得一致性或连贯性。

[2] See Richard A. Wasserstrom. *The Judicial Decision*: *Toward a Theory of Legal Justification*. Stanford University Press, 1961, p.27.

[3] 参见舒国滢著:《思如浮萍》，中国政法大学出版社 2007 年版，第 122 页。

发现与裁决的证成具有同一性，这是否意味着在简单案件中根本就不需要对裁决进行证成？在简单案件中裁决被作出之后，法官似乎通常没有对裁决提供额外的证成，但并不能因此得出结论说简单案件的裁判中就无（需）裁决证成活动。司法裁决是司法过程重要的构成性要素之一，在简单案件中我们之所以看不到裁决证成，是因为它是以一种隐蔽的方式在进行，具体来说它和裁决的发现是同步进行的。[1] 一般来说，在简单案件中可供适用的法律是确定的和清晰的，一般通过形式推理（三段论）就能获得唯一的、不具有争议的裁决结果。举个简单的例子，甲驾驶小轿车与迎面驶来的乙相撞并致乙受伤，经交警部门认定甲系违规操作、超速驾驶，倘若这个案件进入司法程序，由于甲的行为与乙所受伤害的结果之间存在直接的因果关系，加之受害者乙并不存在任何过错，法官便由此能够轻易地判定甲对本事故承担全部责任，并按照侵权责任法的相关规定确定具体的赔偿结果。可以说，这个结论寻找的过程同时伴随着说理和论证，做出裁决的那一刻也就意味着其同时已经获得了证成。

一旦回到疑难案件的裁判中，上述推论便很难再站得住脚了。就疑难案件的裁判而言，其裁决的发现与证成在时间节点上的同一性或一致性被切断了。裁决的发现与裁决的证成之间出现了一种紧张的关系，这种紧张源自以下几个方面：首先，某个裁决虽然是法律所要求的或者能够依法作出的，但是却并不能直接依照法律获得证成。这是因为已确立的法律规则并不总是公正的，[2] 相应地，有时依照规则所推理得出的裁决结论并不必然是公正的。其次，在疑难案件中有时存在着数个可供适用的法律标准，从而可以推导出数个相互竞争的法律裁决，到底哪一个裁决是可欲的，这便需要对裁决提供进一步的论证。最后，在有些案件中，根本就不存在任何现成的、可供适用的法律，此时法官仍然需要一步步地完成裁决的发现和

---

[1] 莱昂斯也持有类似的观点，认为在简单案件中裁决被发现或做出的同时也意味着裁决获得了证成。See David Lyons. *Moral aspects of legal theory*: *Essays on Law*, *Justice*, *and Political Responsibility*. Cambridge University Press, 1993, p.119.

[2] See David Lyons, "Justification and Judicial Responsibility", 72 *California Law Review*, 2 (1984): 191.

证成，因为后者对整个裁判而言具有至关重要的意义。[1] 因此，为法律所要求的裁决并不一定是获得了证成的裁决。同样的道理，获得证成的裁决也并不必然说明该裁决就一定是法律所要求的。[2] 简单总结一下，某个为法律所要求或直接从法律推导出的裁决可能是一个尚未获得证明的不公正裁决，相应地，这个案件看似简单其实却是一个疑难案件。而当裁决的发现或（以及）裁决的证成产生紧张关系，或者当裁决的发现或（以及）裁决的证成遭遇困难时，疑难案件便产生了，裁决的证成随之也就变得重要起来。

## 三、作为裁判依据的法律渊源

如果所有的法律问题都可以从现有的法律中找到答案，那么这显然是再好不过的事情了。然而真实的司法世界并非如此，疑难案件的频发不断地挑战着这样一种美好的理想，事实和经验告诉我们这仅仅只是一种“高贵之梦”。在司法过程中法律总会有被用尽的时候，而由于在此种情形下法官肩负一种司法义务，这便要求其必须设法发现（find）和发展（develop）一切可供利用的法律渊源，来妥善地解决眼前的待决案件。不得不承认，对法律而言不确定性是不可避免的，但如果一味地将这种对法律的怀疑论推向一种极端，便会将我们推向一个充满噩梦的深渊，进一步导致司法裁判可任意地诉诸法律之外的标准。笔者在本章中所坚持的是一种适度的司

[1] 请注意，在这类特殊的疑难案件中，尽管并不存在现成可供适用的法律，法官的职责仍然是“发现”（discover）或“发展”（develop）可以用作裁判依据的法律，比如说通过原则续造、类比推理或扩张解释等方法来找法。接下来便是裁决的发现，由于前一阶段所准备的法律并不是特定的、唯一的、不变的，故而在第二阶段所可能产生的判决也往往是可变的甚至是复数的，在这个背景下第三阶段裁决的论证便至关重要，它在很大程度上决定着整个裁决的成败。

[2] 莱昂斯区分了“为法律所要求的裁决”和“获得证成的裁决”，他认为后者在道德上一定是能够得到辩护的，而前者则不必在道德上获得辩护。如此一来，通过“某个裁决获得了证成”这个事实，我们无法推断出这个裁决就是法律所要求的裁决。基于类似的理由，某个裁决是由法律所要求的，但通过这个事实也不能推断出该裁决就是正当的。See David Lyons，“Justification and Judicial Responsibility”，72 *California Law Review*，2（1984）：190.

法义务观，它要求裁判者应尽可能地既将裁判置于既有法律的约束之下，同时又要兼顾实现个案的公正裁判。于此情形，该诉诸何种法律渊源、何种法律渊源是妥当的便变得重要起来。法律体系的功能在于裁决案件，[1] 它所内含的法律渊源有着复杂的结构，并且经历了一个动态和发展的过程。本部分将在传统法律渊源理论的基础上，进一步发掘法律渊源中的法律原则、法体系以及法秩序等重要因素，并分析它们对于发展保障裁判受法律约束所可能具有的重要意义。

### （一）从规则模式到原则模式

我们通常所讲裁判应“以事实为根据，以法律为准绳”，对于其中的“法律”应作何解释？这个问题便涉及可供作为裁判根据的法律渊源的范围。法官可以适用哪些法律标准进行裁判，学理上见仁见智，有学者以立法主体为标准将法律渊源分为制定法、法院裁判、习惯法、学说、国际法，也有学者从功能和效力的角度将法律渊源分为规则和原则，此外还有学者以法官所用之标准的效力与技术精致程度将这些标准分为原则、规则、法官法以及学说。[2] 从理论上看，对于法律性标准的内容是什么或者法律性标准所覆盖的范围有多广，存在一个无法回避的争论，亦即著名的“法律规则与法律原则之争”。法律实证主义阵营中的大多数学者共享一个基本承诺，认为“法律是由规则或规范所组成的一套体系”[3]，并且他们进一步主张法律体系是不完整的或未完成的，换言之，它无可避免地存在漏洞。因为法律规则在实践中总会有被用尽的时候，当其对于某个争议问题保持沉

---

[1] See Richard A. Wasserstrom. *The Judicial Decision*：*Toward a Theory of Legal Justification*. Stanford University Press，1961，p.1.

[2] 参见赵仁洋：《法官如何思维？——兼评（2002）湖民初字第 432 号判决》，载郑永流主编：《法哲学与法社会学论丛》（七），中国政法大学出版社 2005 年版，第 152—154 页。

[3] 凯尔森试图将法律还原为一种单纯的非规范性事实，在他那里法律被看作一般规范与个别规范的总和。参见［奥］汉斯·凯尔森著：《法与国家的一般理论》，沈宗灵译，商务印书馆 2013 年版，第 173—180 页。哈特则主张法律体系是初级规则与次级规则的统一体。参见［英］哈特著：《法律的概念》（第二版），许家馨、李冠宜译，法律出版社 2006 年版，第 75—93 页。

默时，法律漏洞便随之产生。于此情形下，法官便被赋予了一种补充和发展规则的自由裁量权，[1]通过这种创造活动可以填补法律之空隙，进而也可以被用来解决那些不受既有规则所调整或覆盖的案件。

由于实证主义坚持法律规则是唯一的法律性标准，故而规则之外的任何标准都难以作为司法裁判的根据。如此一来，法律原则连同一般的道德事实就被排除于法律性标准之外。实证主义者真的主张裁判必然绝缘于道德吗？换句话说，实证主义者真的认为道德标准无法跻身法律渊源之列吗？应当承认的是，实证主义在一定程度上的确会忌惮甚至厌恶道德，原因在于一旦容许道德标准公开地进入裁判过程，将不可避免地会撼动法律实证主义赖以存在的正当性根基。晚近的包容性法律实证主义[2]则提出了一种较为温和的主张，认为当法律体系公开地或明确地将道德标准包容入法律之中时，它们才可能是法律的一部分，由于并不是所有的法律都会包容此类标准，因此法律与道德之间的联系仅仅是偶然而非必然的。[3]实践中的情形则往往更为复杂，法院经常会或明或暗地运用道德推理来裁决案件，这的确是一个无可否认的事实，可以说完全拒绝道德原则进入裁判过程的理论至少不是一种完整的司法裁判理论。其实，只要不承认法律具有完全的确定性，那么必然也就无法彻底斩断法律与道德之间的关联。实证主义拒绝承认法律具有绝对的确定性，主张法官在某些案件中必须依赖道德考量。[4]

既然实践为道德原则进入司法打开了缺口，那么接下来的一个问题是法官能否直接诉诸道德进行裁判？对于这个问题的回答便涉及道德进入司法的

[1] 哈特以法律的“开放性结构”论证了自由裁量权的存在，认为法律的开放性结构意味着对于某些行为领域如何规范必须由法院或官员去发展。在处于边际地带的规则以及由判决先例的理论所开放出来的领域中，法院实质上发挥着创造规则的功能。参见［英］哈特著：《法律的概念》（第二版），许家馨、李冠宜译，法律出版社2006年版，第130页。

[2] 排他性法律实证主义坚持严格的分离命题，认为法律的效力归根到底只能来源于社会事实，而与道德并无任何实质性的关联；包容性法律实证主义主张道德并不必然能够成为法律的合法性标准，法律与道德之间至多只存在一种偶然的联系。See Wil J. Waluchow. *Inclusive Legal Positivism*. Oxford University Press，1994.

[3] See Philip Soper. *A Theory of Law*. Harvard University Press，1984，p.102.

[4] See Scott J. Shapiro. *Legality*. Harvard University Press，2011，pp.241-243.

具体方式和形态。最常见的反对意见莫过于主张道德性标准与法律性标准本身是有区别和界限的，依照法律裁判与依照道德裁判并不是一回事，“当法官适用一个（道德）规则来否定一个不道德的合同的效力，或者驳回违背正当程序的法律时，在作出决定时他所使用的这个标准自身并不是法律的一部分”[1]。另一个反对意见则着眼于法律性标准与道德性标准的特点，认为道德性标准过于不确定，以至于会让司法裁判变得不可捉摸，也会导致当事人的权利、义务处于一种不确定的状态。正如某些学者所指出的那样：“如果某个标准能够被算作法律标准，那么它必定以某种方式与结论建立起理性的或因果性的联系，以此允许对该联系进行公开检验以决定其正误。而道德标准是如此不确定，以至于我们很难进行这样的检测。”[2] 既然直接诉诸道德标准裁判这条路行不通，那么司法又如何能够包容道德呢？理论家们很快提出了另外一种更加可行和具有建设性的建议，他们修正了传统的法实证主义者的规则模式，转而将以道德内容为中心的法律原则也整合为法律体系的重要组成部分，进而将道德性标准转化为法律性标准。

对于法律原则理论的发掘和提倡，德沃金做出了重要的贡献。他并未否定法律规则的重要地位，但他反对将法律规则看作法律唯一内容的做法。实证主义所坚持的法律判别标准或合法性判准基本上是一种渊源取向的、谱系性的，它无法鉴别出具有重要道德内容的原则，因此最终也就没有办法将道德包容入法律体系之内。所以，在这个意义上，在判定法律的身份或资格的问题上，实证主义的规则模式是一种不全面的或有缺陷的理论。由此，德沃金将眼光转向了一种新的法律观，在此观念之下，除了作为主体构成性要素的法律规则之外，还包括法律原则与政策，这三者共同构成了作为整体的法律（law as integrity）。如此一来，法律体系的形式不仅变得多样化，其内容也变得更为全面、完整。与之相对的一个问题是，实证主义总会面临规则被用尽的场景，而法官因此被赋予了一种发展和创造规则的自由裁量权。德沃

---

[1] Philip Soper. *A Theory of Law*. Harvard University Press，1984，p.101.

[2] Philip Soper. *A Theory of Law*. Harvard University Press，1984，pp.101-102.

金则持相反的观点，认为即便不受规则调整的案件，原则仍然可以覆盖到，所以在其作为整体的法律观之下，是不存在漏洞可言的。[1] 以至于有学者将德沃金的这种原则理论看作一种“新法律形式主义”的理论。[2]

在作为整体的法律中，规则、原则和政策都可以具体采取一种命题的形式来表达自己，其区别在于命题的具体或抽象程度、表达的内容等方面的不同。一般来说，规则的具体程度相对较高，明确地表达人们的权利和义务，并且在适用上它有一个鲜明的特征，就是必须以全有或全无的方式被法官所适用。与规则相比，原则所具有的并非程度上的而是一种逻辑上的差异，在具体的适用上也体现了其独特的“权衡方式”（weighing），即法官可以根据具体的情况赋予不同的原则以不同的权重或分量。[3] 此外，原则还有一个重要的维度，就是它包含了重要的道德内容，能够体现公平、正义或者其他道德层面的要求，故而它也构成了法律之整体性的根基。除了法律原则、规则之外，另一个重要的准则就是政策，它所描述的是一些社会所欲达成的目标，通常是社群的政治的、经济的或者社会状况的提升。[4] 政策与时局相关，政策的法律化大多体现为立法机构或授权行政机构通过制定法的形式对迫切的政治、经济、社会问题作出回应。[5] 由此，政策可以灵活地变动并且不必时时需要保持前后的连贯、一致，但无论如何它不能超越原则、不能与原则发生抵触。

应注意，原则所指向或描述的主要是个体权利，而政策描述的重心在于集体的目标，这是政策与原则之间的一个重要区别。与原则相比，由于政策

---

[1] See Ronald Dworkin，“On Gaps in the Law”，In *Controversies about Law's Ontology*，edited by Paul Amselek and Neil MacCormic，Edinburgh University Press，pp.84-87.

[2] ［德］Ralf Poscher：《裁判理论的普遍谬误：为法教义学辩护》，隋愿译，载《清华法学》2012 年第 4 期。

[3] 对于法律规则与法律原则之间差异的讨论，集中体现在《规则模式一》这篇文章中，详情请参见［美］罗纳德·德沃金著：《认真对待权利》，孙健智译，台北五南图书出版股份有限公司 2013 年版，第 71—75 页。

[4] 参见［美］罗纳德·德沃金著：《认真对待权利》，孙健智译，台北五南图书出版股份有限公司 2013 年版，第 69 页。

[5] 参见高鸿钧：《德沃金法律理论评析》，载《清华法学》2015 年第 2 期。

体现出了一种较强的、鲜明的实用主义的色彩，我们需要谨慎地对待政策进入司法裁判的过程。由此，可以进一步区分两种不同的论证，即基于政策的论证与基于原则的论证，基于政策的论证通过表明一项政治决定促进或保护了作为整体的社会的某些集体目标，来证明该政治决定是合理的；而基于原则的论证通过说明某项政治决定尊重或保障个体或集体的权利，从而证明该政治决定是合理的。[1] 换言之，这两种论证的基本进路和内容是不同的，“原则的判决是关于在我们的宪政制度下人民拥有什么样的判决，政策的判决是关于总体福利如何才能得到最佳提升的判决”[2]。如果允许政策在裁判中作为依据加以引用，那么法官便会倾向于以一种后果主义的进路对社会整体的福利或效益进行考量，从而进一步导致的一个结果便可能是对个体权利的侵犯或漠视，而这恰恰是与原则所代表和保护的权利相冲突的。在这个意义上，德沃金拒绝在疑难案件的裁判过程中接受政策论证，法官始终应当坚守基于原则的论证，应始终谨记对于原则之下个体权利的尊重和保护。归根结底，这么做乃是取决于政府必须平等地对待其人民的根本原则。[3]

既然基于政策的论证由于其自身所可能给公民权利带来的威胁而排除于裁判依据之列，尤其是在疑难案件中，那么限制与排除政策的原则便变得更为重要起来。原则由于重要的道德内容，可被进一步区分为法律原则与非法律原则（这里主要指道德原则）。那么，紧接着，我们会遇到这样一个问题，一个原则何以能够成为法律原则？[4] 我们知道，道德原则的内容十分丰富、数量也有很多，但并不是每一条道德原则都能或都应成为法律原则，一般而言，只有那些最为基本的、底线性的、义务性的道德原则才易为法律体系所容纳，

---

[1] 参见［美］罗纳德·德沃金著：《认真对待权利》，孙健智译，台北五南图书出版股份有限公司2013年版，第145页。

[2] ［美］罗纳德·德沃金著：《原则问题》，张国清译，江苏人民出版社2012年版，第83页。

[3] 参见［美］罗纳德·德沃金著：《原则问题》，张国清译，江苏人民出版社2012年版，第89、83页。

[4] 这个问题笔者受到美国康奈尔大学安德瑞·马默教授的启发，在和其讨论德沃金的《规则模式一》一文时，马默教授敏锐地指出这篇文章所隐含的一个核心问题，并不在于法律原则被提出来并成为法律体系的一部分，而是在于“一个原则何以能够成为法律原则”（What makes a principle legal?）这个问题。

比如“任何人不得从不义行为中获利”。而至于那些较高层次的、属于美德范畴的道德原则不宜转化为法律原则，比如“乐善好施”“见义勇为”。那么道德原则如何能够成为法律原则呢？德沃金所提供的思路是这样的：

“如果我们遭到质疑，而必须为‘某些原则是法律原则’这项主张申辩，我们会提到某些引用这条原则，或这条原则出现在的论证里的判决。我们也会提到看似例示这条原则的制定法。如果找不到这种制度性支柱，我们的主张可能就不成立，而找到越多支柱，就越能赋予那条原则更多分量。然而，要使原则成为法律原则需要那种制度性支柱，我们提不出任何判断公式，更没有办法对它的重要性进行排序。我们与一群涉及制度性责任、制定法诠释、各种判决先例之说服力、这些材料与当下道德实践的关联性，以及其他一长串这类变迁、发展中且相互影响的规范（它们本身就是原则而不是规则）搏斗，以支持特定原则。”[1]

这个论断进一步印证了上文我们所提出的那个观点，即并不是所有的道德原则都能够转化为法律原则，道德原则法律化的关键在于能够在我们的法律体系中为其找到一些制度性支撑（institutional support），找到的制度性支撑越多或者找到的支撑性理由越强，那么该原则在法律体系中的地位就越能够得到巩固和确立。至于这种制度性支撑或支撑性理由究竟需要具备多大的数量或分量，才能够足以使得一个道德原则成为一项法律原则，这其实是一个很难回答的问题，德沃金同样也没有对这个问题做出正面、确切的回应。总的来说，一项从道德原则转化而来的法律原则，要能够被法律职业共同体和社会公众在一段时期以内所形成的正义感所容纳。

在论证道德原则何以成为法律原则这个问题上，大概有这样几种基本的思路：其一，通过立法的形式直接将某个或某些道德原则确立为法律原

---

[1] 参见［美］罗纳德·德沃金著：《认真对待权利》，孙健智译，台北五南图书出版股份有限公司2013年版，第90页。

则，从而使其拥有正式的、制度化的法律形式，这是道德原则法律化的最为常见，也是最便捷的途径。比如诚实信用原则、公序良俗原则等许多道德性原则都被写进制定法中，以实现从道德原则向法律原则的转变。其二，这些原则（既是道德原则又是法律原则）并不具备制度化的形式，仍然以一种观念化的形式存在，但其构成了法律的根本价值基础，通过对立法目的、立法精神以及法律整体价值的解释，可以从法律体系中推衍出该原则的存在。[1] 正义原则就是一个典型，它无疑首先是一个道德原则，尽管许多时候立法者并没有明确地将其写入法律之中，但是它却构成了整个法律体系的正当性基础，离开了正义原则法将不法，正义原则实质上深深植根于法律体系之中，它是隐匿于法律背后的一个无形的法律原则。

### （二）从法体系到法秩序

法律规则通常是具体的，它不可能将所有的例外情形都考虑进来，因此难免会存在不被既有规则所调整的例外情形。相比之下，法律原则是相对较为抽象化的，一般而言，某个法律原则越是抽象，它所可能适用或调整的范围就越广泛，正因如此，将法律原则纳入法律体系可以起到很好的补充规则例外情形的作用。所以在原则理论模式下，法律体系不再单单只包含规则，而是由法律规则与法律原则所共同编织的体系，为了形象地描述这个体系，我们可以借助于一个同心圆来加以说明，内圆区所代表的是法律规则的调整范围，而外圆区表示的是法律原则所覆盖的区域。落在内圆区的案件虽然都受法律规则的调整，但它们并不必然都是简单案件，其中对于个别案件而言为了寻求一个正当的裁判仍然须诉诸外圆区域的法律

---

[1] 拉伦茨将这种经过法律化的道德原则称为一种“法伦理性的原则”，并将之描述为“在从事法律规范时指示方向的标准，依凭其固有的信服力，其可以正当化法律性的决定”。作为实质性的法律思想，它是法理念在该历史发展阶段中的特殊表现，并借助立法及司法被不断具体化。若干法律原则明白规定于宪法或其他法律中，有些则可以由法定规整其意义脉络，借“整体类推”或回归法律理由的方式得之。若干法律原则是针对特定事件，而在法学或司法裁判中首次“被发现”或被宣示，并因其内存的信服力而于“一般的法意识”中得以贯彻。参见［德］卡尔·拉伦茨著：《法学方法论》，陈爱娥译，商务印书馆 2003 年版，第 348 页。

原则，这便突显了外圆区域对于法律体系之完整性的贡献和意义，亦即法律原则就像一张外围的防护网一样可以起到围堵和补充性的作用。尽管体系模式较之于简单的规则模式已经进步了许多，但是法律体系模式并不是万能的，它仍然面临着一些困境和挑战，比如这个整体性的法律体系能够填补或堵截所有的法律漏洞吗？换言之，当出现不被法律原则所覆盖的案件时，既有的法律体系又该如何面对呢？[1] 在法律原则之外是否还有可供发掘和利用的其他法律渊源？

法秩序（legal order/Rechtsordnung）便是我们所要寻找和发掘的一个重要的要素。它是法律秩序的简称，这个概念对于我们来说相对还是特别陌生，为此有必要先来讨论一下法秩序的基本概念。首先，一些学者在相同的意义上交替使用法秩序与法体系，认为无须在二者之间划出界线，它们二者几乎完全是一回事，纯粹法学的宗师凯尔森就是持这种观点的代表，如此一来法秩序就是一种由个别规范与一般规范所组成的法律（规范）体系。[2] 其次，另外一些学者认为应严格区分法秩序与法体系，二者严格来讲是存在差异的，体系则意味着若干事物相互联系、相互制约所形成的一个整体；秩序是指人或事物所在的位置，含有整齐、守规则之意，比如遵守秩序、

[1] 关于法律中是否存在漏洞是一个非常复杂的问题，从日常实践经验上看法律中的确存在漏洞，但是作为一个理论问题来论证却是一件十分复杂的议题。德沃金本人对于这个问题就曾持有否定答案，他坚持认为在整体性法的架构之下并不存在什么漏洞。See Ronald Dworkin，“On Gaps in the Law”，In *Controversies about Law's Ontology*，edited by Paul Amselek and Neil MacCormic，Edinburgh University Press，pp.84-87. 在欧陆的法学理论中，法律漏洞是法律学者无法绕过去的一个议题，有大量的文献致力于讨论法律漏洞及其填补问题。比如参见［德］卡尔·拉伦茨著：《法学方法论》，陈爱娥译，商务印书馆 2003 年版，第 246—299 页。大体上可以说，主流观点认为法律是存在漏洞的，一些学者区分了“规范性的漏洞”（normative gap）和“价值论的漏洞”（axiological gap），前者意指规则的事实构成无法满足或应对某个眼前案件；后者指的是对于某个眼前案件尽管存在着解决方案，但是该方案在价值论上是不可取、不合适的（比如该解决方案违背基本的正义原则）。See Aleksander Peczenik. *On Law and Reason*. Springer，2008，p.19. See also Carlos E. Alchourrón and Eugenio Bulygin. *Normative Systems*. Springer-Verlag，1971，pp.106-107. See also Fernando Atria. *On Law and Legal Reasoning*. Hart Publishing，2002，pp.81-82.

[2] See Hans Kelsen，“The Concept of the Legal Order”，translated by Stanley L. Paulson，27 *The American Journal of Jurisprudence* 1（1984）：62-84.

社会秩序良好等。[1] 由此可以看出，法体系更多地强调各种法律规范之间的组合、排列与协调关系，而法秩序所着重指向的是法律要素所塑造的一种价值秩序。由此我们可以揭示法秩序与法体系之间在两个方面所存在的差异：(1) 法秩序也关心法律要素之间的相互关联关系，它要比法体系拥有更深层次的内涵，它对法律体系的内部关联、规范的层次关系、融贯性有更高的要求。[2] (2) 法律体系的建构是可以不用关涉特定法律价值的，凯尔森的纯粹法理论之下的法律体系即是如此，而相比之下秩序本身就意味着一种有序的价值统一体，很难想象一种脱离价值的秩序如何能够存在。

基于以上两点原因，笔者也赞同应区分法秩序与法体系。在这种意义下，法秩序是一个比法律体系更饱满、内容更丰富的概念，它是由内部体系（inneres System）和外部体系（äusseres System）所共同构成的，[3] 内部体系是由法律规范（主要是法律概念及规则）所组成的，它所要应对的正是各种不同规范之间的冲突与协调，通常可以用来应对几乎所有的简单案件；外部体系才是法秩序的核心和精髓，它是由法律原则与客观价值共同架构起来的。[4] 同时至关重要的一点是，这个外部体系相对来说是开放的而非封闭的，在任何时候都不能主张，法秩序已如此完足，总还是会有一些不一致的情况、尚未处理完结的剩余部分，甚至有意地突破脉络关联的

[1] 参见《辞海》（缩印本），上海辞书出版社 1989 年版，第 257、1972 页。

[2] 对于这一点，笔者在和冯威博士的交谈中受到了启发，在此表示感谢！

[3] 卡尔·恩吉施于 1935 年在海德堡大学的就职演讲中系统地阐述了这一主张，这篇演讲后来以《法秩序的统一性》为名而出版。参见 Karl Engisch. *Die Einheit der Rechtsordnung*. 1935，Neudruck 1987. 利益法学的代表者黑克虽然也主张法秩序是一个内部体系与外部体系的综合体，但是他眼中的内部体系与外部体系与笔者的界定稍微存在一些差异。黑克的内部体系是由利益概念与规范交织而成的，就是这样一种与规范产生及冲突判断有着紧密的关联，才使得内部体系对解释以及立法者的意思有着特别重要的意义。外部体系是为了描述利益而还原现存思维的整体秩序，亦即它是为了描述内部体系而生的，是由秩序概念、分类、讨论的先后次序等所形成。透过外部体系，内部体系可以变得清晰起来。参见吴从周著：《概念法学、利益法学与价值法学——探索一部民法方法论的演变史》，中国法制出版社 2011 年版，第 329—331 页。

[4] 帕夫洛夫斯基认为构成外部体系的质料是"一般法律思想"、"原则"或"价值"。参见［德］卡尔·拉伦茨著：《法学方法论》，陈爱娥译，商务印书馆 2003 年版，第 47—48 页。

情形。[1] 埃塞尔也认为通过发现问题、形成原则以及巩固体系这三者之间的循环才能确保法体系（主要是外部体系，从而是法秩序）的开放性，“将价值认识用一个体系排列起来，借此我们可以找到——依据整体秩序合理（即可得审查）地——适宜作为该当个别决定的标准，据此可以合理地控制任何决定”[2]。法秩序毋宁是开放的，好比是穹顶那样能够起到一种遮挡性或保护性的作用，尤其能够辅助法官来有力地应对疑难个案，但是紧接着问题又来了，法秩序在法律实践中是如何发挥作用的？法官是否可以直接诉诸法秩序来裁判案件？

法秩序概念的引入无疑让法律的内容变得更饱满，显然“法秩序”中的“法”所指的并不是单纯的法律规则，而是包含规则、原则与价值等要素在内的整体之法。这里的法秩序显然并不是单一法律规范的总和，法律规范只是秩序得以形成的要素之一，单纯的法律规范是无法创造出秩序的，相反，法秩序是法律规范赖以形成的根基。[3] 对于法律秩序能够直接在个案中加以适用这个问题，许多学者给出了否定性的回答，比如德国法学家帕夫洛夫斯基认为法秩序对个别案件的决定不能够提供适用标准，而只能提出一些观点或见解。[4] 请注意，这与霍姆斯“一般原则并不决定具体结论”的观点并不一样，后者对法律采取的是一种怀疑主义的态度，认为案件结果更多地取决于敏锐的判断和直觉，而非清晰的大前提。[5] 前者的意思是说，此等法律原则或客观价值由于缺乏明确的构成要件及法效果，因而难以直接为个案提供裁判标准，所以它必须在立法和司法过程中不断被具体化。实践中法律原则一概都不能（得）直接适用吗？未必如此。拉伦茨区分了“开放式原则”和“法条式原则”，前者通常具有主导性法律思想

[1] 参见［德］卡尔·拉伦茨著：《法学方法论》，陈爱娥译，商务印书馆 2003 年版，第 44 页。

[2] ［德］卡尔·拉伦茨著：《法学方法论》，陈爱娥译，商务印书馆 2003 年版，第 45 页。

[3] See Karl Schmitt. *On the Three Types of Juristic Thought*. Translated by Joseph Bandersky，Praeger Publishers，2004，pp.48-50.

[4] 参见［德］卡尔·拉伦茨著：《法学方法论》，陈爱娥译，商务印书馆 2003 年版，第 47—48 页。

[5] *Lochner v. New York*，198 U. S. 45，76（1905）.

的特质，尚未被实定化和制度化，其适用毋宁只能借助于法律或者司法裁判的具体化才能进一步获得裁判基准；后者已经凝聚成可以直接适用的规则，其不仅是法律理由，同时已经成为法律本身的一部分。[1] 质言之，前者仍然以法律思想的形式抽象地存在，而后者已经被实在法实定化和制度化了，既然已经成为法律，那么直接对其加以适用便不再成问题。

从规则到原则再到秩序，其抽象化程度越来越高，秩序通常是以一种无形的方式存在。但是，秩序如果想要在司法裁判中发挥作用，则必须经过一个实定化的过程。这就是为什么施密特要在秩序前面加上“具体的”这样一个限定词，他认为讨论抽象的秩序是没有太大意义的，法学思维中所牵涉的秩序必定是关涉特定国家与人民之利益与福祉的。[2] 通过对德国理论界与司法实务界的考察，我们发现德国宪法法院在一些判决中的确会使用“法秩序”这样的措辞，在判决书中我们会看到“秩序”“一般秩序”“秩序与价值”等字眼。一般认为，德国《基本法》的第 1—19 条构成了一个完备无缺、无漏洞的基本权利体系，并进一步塑造了一个“客观的价值秩序”（objektive Wertordnung）或“客观的基本规范”（objektive Grundsatznormen）。[3] 在著名的“夫妻共同课税案”中，宪法法院指出：“第 6 条第 1 款（‘婚姻与家庭应受国家之特别保护’——引者注）……同时是一个针对所有涉及婚姻和家庭领域的公法和私法的一个有约束力的价值决定。”[4] 而在“吕特案”中，宪法法院使用了“客观的价值秩序”“价值体系”“基本权利的价值体系”等诸如此类的表述。[5] 然而需要注意的是，

[1] 对“法条式原则”与“开放式原则”的讨论，请参见［德］卡尔·拉伦茨著：《法学方法论》，陈爱娥译，商务印书馆 2003 年版，第 353 页。

[2] See Karl Schmitt. *On the Three Types of Juristic Thought*. Translated by Joseph Bandersky，Praeger Publishers，2004，pp.47-48.

[3] 参见张翔主编：《德国宪法案例选释：基本权利总论》（第 1 辑），法律出版社 2012 年版，第 25 页。

[4] 参见张翔著：《宪法释义学：原理·技术·实践》，法律出版社 2013 年版，第 128—129 页。

[5] 参见张翔著：《宪法释义学：原理·技术·实践》，法律出版社 2013 年版，第 129 页。另外对于吕特案判决思路和判决理由的详细解读，请参见张翔主编：《德国宪法案例选释：基本权利总论》（第 1 辑），法律出版社 2012 年版，第 20—47 页。

尽管宪法法院在判决中明确提及和使用了客观价值秩序等表述，但这并不意味着法官可以直接诉诸法秩序来裁决案件。

拒绝直接诉诸法秩序进行裁判的理由主要有四个：其一，相对于法律规则和原则这些通常的法律标准，法秩序是一个较为抽象的概念，因而其难以直接为法官提供具体的裁判标准。其二，法秩序本身并不是一个封闭的、完美无缺的统一体，而是具有一定程度的开放性，因而总是会存在一些不被它所调整或规范到的情形，对此我们在上文中已经有所提及。其三，在一个价值多元的社会中，法秩序的统一性也面临着一些危机，[1] 由于诸价值之间存在一种不可通约性（incommensurability），“价值的不可通约性在于存在这样一些评价性比较，其中既不能确切地说 A 就优于 B，并且也不能确切地说 B 就优于 A，此外还不能确切地说 A 与 B 等同。通常会是如此，因为 A 和 B 都是由多种评价性维度所组成的混合物，而且它们之间刚好并不存在一个充分确定的公分母，从而使得通盘考量的判断失去可能”[2]。其四，同法秩序的开放性有关，其自身也必然会展现出一定程度的不确定性，对法秩序的诉诸极易导致一种滥用法秩序的危险，正如德国法学家黑塞教授所质疑的那样，“借助某种在多元社会中有争议的‘价值’，而试图对基本权利作出解释并使其合乎清晰明了的要求，是不可能的，这反而可能导致法官的主观的、会掩盖基本权利规范性内涵的、不必要的价值的注入，从而造成法的安定性的损害”[3]。基于这样几个方面的原因，直接诉诸法秩序而为判决是存在一定风险的。

既然如此，法秩序一定有其发挥作用的特定方式。法秩序固然是一种抽象存在，但是这并不意味着对法秩序的描述和建构因此就是任意的，对法秩序的建构首先要以实在法作为基础和前提，避免将空洞的、脱离实际

---

[1] 多元社会中法体系和法秩序所面临的危机，请参见颜厥安：《法体系的统一性与多元社会》，载氏著：《规范、论证与行动——法认识论论文集》，元照出版公司 2004 年版，第 207—209 页。

[2] See Andrei Marmor. *Philosophy of Law*. Princeton University Press，2010，p.107. See also John Finnis，“On Reason and Authority in Law’s Empire”，6 *Law and Philosophy*（1987）：372-373.

[3] 参见张翔著：《宪法释义学：原理·技术·实践》，法律出版社 2013 年版，第 128—129 页。

的主观意志强加于法秩序之上，从这个意义上讲，德国宪法法院将《基本法》第1—19条编织成一个客观价值秩序是行得通的，需要有实在法的依托表明这至少不是一种主观随意的建构。法秩序能够发挥作用的一个重要方式，在于裁判者可以从实在法的背后提炼出一些符合法秩序的一般法伦理原则，虽然这些一般法伦理原则通常并不指向直接的实在法规则，但它们的确是客观价值秩序的重要体现，构成了法秩序的十分重要的内容之一，如此一来，法官可以诉诸这些一般法伦理原则来裁决那些并不受实在法所调整的疑难案件，[1] 正如某些学者所言，法秩序化或体系化的目标就在于“使法律成为一个具备自我发展与再生能力的活体，通过洞悉这个活体的基本公理与原则、掌握各个组织器官的机能与协作方式、揭示概念、规则之间的内在关系，就可以从已知的原理与规则中推导出未知的规则，从而解决实践中的法律问题”[2]。此外，法秩序可以通过法律解释的方法发挥作用，比如说在体系解释、目的解释以及合宪性解释中往往都会向法秩序靠拢，并借此来解释和发展既有法律。

### （三）当代中国法治实践的选择

大陆法系国家的法官对于规则有一种天然的依赖，首先，这是由于两大法系在法律思维方式上的差异，英美法系所奉行的主要是一种归纳的思维，而相比之下大陆法系法官更热衷于以法律条文为取向的演绎式推理。其次，法律条文（这里主要是指规则）往往是现成地摆在那儿的，通常并不需要法官对其做过多的解释性或具体化的工作，操作起来要简单、便捷得多，且裁判的论证负担也相应要轻许多。最后，大陆法系法律人的思考平台、话语平台是制定法式的、条文式的，“长期以来，中国法律人所受的标准的法律教育和法律训练，是以条文化的规则为法律依据审理案件；成为法官审理案件依据的，或者是以制定法形式出现的各类法律和法规，或

---

[1] 这一点笔者受启发于和雷磊教授的交谈，在此表示感谢！

[2] 参见张翔著：《宪法释义学：原理·技术·实践》，法律出版社2013年版，第125页。

者是主要模仿制定法形式表达的司法解释，或者是在形式上类似于制定法的各种政策”[1]。我们的司法坚守“以事实为根据，以法律为准绳”，其中的“法律”虽然所指的是广义之法，但实际上在人们的头脑中它仍然主要停留在规则性要素的层面，也就是说人们对于法律的想象仍然过于“简单”和“狭隘”，谈到“依法裁判”“依法办事”，我们脑海里的第一反应通常就是“依法律规则裁判”“依法律规则办事”。可以说，实践中大多数的案件都是依照规则被判决的。

对规则的重视是同形式法治的理念相一致的，形式法治核心要义之一在于强调司法要以形式性的规则为依据，不能片面地为了追求个案的正义而贬损规则的效力和权威，在法治刚刚起步的现今阶段强调先着力推进形式法治意义尤为深远。[2] 实质法治当然很重要，但过分地强调实质法治可能会动摇法治事业的根基，“如果一个不纠缠伦理争议的、内容有限的、最低程度的形式法治都无法实现，实质法治的各种宏大价值诉求就更没有实现的机会。……在具体争议的解决层面，实质法治观使法律判断承担了过多的政治判断、社会判断和后果裁量的负担，不仅无法完成，还影响了法律判断的可预期性、处断一致性和稳定性，最终损害了法治” [3]。然而实践中的情形是十分复杂的，法官会遇到形形色色的案件，并且有的时候规则自身也会出现一些或大或小的问题，甚至有的时候也会出现一些尚未被既有法律规则所调整的案件，在这种情形下规则的司法适用就会陷入一种僵局，一方面，“案件事实不会整齐地贴上标签、裁剪或折叠起来等着我们，它们的分类也不会写在身上让法官简单一读就明白是怎么回事” [4]。另一方面，规则自身并不会说话，告诉法官该如何来操作和适用。在法律规则之

---

[1] 张骐:《指导性案例中具有指导性部分的确定与适用》，载《法学》2008 年第 10 期。

[2] 参见陈金钊:《认真地对待规则》，载《法学研究》2000 年第 6 期；陈金钊:《规则、解释与法治实现》，载《杭州师范大学学报》（社会科学版）2009 年第 5 期；陈金钊:《对形式法治的辩解与坚守》，载《哈尔滨工业大学学报》（社会科学版）2013 年第 2 期。

[3] 张翔:《形式法治与法教义学》，载《法学研究》2012 年第 6 期。

[4] See H. L. A. Hart, “Positivism and the Separation of Law and Morals”, 71 *Harvard Law Review*, 4 (1958): 607.

外，法律原则也是一种十分重要的正式法律渊源，近年来法律原则也得到了越来越多的重视，审判实践中援引原则作为裁判根据的案件也越来越多。[1] 这主要是因为法律原则能够对法律规则起到一个很好的辅助和补充作用，原则的司法适用已经从初步尝试慢慢走向了成熟。

在法律规则和法律原则之外，中国法官在裁判实践中是否会诉诸其他的一些法律渊源？在回答这个问题之前，我们先来讨论这样两个问题，即在中国有无法秩序这个概念？与德国的法院和法官相比，中国的法官是否会诉诸法秩序来判案？[2] 在中国其实是有法律秩序这个概念的，它是社会秩序之下的一个子概念，与道德秩序相对应，是指依靠法律所建立起来的一种一致的、确定的和有序的状态。有时也会被用来指称由既有的法律规范所形成的统一体，在这个意义上它和法律体系同义。从这种概念界定上来看，中国学者尚未能充分发掘法律秩序的深层意涵、内外在结构及其在整体法律体系中的地位，对于法秩序与法律规范之间的逻辑关系也未能给予足够的重视，忽视了法秩序在产生和发展裁判规则方面的重要作用，从而使得我们在实践中几乎很难找到直接借助法秩序来裁判的个案。让我们现在转向那个问题，除了将规则和原则作为裁判依据之外，是否还有其他可供法官借鉴或利用的法律渊源？答案是肯定的。中国法官在实践中慢慢摸索，尤其是在一些需要发挥法官主观能动性的疑难案件中，他们开始逐渐尝试去开拓和利用一些规则和原则之外的法律资源，接下来便简要介绍之。

---

[1] 大家比较熟悉的一个例子是“四川泸州遗赠案”，在该案中法官以《民法通则》第 7 条的“公序良俗原则”否定了遗嘱之效力，具体参见四川省泸州市纳溪区人民法院（2001）纳溪民初字第 561 号民事判决书，以及四川省泸州市中级人民法院（2001）泸民一终字第 621 号民事判决书。另外，根据某些学者的统计，《最高人民法院公报》从 1985 年第 1 期到 2007 年第 11 期一共刊载了 53 件运用诚实信用原则的案件，其中合同案件 28 件，侵权责任案件 8 件，知识产权与不正当竞争案件 13 件，权属纠纷 3 件，继承纠纷 1 件。对此请参见骆意：《论诚实信用原则在我国民事司法裁判中的适用——基于对〈最高人民法院公报〉中 53 个案例的实证分析》，载《法律适用》2009 年第 11 期。

[2] 这两个问题受启发于我的导师张骐教授，在此表示感谢。

1. 公平、正义的价值观念

这里我们来看两个例子，第一个例子是著名的贾国宇案，想必很多人对这个案件并不陌生。该案的基本案情是，1995年3月8日晚，贾国宇（女，19岁）全家与邻居马家在春海餐厅聚餐，用餐中使用的卡式炉燃气罐突然发生爆炸，将贾国宇的面部及双手严重烧伤，致使其容貌被毁、手指变形、留下残疾，这不仅影响了贾国宇的学业，而且也给她的身体、精神均造成极大痛苦。在贾国宇提出的数项请求中有一项是65万元的精神损害赔偿。我们看看法院是如何推理的，法院首先找到了《民法通则》第119条的规定，“侵害公民身体造成伤害的，应当赔偿医疗费、因误工减少的收入、残废者生活补助费等费用”，根据实际损失来确定具体的人身赔偿数额。由于对于这种情形法律并未明确规定可以给予精神损害赔偿，那么法院该如何做呢？法官探讨了第119条背后的立法目的和法律价值，结合实践中所掌握的标准，认为实际损失除物质方面外，也包括精神损失，即实际存在的无形的精神压力与痛苦。贾国宇在事故发生时尚未成年，身心发育正常，烧伤造成的片状疤痕对其容貌产生了明显影响，并使之劳动能力部分受限，严重地妨碍了她的学习、生活和健康，除肉体痛苦外，无可置疑地给其精神造成了伴随终身的遗憾与伤痛，必须给予抚慰与补偿。[1] 在另外一个案件中，三名未成年被告不当玩耍将原告两岁的儿子致死，原告的请求之一有精神赔偿。由于《民法通则》第120条并未规定因身体遭受侵害可以请求精神损害赔偿，法院探求了第120条的立法目的和意旨，根据公平、正义的法律精神支持了原告关于精神损害赔偿的诉求。[2] 公平和正义的观念是法律的最为重要的目的和价值之一，对于它们的诉诸可以有力地弥补现行法律之不足。

2. 一般性道德原则

也有学者称其为一般法伦理原则，需要注意的是，法伦理原则与道德原则还是有差别的，因为一般道德原则在未被法律化之前是不能被称为

[1] 参见《贾国宇诉北京国际气雾剂有限公司、龙口市厨房配套设备用具厂、北京市海淀区春海餐厅人身损害赔偿案》，载《最高人民法院公报》1997年第2期。

[2] 参见张骐著：《法律推理与法律制度》，山东人民出版社2003年版，第52页。

一般法伦理原则的，换句话说，一般法伦理原则已经具备了一定的法律形式。道德原则虽然和法律原则有别，但是当一般性道德原则蕴含了法律的价值、理念或精神时，而恰巧既有的法律规则或法律原则在某些案件中又难以直接发挥作用时，这些一般性的道德原则可以通过法官的解释被具体化为一般的法伦理原则，从而可以辅助法官发展出裁决思路和形成案件的最终裁决。在中国“情理”无疑也是一般性道德原则的重要形式，情、理、法三者往往是交融在一起的。回忆一下我们在前文所讨论的冷冻胚胎案件，在我国现行法律并未对人体胚胎的法律性质进行明确规定的情况下，在确认胎儿的权利归属时，法院重点考虑了三个方面的因素：伦理、情感以及特殊利益保护，[1] 伦理和情感这二者结合起来恰恰就是我们此处所讨论的情理，正是对情理的考量在很大程度上决定了法官的裁判思路和具体法律适用。在一则房产买卖纠纷中，法院则首次、公开地引用了儒家经典《孝经》，85 岁的陆老太按照市价将自己的一套房产卖给了自己的女儿张女士并办理了过户登记手续，张女士在取得房屋所有权后一直逃避向陆老太支付房款，无奈之下陆老太将自己的女儿诉至法院。法院在判决书中写道：“我国自古以来就有‘百善孝为先’的优良传统，儒家经典《孝经》中把‘孝’誉为‘天之经、地之义、人之行、德之本’。由此可见，为人子女，不仅应赡养父母，更应善待父母，不应因一己私利而妄言、反目。”[2] 本案是法官将法律规则与作为道德观念的天理人情联系在一起的一个绝美的例子。

3. 指导性案例

在英美法系国家判例作为正式法律渊源的地位是不容置疑的，先例规则是从先前的已决判例中提炼和归纳出来的，后案法官除非证明眼前案件与先例案件存在着实质性的区别，否则都应坚持和遵守先例规则。[3] 在大

---

[1] 参见江苏省无锡市中级人民法院（2014）锡民终字第 01235 号民事判决书。

[2] 参见北京市东城区人民法院（2010）东民初字第 00948 号民事判决书。

[3] 关于遵守先例原则（*stare decisis*）的一般讨论，可以参见 Richard A. Wasserstrom. *The Judicial Decision*：*Toward a Theory of Legal Justification*. Stanford University Press，1961，chap 3 and 4. 读者也可参见张骐著：《法律推理与法律制度》，山东人民出版社 2003 年版，第 86—91 页。

陆法系国家，案例通常不被认为是正式的法律渊源，在我国，案例是重要的法律研究和法律教学素材，但是却难以作为法律渊源在裁判中被引用。2009年颁行的《最高人民法院关于裁判文书引用法律、法规等规范性法律文件的规定》规定裁判文书中应当援引法律、法规、法律解释以及司法解释作为裁判之根据，[1] 而并未明确规定裁判文书可以参照或援引案例，就更不用说将案例作为裁判的根据来引用了。2010年《最高人民法院关于案例指导工作的规定》的颁布实施，标志着案例指导制度在我国的正式确立。指导性案例是由最高人民法院按照一定标准遴选、编辑和发布的、对下级法院审判具有统一指导性的案例。2015年最高人民法院出台了《〈关于案例指导工作的规定〉实施细则》，这对指导性案例的选编、发布、参照使用等做出了更加具体、细致的规定，比如第10条规定："各级人民法院审理类似案件参照指导性案例的，应当将指导性案例作为裁判理由引述，但不作为裁判依据引用。"这意味着，指导性案例已经可以出现在法院的判决书中了，只是不能将其作为裁判的根据来使用，这是因为指导性案例从性质上看仍然是一种辅助性的、非正式的法律渊源，但是这并不妨碍法官在判决中将其作为打开思路、解释法律和论证判决结果的重要资源。截至2019年2月，最高人民法院已经先后发布了21批共计112个指导性案例，中国法官在实践中也已经逐渐开始尝试运用指导性案例来裁判，限于篇幅，此处不再列举运用了指导性案例的个案。

4. 法律学说

我们来看看法律学说在司法裁判中的重要作用。在英美法系国家尤其是美国，法律学说主要是指法律学者、法律实践者在发表的论著中所提出或争议的法律观点，它有一个专门的名称叫学者法（legal scholarship），并且它是一种十分重要的非正式法律渊源。[2] 正如加拿大最高法院的一位法官米歇

---

[1] 参见《最高人民法院关于裁判文书引用法律、法规等规范性法律文件的规定》，载《人民法院报》2009年11月4日，第3版。

[2] 关于学者法之法律渊源性质的详细讨论，请参见 Fábio P. Shecaira. *Legal Scholarship as a Source of Law*. Springer. 2013.

尔·巴斯塔拉奇所说："当你随手打开最高法院的任何一份重要判决，你都能够看到法官们在表述其判决理由的过程中，通常都会引用或依赖学者们所撰写的法学著作和法学论文。"[1] 在大陆法系国家，一般不使用学者法这个指称，而是会交替使用"法律学说"或"法教义学"，法教义学是指一种对既有的实在法进行解释和体系化的学问，它是一种问题导向和个案导向的知识生产活动，用德国法学家阿列克西的话来说，它是"提出解决疑难的法律案件的建议"[2]。比如说，对于一些重要的法律问题既有的法律并未做明确的规定，但是学者们在自己的著作和论文里有过深入的讨论，假定现在发生了类似的案件，法官被要求对这个案件作出裁决，那么学者在自己的著述中所提出的法律学说对于眼前疑难个案的裁决无疑能够起到一定的指导作用。另外，法学通说也是法律学说的重要表现之一，所谓法学通说是指："针对现行法律框架中某一具体法律适用问题，学术界和司法界人士经过一段时间的法律商讨而逐渐形成的，由多数法律人所持有的关于法规范解释和适用的法律意见。"[3] 在我国，法律学说也越来越多地受到重视，实践中也已经出现了一些引用学说的案例，[4] 这可以十分有效地帮助法官打破疑难案件裁判的僵局。

## 四、本章小结

写到这里，笔者对于司法义务的讨论即将告一段落。本章缘起于对既

---

[1] The Honourable Mr. Justice Michel Bastarache, "The Role of Academics and Legal Theory in Judicial Decision-making", 37 *Alberta Law Review*, 3 (1999): 739. 关于学术理论对司法裁决的影响，读者可以进一步参见 Anthony D'Amato, "The Effect of Legal Theories on Judicial Decisions", 74 *Chicago-Kent Law Review*, 2 (1999): 517-527.

[2] [德] 罗伯特·阿列克西著:《法律论证——作为法律证立理论的理性论辩理论》，舒国滢译，中国法制出版社 2002 年版，第 311 页。

[3] 黄卉:《论法学通说（又名法条主义宣言）》，载《北大法律评论》2011 年第 2 辑。

[4] 2014 年，南京玄武区法院在一份民刑交叉的案件中引用了学者的观点，这被称为全国"首份"公开引用学说的判决。在判决中，法官就民刑交叉案件中刑事证据的认定标准难题，先后引用了南京大学法学院叶金强教授和东南大学法学院刘艳红教授的观点。详情请参见南京市玄武区人民法院（2013）玄商初字第 580 号民事判决书。

有法律在疑难案件裁判中的作用与限度的思考，我们期望既有法律在一切案件的裁判中都能发挥其应有的作用，但是实践中总是存在一些法律被用尽或无能为力的情形，此时似乎给法官偏离既有法律创造了机会。无独有偶，在疑难案件的裁判领域也盛行着一种相应的谬误性主张，宣称法官可以诉诸法律之外的政治、经济、道德等非法律性标准进行裁判，如此一来，疑难案件的裁判也就不再被视为一项法律事业，而应让位或被政治学、经济学等取而代之。这一宣称的谬误之处在于它随意地否认疑难案件之裁判的法律属性，从而使得裁判者在很多时候可以假借实现个案正义或达到良好的社会效果为由行背离既有法律之实。笔者认为这一谬论盛行的一个重要原因，在于我们缺乏一种司法义务的概念与理论。在此背景下引入了司法义务的概念，在绝对的法律义务、适度的法律义务与绝对的道德义务中，笔者支持适度的法律义务观，它具体包括三个层次的要求：不得拒绝裁判、以依法裁判为原则以及为裁决提供证成。在这种司法义务原则的要求下，裁判者要尽可能全面地发掘既有法律渊源，以尽可能最大限度地兼顾受法律约束与实现正义，而对于法体系模式的整合以及法秩序的引入则可以很好地帮助裁判者做到这一点。

第五章

# 裁判对法律的偏离

“法官应受法律约束”在过去数百年间一直主导着学术讨论和司法实践，其背后必定有着深刻的理论背景和现实因素。然而我们也看到，实践中疑难案件的频繁发生，法律（法典）体系所暴露出的局限和不完美，社会科学的理论和方法对于法学的入侵，使这一古老的法律信条面临严峻的挑战，尤其是人们开始怀疑其是否拥有自己内在的限度。是否在任何情况下我们都一概要求法官应受法律约束？当根本没有现成的法律可供裁判所适用时，法官又如何能够做到受法律的约束？当严格遵循既有法律裁决案件导向一个不正义的结果时，法官仍然要受法律的约束吗？所有以上这些情形为法官偏离法律裁判创造了可能，由此我们转向了一个新的议题，即为了在个案中追求正当的裁判，法官不得已需要偏离既有的法律。但是，难题在于，这种偏离由于在形式上违背了法官应受法律约束的要求，而难以直接获得其形式上的正当性。但是，这种偏离在实践中的确又是客观存在的，而且对于司法的发展而言在某种程度上又是必要的。那么，我们应如何来证成其正当性呢？

对于大多数来人说，法官是否可以偏离法律进行裁判（也即“越法裁判”）依然是一个相对陌生的话题，人们由于习惯于法官应守法裁判的教导，会下意识地将背离法律的裁判行为当作非法的举动而加以拒斥。笔者将要在本章论证：法官事实上可以偏离法律正当地进行裁判。具体来说：在第一部分，揭示法官应受法律约束的真正意涵，通过梳理这一信条的历史发展，指出其应有的内在限度，发展到今天，绝对地接受法律约束并不符合法治之要求。紧接着，切入裁判对法律的偏离这一主题，通过与自由裁量等相关概念的比较，指出司法偏离所具有的两层含义，在此基础上进一步讨论司法偏离所可能采纳的各种形式，其实不同的偏离形式可以分别代表一类不同的司法偏离。最后，笔者将重点讨论司法偏离的正当性证成问题。偏离法律固然是一种常见的、客观的现象，但是偏离法律如何能够“正当地”进行裁判就是一个非常值得探讨的问题，这关系到以此种方式进行裁判的根本合法性，对此笔者试着给出自己的说明和证明。总体而言，偏离法律进行裁判是一种必要且可贵的裁判方式，其背后蕴藏着丰富的司法哲理。

## 一、“法官受法律约束”的教义意涵

司法权就其一般性质而言是一种判断权，其最直接和最根本的目的在于解决纠纷，而法官的职责在人们看来就是要依照先在的、既有的法律做出判决。法官应受法律约束在过去数百年一直是一个非常强大的法律信条，正如德国法学家哈斯默尔所指出的，“包罗万象的法律作品，或多或少精确明了地为法官确定了规范，法官不得不依据规范来决定案件”[1]。法官应受到法律的约束，从字面上来看它意指法官所作出的裁决应于法有据，不是凭借自己的主观想象或偏好任意推导的。同时我们又看到一些特殊的现象，

---

[1] ［德］温弗里德·哈斯默尔：《法律体系与法典：法律对法官的约束》，载［德］阿图尔·考夫曼、［德］温弗里德·哈斯默尔主编：《当代法哲学和法律理论导论》，法律出版社 2002 年版，第 271 页。

比如说某个裁决表面上是依照法律作出的，但是从根本上说它是法官运用了实质性价值权衡的结果，那么对此是否还可以说该法官做到了应受法律约束的要求？[1] 事实上，法官应受法律约束的真实内涵要比它表面上所表现出来的远远复杂得多，这也是我们为什么要花一定篇幅来探究它的一个重要原因。

关于法官受法律约束的讨论可以有多重视角，包括但不限于：从规范性的立场来看法官是否应该受到法律的约束，从描述性的立场分析法官在实践中是否或者在多大程度上受到了法律的约束，以及从一种法政策的立场来检讨严格依照法律而做出的裁决是否一定是好的裁决。[2] 对于一项关于法官应受法律约束的全面研究来说，以上三个视角固然都是很重要的和不可或缺的，但是就本章所关心的主题而言，笔者主要是以规范性的视角来梳理法官应受法律约束发展历史，揭示其在不同发展阶段所可能具有的不同意涵。沿着从概念法学到评价法学的路子我们来窥探法官受法律之约束的历史谱系，分析在这几个不同的发展阶段法官与裁判之间关系的发展变迁。与此同时，笔者所关心的另一个重要问题是，如果将法官应受法律约束这一信条推向一种极致有可能会导致什么样的后果？换言之，法官应否绝对地、一以贯之地、严格地受法律的约束？如果不松动这一信条对于法官的要求，那么对于法官偏离法律进行裁判的讨论也将无从谈起了。

### （一）法官受法律约束的历史谱系

当我们讨论法官受法律约束时，这里的“法律”所指的究竟是什么？仅仅指的是成文法或制定法，还是将普通法或判例法也包括在内？如果说

---

[1] 有学者指出，“法官应受法律约束”中“约束”（bound）可能意指被适用的规则严格地决定着裁决，或者说裁决归结于规则的特定含义，法官以此根据已被接受的规范性指令来裁决案件。See Jerzy Wrobleweki. *The Judicial Application of Law*. Springer Science+Business Media Dordrecht，1992，pp.273–274.

[2] See Jerzy Wrobleweki. *The Judicial Application of Law*. Springer Science+Business Media Dordrecht，1992，pp.273–274.

法官仅仅只受制定法的约束，那么人们马上会提出质疑，难道普通法之下的法官就可以不受法律的约束吗？需要说明的是，在当今的英美法系国家，成文法立法速度和数量都丝毫不逊于大陆法系国家，[1] 所以在普通法系国家中法官受法律约束涉及两个层面：其一，对于某些已被成文法所调整的问题法官应受成文法的约束；其二，对于另外一些尚未被成文法所调整的问题法官应受判例法的约束。对于后者我们其实并不陌生，普通法中的一个重要的原则是遵循先例，后案法官除非有足够的理由——通常是提出充分的证据说明眼前案件与先例之间存在着实质性的差异——才能偏离一个已被提出来的先例。[2] 遵循先例这个古老传统，在很大程度上制约着法官对于判例的遵守与背离。由于本章所讨论的语境主要是成文法，搁置偏离先例的讨论并不会从整体上妨碍我们的论证。因此接下来除非特别言明，法官受法律之约束均是指法官受制定法或成文法之约束。

对于法官是否应受制定法的约束，或者法官何时能够超越既有制定法，是法学方法大论的一个重要议题。这个问题的核心就在于司法裁判与法律之间究竟是一种怎样的关系，对此大致可以形成三种基本的学术立场，第一种立场认为法律与司法裁判之间是一种严格的决定和依赖关系，现有的法律可以为一切法律问题提供答案，法官绝不能超出既有的法律来裁决案件。第二种立场则就法律与裁判之间的关系持一种消极和怀疑的态度，主张法官不应受既有法律的约束，他可以自由地从事法律的发现与创造活动。第三种立场则相对较为温和一些，它主张在原则上法官应当受到法律的约束，但是当法律出现漏洞或不公正时，法官将可以打破应受法律约束的要求。由此，我们来反观历史上围绕这一问题曾经出现过的一些重要理论思潮，概念法学是第一种立场的典型代表，而自由法学明显属于第二种立场，

[1] 参见［美］伯纳姆著：《英美法导论》，林利芝译，中国政法大学出版社 2003 年版，第 41—45 页。

[2] 对于普通法系中法官应依照先例裁判的讨论，see Richard A. Wasserstrom. *The Judicial Decision: Toward a Theory of Legal Justification*. Stanford University Press，1961，chaps 3 and 4；See also Douglas E. Edlin. *Judges and Unjust Laws: Common Law Constitutionalism and the Foundations of Judicial Review*. The University of Michigan Press，2010，chaps 3，4，5，6 and 7.

利益法学和评价法学则可以被归为第三种立场。

概念法学给人们留下的印象并不十分美好，它通常是一种机械法学的代名词，时常被贴上认识论和逻辑上幼稚、价值混乱、与生活隔绝等标签。[1] 它是由19世纪中后叶德国的潘德克吞法学演化而来的，潘德克吞法学主要是指经由法学家主导而形成的学说法体系，在普赫塔之后潘德克吞法学被称为概念法学（准确说是前期概念法学），在德国民法典之后又出现了后期概念法学。[2] 概念法学的基本主张大体上有这样几个方面：其一，法律是完美和无漏洞的体系，法律人无须从事任何漏洞填补方面的工作。其二，将法律建立成一种概念金字塔结构，“法律家应该透过所有——参与其中的——中间环节向上与向下‘追寻’概念的来源，质言之，应该清楚地向上一直追溯每个法的‘来源’到法的概念，再从这个最高的法的概念向下推导直达个别（主观的）权利为止”[3]。其三，颠倒方法，也称逆向论证，是指从以建构方式获得的普遍概念，可以相反地再推导出特殊的概念与法条。[4] 有一点现在应当很清晰了，概念法学在“法官是否应受法律约束”这个问题上的立场非常强硬，恰如温德沙伊德所主张的，法官应“在法的严格轨道上徜徉”以保障正义，[5] 之所以如此，是因为法律本身是无漏洞的、圆满的，根本不为法官偏离既有法律创造任何的可能。

在19世纪末期、20世纪初期的欧洲大陆，掀起了一场反对概念法学的

---

[1] ［德］汉斯－彼得·哈佛坎普：《概念法学》，纪海龙译，载《比较法研究》2012年第5期。当然，也应看到概念法学有其应有的价值，概念法学的逻辑化和体系化方法对于德国民法典的编纂具有十分独特的意义。参见［德］米夏埃尔·马廷内克：《伯恩哈德·温德沙伊德（1817—1892）——一位伟大的德国法学家的生平与作品》，田士永译，载郑永流主编：《法哲学与法社会学论丛》（六），中国政法大学出版社2003年版，第474—482页。

[2] 参见顾祝轩著：《制造“拉伦茨”神话：德国法学方法论史》，法律出版社2011年版，第10—13页。

[3] ［德］弗朗茨·维亚克尔著：《近代私法史》（上册），陈爱娥、黄建辉译，上海三联书店2006年版，第387页。

[4] 参见［德］汉斯－彼得·哈佛坎普：《概念法学》，纪海龙译，载《比较法研究》2012年第5期。

[5] 参见［德］米夏埃尔·马廷内克：《伯恩哈德·温德沙伊德（1817—1892）——一位伟大的德国法学家的生平与作品》，田士永译，载郑永流主编：《法哲学与法社会学论丛》（六），中国政法大学出版社2003年版，第471—472页。

运动，后来人们将这场运动称为自由法学运动。它倡导法律的多元化，特别强调在现实生活中产生于社会交往的活法（living law），反对僵化、机械和保守的法律适用，主张法官可以自由地发现法律和自由地作出裁决。其最为核心的一个主张在于制定法是存在漏洞的，一如自由运动法学的先驱惹尼所言，法律在外观形式以及实际效果方面都存在限制，因此它不可能为所有的法律问题都提供答案，[1] 如此一来“漏洞论”便对法官应受制定法约束的传统提出了挑战。这里我们面对这样一个问题，即国家的制定法与社会中的活法之间是什么关系？如果实际生活中起主导作用的是活法，那么将会给法官受制定法约束带来致命的打击。惹尼采纳了交叉说，认为借助活法可以弥补制定之漏洞，同时他又强调司法裁判的起点应当是制定法规则（normal rule），只有当制定法用尽之时法官方能转而求助于活法。[2] 埃利希的观点则有些复杂，最初他主张用活法取代国家的制定法，后来他又转向了交叉说，开始承认制定法对法官的约束性，[3] 自由法学运动的另一擎旗手康特洛维茨也坚持交叉说，并主张只有在以下三种情形下法官才可进行自由裁决：(1) 制定法未能对案件提供答案时；(2) 立法者如果现在来处理这个问题他不可能做出与立法当时一样的决定；(3) 出现了复杂、疑难案件。[4] 借此我们可以发现自由的法律发现和自由的法律裁决其实并不是自由的、任意的，[5] 仅当制定法难

[1] See Francois Geny, “Judicial Freedom of Decision: Its Necessity and Method”, in *Science of Legal Method. Modem Legal Philosophy Series*. Boston: The Boston Book Co., 1917, p.2.

[2] See Francois Geny, “Judicial Freedom of Decision: Its Necessity and Method”, in *Science of Legal Method. Modem Legal Philosophy Series*. Boston: The Boston Book Co., 1917, p.17.

[3] 参见顾祝轩著：《制造“拉伦茨”神话：德国法学方法论史》，法律出版社 2011 年版，第 28—29 页。

[4] 参见［德］赫尔曼·康特洛维茨著：《为法学而斗争　法的定义》，雷磊译，中国法制出版社 2011 年版，第 47—48 页。

[5] 埃利希认识到了这一点，他说每一种自由裁决都将法律传统作为起点，并朝着像斯塔姆勒所称的“正确之法”（correct law）而努力，司法机关的独特性就在于这样一种假定，即法官的意见所代表的并不是他自己的观点和态度，而毋宁是法律要求他这么做。因此，像其他任何自由一样，自由裁决也是保守性的，自由本身也意味着责任。当自由落在法官的一个肩膀时，责任同时也就落在了他的另一个肩膀之上。对此参见 Eugen Ehrlich, “Judicial Freedom of Decision: Its Principles and Objects”, in *Science of Legal Method. Modem Legal Philosophy Series*. Boston: The Boston Book Co., 1917, pp.71-85.

以应对眼前案件时法官才可以偏离制定法。尽管自由法学对法官偏离制定法提出了一些限制，但总的来说它过于倚重制定法之外的活法，因此法官只要打着追求活法的名义便可以相对自由地偏离制定法。

在法官受法律约束这个问题上，利益法学和评价法学这两个法学思潮值得特别注意。从产生时间上来看，利益法学产生于概念法学和自由法学之后，而评价法学则又产生于利益法学之后，并且至今在欧陆法学尤其是德国法学中仍然有一席之地。耶林开创了利益法学，他认为真正创造法律的是目的和利益而非概念，而黑克则进一步将利益法学推向巅峰，他认为利益较之于概念法学至少有两个方面的不同，首先法律不再是概念演绎而是立法者在不同的、相互竞争的利益之间进行权衡和协调的结果，其次法律适用不再是单纯的“运用概念计算”，而是一种游走于不同利益之间的评价活动。[1] 利益法学通过引入利益概念和法律漏洞的主张，从而将自己与概念法学划开界限，而在法官是否受法律约束的问题上它也试图和自由法学拉开距离，这表现在两个方面：(1) 自由法学主张法律解释可以不必受到制定法的约束，而利益法学认为解释者要探究立法者历史上的意思，因此要坚持对制定法的忠诚；(2) 对于漏洞填补问题，自由法学认为法官可以独立于法学之外、不受法律约束地讨论在个案中什么才是实质正确的，相比之下，利益法学反对评价主观感觉的法律发现而强调历史的利益探究。[2] 在利益法学者的眼中，法官受法律的约束其实是一项很强的宪法要求，[3] 法官对利益的探究和评价要以法律作为基础和根据，他要受到制定法所蕴含的价值判断的约束。利益法学一方面固守法官应受法律之约束的古来传统，另一方面它也主张在一定条件下法官可以“违背制定法正当地裁判”，黑克认为容许法官更正法律的最主要情形是立法者未能正确地表达事

---

[1] 参见［德］菲利普·黑克：《利益法学》，傅广宇译，载《比较法研究》2006 年第 6 期。

[2] 参见顾祝轩著：《制造“拉伦茨”神话：德国法学方法论史》，法律出版社 2011 年版，第 42 页。

[3] 它所涉及的是立法权与司法权之间的权力分立的问题，这是一个完全符合现代法治国权力分立要求的诫命。对此参见吴从周著：《概念法学、利益法学与价值法学——探索一部民法方法论的演变史》，中国法制出版社 2011 年版，第 45—46 页。

实关系，除此之外还包括立法之后出现价值判断的偏差、基于法典编纂错误而生的制定法命令错误等情形。[1]这也进一步印证了利益法学对待法官应否受法律约束这个问题所持的立场。

较之于概念法学和自由法学，利益法学已经有了很大的进步，它能够较好地在“法律拘束”与“个案正义”之间寻求一种平衡。利益法学既反对概念法学的空洞和僵化，也反对自由法学的散漫和任意，此外它也不赞同自然法学所主张的抽象权利，因此它具有很强的实证主义法学色彩。“二战”以后，随着古典自然法学的复兴以及人们对于价值之呼求的高涨，一种新的法学形式——评价法学，也被称作价值法学——应运而生。利益法学虽然重视利益，但是其倡导者对于何为利益却各执一词，同时他们还犯了一个更为严重的错误，即将利益自身既当作评价客体又当作评价标准来看待，正如拉伦茨所言，利益“有时是促使立法者立法的原因，有时是立法者评价的对象，有时甚至是其评价准则”[2]。评价法学的出现恰恰就是为了解决在利益法学中具体价值评价标准缺位的难题，在这个意义上法律适用的核心乃在于评价，即便是单纯的涵摄（将案件事实归摄于法律构成要件的事实）也暗含着价值判断。那么紧接着问题就来了，在出现不确定概念、概括条款、法律漏洞的情形下，法官须凭借价值判断来进行法律解释和法律续造活动，那么这里如何协调法官的个人（主观）判断与立法者的（客观）价值判断，以至于会得出结论说“法律的内容取决于法官在个案中的裁判，在我们的法律传统中所建立并且规定在宪法中的要求——法官受法律的约束，根本无法实现，所谓的法律支配只是一种幻想”[3]。事实上，评价法学的核心就在于论证价值判断的客观性，法律适用中的价值判断必须以立法者或法律的评价为基础，正如 Westermann 所主张的：“法律所规定的利益评价是有拘束力的，这种受法律评价因素的拘束，是法官受制定法拘束的固有的本质内涵。因此，法官判决时必须依照这样的本质适用法

[1] 参见顾祝轩著：《制造“拉伦茨”神话：德国法学方法论史》，法律出版社 2011 年版，第 52 页。

[2] [德] 卡尔·拉伦茨著：《法学方法论》，陈爱娥译，商务印书馆 2003 年版，第 1 页。

[3] [德] 卡尔·拉伦茨著：《法学方法论》，陈爱娥译，商务印书馆 2003 年版，第 3 页。

律的评价，而不是自己的评价。”[1] 即便是法官所从事的法律续造亦须符合整体的法秩序，而不得任意为之。

### （二）法官受法律之约束的限度

法官应受法律约束这个原则的形成和出现是必然的，在制定法和立法盛行的时代尤是如此，在立法、行政和司法三权分立的政制体制下具有难以撼动的地位。它所具有的维护法律的稳定性、确定性等诸多美德，也令其自身产生了巨大的魅力。加上前面我刚刚所讨论的支撑该原则存在的种种理由，似乎会给人们带来一种这样的印象：我们应当毫不犹豫地、一以贯之地坚持和执行该原则，法官似乎在任何情况下、基于任何理由都不得背离该原则。其实，这个问题在较深的层面所涉及的是法官应受法律约束的限度。在理论层面，法官严格受法律约束的观念一直都是比较盛行的，曾几何时它被司法机关奉为“金科玉律”，正如德国法学家 Oskar Bürow 所指出的：“在法治国没有任何权力可以超越国家的立法权，或与之平起平坐。……制定法对法官的约束力是无例外的，是我们国家秩序的无保留的基本原则，也是我们整个法秩序的最强大保障。……即使实施制定法的命令从根本上违反法官的良心，……也不能改变制定法的强制约束力。”[2] 从前面对这一原则的谱系性考察中也能看到，除了概念法学坚持这种绝对的观点之外，自由法学、利益法学和评价法学所主张的都是一种较为宽松的观点，尤其是在自由法学那里这一原则得到了最大限度的放松，总的来说，在法学发展的历史长河中法官应严格受法律约束的理念在慢慢走向衰落。

法官严格受法律之约束的要求在逐渐松动，这已经是一个不争的事实，然而问题的关键在于它为何会被突破（无论被突破到何种限度），对此值

---

[1] 吴从周著：《概念法学、利益法学与价值法学——探索一部民法方法论的演变史》，中国法制出版社 2011 年版，第 399 页。

[2] Regina Ogorek，Rihcterkönig oder Subsumtionlsautoma？ Vittorio Kostemann Frankfurt am Main，1986. 转引自金振豹：《论我国私法领域的司法续造》，中国政法大学 2011 年博士学位论文。

得我们加以注意并认真研究。首先，仔细研究不难发现，法官应受法律约束的绝对主义的观点其实隐含着一些基本预设，它假定法律是一个由规则所组成的连贯而又完整的体系，据此人们可以在不超越既有法律体系的前提下裁决任何法律案件。[1] 该假定与下面这句法谚所表达的基本上是同一个意思，“无须法官斟酌、判断的法律才是最好的法律，无须法官凭私意自由裁量的法官才是最好的法官”（*Optima est lex*，*quae minimum relinquit arbitrio judicis*；*Optimus judex*，*qui minimum sibi.*）[2]。然而对于法律体系之完美性的假定显然过于理想化，事实上法律总是不可避免地存在着模糊、漏洞等不确定情形，“在捉摸不定、变动不居的生活中总是会形成新的关系，它们对于司法裁判而言是必要的；总是会出现新的问题，它们缺乏答案。无论制定法多么多，规定得多么详细，它们绝不可能做到如此完满，即为每个问题都提供一个明确的答案”[3]。自由法学、利益法学和评价法学都或多或少地注意到了这一点，在这种情形下强迫法官必须接受法律的约束已经失去了意义。其次，实质法治观念的兴起对司法的职能提出了更高的要求，法官不再仅仅是案件的裁决者，同时他还肩负着正义之分配的责任。如此一来，为了满足在个案中落实正义的需要，法官有时就会突破应受法律约束的要求。最后，在实践中并不是所有的案件都是简单案件，当法官面临疑难案件时需要寻找新的突破口。而近年来伴随着司法方法之研究的繁荣，裁判的推理技术已经不再仅仅局限于传统的逻辑三段论，目的解释、扩大解释、类比论证等方法的运用有时会起到发展和续造法律的作用。至此，我们可以得出一个基本判断，绝对的法官应受法律约束的理念已经不合时宜。

---

[1] See Jerzy Wrobleweki. *The Judicial Application of Law*. Springer Science+Business Media Dordrecht，1992，p.278.

[2] 将其翻译成英文大致是这样：“That is the best system of law which confides as little as possible to the discretion of the judge；He is the best judge who relies as little as possible on his own discretion.” See Bac. De Aug. Sci. Aph. 46.

[3] H. Dernburg，Pandkten，4. Aufl.，Berlin 1984，§ 38 = S. 86f. 转引自［德］莱纳・施罗德：《世纪之交的德国方法大讨论——科学理论式的精确化努力抑或对法与司法功能变迁的回应》，雷磊译，载舒国滢主编：《法学方法论论丛》（第 1 卷），中国法制出版社 2012 年版，第 57 页。

## 二、裁判对法律的偏离及其表现

法官应受法律约束从绝对走向相对，其对法官的严格要求也在松动，恰如考夫曼所言："时至今日，已无人再将法官视为一个制定法的自动机器，认为只需阅读完整的法律规定，就可由此纯粹演绎地推导出判决。长久以来，人们已摆脱法秩序的全备性与无漏洞性的信条，并且因为不能改变不得以无法律而拒绝审判的禁令，而赋予法官填补漏洞的创造性任务。"[1] 而这为裁判偏离法律从根本上创造了可能，同时这也为法学研究开启了一个新课题。本部分，我们将首先弄清楚裁判偏离法律的含义，以及它与相近概念的确切界限在什么地方。在此基础上，讨论实践中法官偏离法律进行裁判所可能采纳的几种形式，以此增进人们对于裁判偏离法律的认识。

### （一）从"索拉娅案"说起

在德国法律史上有个十分著名的案件，法官突破了当时的法律规定但最终却做出了正当的判决，这就是索拉娅案（Soraya），该案正式确立了对侵犯一般人格权之非物质损害的金钱赔偿。其基本背景是这样的，[2] 索拉娅 1932 年出生于伊朗，并于 1951 年嫁给了伊朗年轻的国王巴列维，然而索拉娅王后由于不能生育导致这场婚姻仅仅只持续了七年。随后索拉娅的父亲出任伊朗驻德国大使，索拉娅便随父母一同到德国生活，索拉娅的特殊身份加上与国王的离婚使其很快成为德国新闻媒体关注的焦点。1961 年 4 月，德国《世界报》出版社下属的一份周刊刊登了一篇题为《索拉娅：国王不再给我写信》的报道，其中部分内容为一名记者与索拉娅的访谈记录，然而事实上并没有记者采访索拉娅，那部分内容基本上完全是杜撰的。于是，索拉娅将出版社和撰写这篇报道

---

[1] ［德］阿图尔·考夫曼著：《法律哲学》，刘幸义等译，法律出版社 2004 年版，第 73 页。

[2] BVerfGE 34，269 – Soraya. 正文中案情之归纳主要参考了齐晓琨：《"索拉娅案"评注——德国民法中对损害一般人格权的非物质损害的金钱赔偿》，载《现代法学》2007 年第 1 期。

的记者一并告上了法庭。一审法院以侵害一般人格权为由判决被告赔偿15000马克。被告不服上诉，并且直到联邦最高普通法院的三审一直都维持了原判决。最后，原审被告提起了宪法控告，[1]联邦宪法法院最终认定法院判决不违宪。

在《德国民法典》中并没有明确规定对于侵害一般人格权的非物质损害的赔偿。从德国当时的法律来看，与此相关的法律条文主要有两条，《德国民法典》第253条规定："只有在法律明确规定的情况下，才能因财产损害以外的其他损害而请求金钱赔偿"，第847条规定："因侵害身体、健康、自由或性的自我决定而须赔偿损害的，也可以因非财产损害而请求公平的金钱赔偿"[2]。仔细观察这两个条文我们会发现，它们是针对非物质损害的金钱赔偿，并且从立法技术上看采取的是（列举）排除式的规定，它所要保护的客体仅限于第847条所列举的那几类，显然"一般人格权"并不在那几类客体的范围之内，也就是说，现有法律对于"一般人格权"之非物质损害的金钱赔偿未做出规定。在应对侵犯一般人格权案件的审判实践中，最初法院曾尝试类推适用第847条所规定之"精神痛苦抚慰金"，但是这么做显然背离了第253条之适用前提性规定。后来在此基础上判决思路有所改进，结合《基本法》第1条及第2条第1款之规定，[3]清楚地肯认一般人

[1] 主要是基于以下三点理由：第一，违背权力分立原则；第二，侵害言论自由和新闻自由；第三，慰抚金的请求以重大侵害人格权为要件，犹如刑事裁判，由法院创设，违背罪刑法定主义。参见王泽鉴：《人格权保护的课题与展望——人格权的性质及构造：精神利益与财产利益的保护》，载《人大法律评论》2009年第1期。

[2] 法条译文主要参考了以下两个译本：《德国民法典》，郑冲、贾红梅译，法律出版社1999年版，第51、201页；以及《德国民法典》（第二版），陈卫佐译注，法律出版社2006年版，第86页。需要说明的是，2002年《德国民法典》有一个重大的修改，就是将原来第847条归并至第253条，二者共同构成了"非物质损害赔偿"的内容。

[3] 为方便读者，现将《基本法》的几个关联条文引述如下："第1条：一、人之尊严不可侵犯，尊重及保护此项尊严为所有国家机关之义务。二、因此，德意志人民承认不可侵犯与不可让与之人权，为一切人类社会以及世界和平与正义之基础。三、下列基本权利拘束立法、行政及司法而为直接有效之权利。第2条：一、人人有自由发展其人格之权利，但以不侵害他人之权利或不违反宪政秩序或道德规范者为限。……"

格权之法律地位，在一般人格权受到非物质损害时如不赋予金钱赔偿，使得人格权保护的条款形同具文，故类推适用《德国民法典》第 847 条之规定符合立法目的以及宪法价值秩序。

### （二）法官偏离法律之界定

法官应受法律约束是司法实践的常态，而偏离或背离法律进行裁判则是司法实践的例外状态。以上所介绍的索拉娅案是德国法治实践中法官偏离法律正当地裁判的一个典型特例。可以说，法官偏离法律进行裁判是各国司法实践中的一种客观现象，这方面的例子还有很多。在正式讨论裁判偏离法律的相关问题之前，我们首先需要弄清楚它的基本含义。为行文方便，笔者不时以“司法偏离”（deviating from law）来指代“裁判偏离法律”，它是一个与法官受法律约束相对应的概念。当讨论法官依法裁判或法官受法律约束时，大多数时候我们所指的是法官应依照既有的法律规则来裁判案件，当然也包括个别时候法官直接诉诸法律原则进行裁判。如此一来，司法偏离在一定程度上就意味着对既有法律的叛离、违背乃至突破。但总的来说，司法偏离主要包含两层意思：其一，对于某个问题存在着相应的法律标准，但由于此标准本身有问题或有缺陷（比如违背一般正义原则），为了追求公正法官不得已而偏离该法律标准；其二，对于某个法律问题压根就缺少相应的法律来调整，而法官又被迫要求做出一个公正的裁决，他表面上虽然偏离了法律实际上却发展或续造了既有法律。接下来，我们先来区分与司法偏离相近的几个概念。

1. 司法偏离与自由裁量权

司法偏离从本质上讲是在个案裁判中法官对于公正之法的发现、选择和追求，在一定程度、幅度和范围内的选择、判断权恰恰是司法偏离与自由裁量权所共享的主要特征，它们二者都不属于严格地依照法律进行裁判，而是不同程度地有别于严格的依法裁判，以至于某些学者在讨论法官偏离法律时说：“当某个（司法）角色所规定的目标与其所规定的手段相冲突时，这种角色便使相关主体采取行动，包括授予一种较为宽泛或狭窄的自由裁量权。”[1] 同时我们也应看到，尽管司法偏离与自由裁量权有诸多相似之处，但二者仍然存在着本质性的差异，必须将其区分开来。德沃金曾区分过两种不同意义的自由裁量权，[2] 其中弱意义的自由裁量权是指法律本身所适用的模糊性术语、概括性条款等给法官决定或判断留下空间，一个比较典型的例子是我国《刑法》第 13 条关于但书之规定，“但是情节显著轻微危害不大的，不认为是犯罪”，什么是“显著轻微”？什么是“危害不大”？此类概括性术语给法官的判断留下了自由裁量的空间，但是无论这种裁量权的空间有多大它都不能突破既有的法律规定，可以说弱意义的自由裁量权是一种在法律所认可的范围内的自由裁量。相比之下，强意义的自由裁量权主要是指法官在法律空白处发展和续造法律，它在本质上已经突破了原有法律的规定，构成了对原有法律规定的偏离，在这个意义上它与司法偏离的含义更为接近。

2. 司法偏离与司法能动

与司法偏离比较接近的另一个概念是司法能动。司法能动（judicial activism）也叫司法积极主义，是与司法克制（judicial restraint）相对应的一个概念。它最初被用来指涉美国司法审判的一种方式、态度或立场，与其紧密相连的是美国的宪法解释及司法审查制度，[3] 司法能动与司法克制二者的核心分歧在于究竟对司法权（尤其是在行使自由裁量权）施以多大的限制，确切地说二者之间的区别“更多只是一个程度不一而非性质不同的问题”[4]。《布莱克法律词典》这样界定司法能动：“法官们被允许依靠自己的公

---

[1] Mortimer R. Kadish and Stanford H. Kadish. *Discretion to Disobey*：*A Study of Lawful Departures from Legal Rules*. Stanford University Press，1973，p.35. 括号中内容是引者所添加的。

[2] See Ronald Dworkin. *Taking Rights Seriously*. Harvard University Press，1978，pp. 31-39.

[3] 对于司法能动在美国的起源及其当代发展的一般性介绍，读者可以参见 Keenan D. Kmiec，“The Origin and Current Meanings of ‘Judicial Activism’ ”，92 *California Law Review*，5（2004）：1441-1477.

[4] ［美］沃尔夫著：《司法能动主义：自由的保障还是安全的威胁》，黄金荣译，中国政法大学出版社 2004 年版，第 3 页。

共政策观来引导判决之形成。”[1] 美国学者克密科将司法能动归结为五个方面：(1) 推翻其他部门有争议的宪法性行为；(2) 规避先例；(3) 司法立法；(4) 偏离已被接受的宪法解释方法；(5) 以结果为导向的司法裁判。[2] 简单来说，《布莱克法律词典》其实是将司法能动界定为了一种法官凭借个人的公共政策观而行使的自由裁量权，这与司法偏离还存在着本质性的差异。相比之下，克密科的界定则相对复杂一些，其中的第二和第三个方面有一部分与司法偏离相交叉，下一部分会专门讨论第三个方面，虽然对先例的偏离通常也采取了规避先例的形式，但并非所有对先例的规避都能构成偏离先例，只有那些未取得合法授权的规避才属于严格意义上的偏离，因此在这一点上司法能动的外延要广于司法偏离。[3] 结果导向的裁判思维先对可能的裁判后果进行判定和选择，然后以此来发现和甄选法律来合法化该判决，很难说这会构成对法律的偏离。这样一来还剩第一和第四个方面，很明显它们二者均与宪法解释和违宪审查相关，正如刘练军所言，尽管学者们对于司法能动的含义存在争议，但对于其所产生、存在和适用的语境基本无异议，司法能动所适用的语境是司法审查或宪法审查，离开了宪法

---

[1] Bryan A. Garner eds. *Black's Law Dictionary*. The ninth edition. West/Thomson Reuters, 2009, p.922.

[2] See Keenan D. Kmiec, "The Origin and Current Meanings of 'Judicial Activism' ", 92 *California Law Review*, 5 (2004): 1444. 另外一位学者马歇尔认为司法能动突破了正常的司法形态，并因此犯下了“七宗罪”：不尊重民选机构之决定（反多数主义的司法能动）、无视制宪者的原初意图（非原旨主义的司法能动）、漠视先例（先例性的司法能动）、突破管辖权之限制（管辖权上的司法能动）、宪法教义上创造新的权利和理论（创新性的司法能动）、对政府的其他分支施以积极义务或对之进行司法监督（救济性的司法能动）、通过司法权之行使完成党派目标（党派性的司法能动）。See William P. Marshall, "Conservatives and the Seven Sins of Judicial Activism", 73 *University of Colorado Law Review*, (2002): 1220.

[3] 很明显，对于垂直性的先例规避（这里意指下级法院对上级法院的判例的规避），由于未能取得合法之授权，因而这种规避构成了先例偏离的主要形式。但是对于先例的规避还有另一种形式，即水平性的先例规避（也就是对自己或同级法院所发布的先例）属于司法能动的范畴，但却未必一定是非法的偏离，比如说某个法院对自己做出的某个错误的先例是可以合法地予以推翻的。See Jeffrey Brand-Ballard. *Limits of Legality: The Ethics of Lawless Judging*. Oxford University Press, 2010, p.51.

审查或司法审查，就毫无司法能动可言。[1] 即便是能动司法在我国的引入，也仍然是一种要求法官在“依法”的前提下去“能动”司法。[2] 借此，一般意义上的司法偏离与特定语境下的能动司法还是存在很大差别的。

3. 司法偏离与法律续造

对于“法官造法”（judge-made-law）或“司法立法”（judicial legislation）我们并不陌生，通常是指法官在审判实践中针对法律不完善之情形为了解决眼前疑难案件而分享或行使了部分立法权。但是这两个指称多少有些突兀或吊诡，尤其是对那些坚守权力分立理论的人而言更是如此。有鉴于此，德国法学同人们发明出了一个较为可取的新概念，即（通过司法的）法律续造（Rechtsfortbildung），简单而言就是法官在司法过程中运用一定的解释和填补技术对既有法律所进行的拓展、补充和延伸。拉伦茨区分了法律解释与法律续造，认为二者是同一思考过程的两个不同阶段，可能的字义范围构成了法律解释的界限，而一旦超越此等界限便跨入了法律续造的范围。法律续造又可以进一步被区分为“法律内的法的续造”和“超越法律的法的续造”，前者虽然跨越了可能的字义界限，但仍在立法者原本的计划、目的范围之内，在性质上它属于一种漏洞填补；而倘若法的续造逾越此等界限，但仍在整体法秩序的基本原则范围内，则属于超越法律的法的续造。[3] 从法的续造的功能来看，它又可以分为两个方面的内容：当法律出现漏洞时它可以起到补充的作用，此即法律补充（Rechtsergäzung）；而当法律出现错误的缺陷时，即“虽然一项法律规范按照其字面含义本来无须补充即可适用，然

---

[1] 参见刘练军：《比较法视野下的司法能动》，载《法商研究》2011 年第 3 期。关于从违宪审查的角度对司法能动的梳理和考察，也可进一步参见［美］沃尔夫著：《司法能动主义：自由的保障还是安全的威胁》，黄金荣译，中国政法大学出版社 2004 年版，第 2、3、4 章。

[2] 正如沈德咏法官所指出的：“能动不是盲动，司法能动不能恣意妄为，司法权不能无限膨胀。司法能动应该有其坚守的边界和分际。人民法院必须在法律规定和国家政策允许的框架内行使法定的职能。”参见沈德咏：《司法能动不能盲动必须坚守法律边界》，载《法制日报》2009 年 7 月 28 日。

[3] 参见［德］卡尔·拉伦茨著：《法学方法论》，陈爱娥译，商务印书馆 2003 年版，第 246—247 页。

而出于正义的考虑却需要对其加以校正”[1]，这种阻止法律错误的司法行为被称为法律校正（Rechtsberichtigung）。[2]与司法自由裁量权、司法能动相比，法律续造与司法偏离的含义最为接近，司法偏离是法官面临疑难案件时所做的慎重选择，它并不是武断的、任意的和不受法律限制的，表面上对法律的偏离实质上是对既有法律的发展和续造，而且这种对法律的续造要么与立法者的目的保持一致，要么符合整体法秩序的一般性原则。

### （三）司法偏离的表现形式

无论是学者、法官还是案件的直接利益攸关者，往往都会将眼光投放在法官如何“依照法律”做出判决上，因为在他们看来判决应当从法律规定和案件事实中被加工出来。在审判实践中，法官一旦做出了偏离法律的行为或者表现出将要做出偏离法律的举动，人们往往会对此表现出一种消极的拒绝态度。然而，如前文所多次强调的，司法偏离不仅在实践中是客观存在的，而且在某种程度上它的出现也是必然的和必要的。坦白地说，在法治国中，如果法律是确定、清晰、完整、可用的，法官们当然会更加倾向于依法裁判，而选择偏离既有法律进行裁判的情形不大可能会发生，因为偏离要付出代价。即便是对那些司法偏离的少数情形而言，除了个别恣意性的枉法裁判之外，法官偏离法律进行裁判实属在裁判困境之下的一种无奈之举，因为他们面临着一种“箭在弦上，不得不发”的艰难处境，除了偏离法律似乎没有更多别的选择。在厘清司法偏离的基本概念之后，我们接下来简要地探讨一下司法偏离的几种表现形式，从而有助于我们更加准确、全面地认识司法偏离的内容。

1. 明示的偏离与隐性的偏离

从对法律的偏离是否具备一定的外在形式为标准，或者从人们是否能

---

[1] ［德］齐佩利乌斯著：《法学方法论》，金振豹译，法律出版社 2009 年版，第 93 页。

[2] 参见［德］卡尔·恩吉施著：《法律思维导论》，郑永流译，法律出版社 2004 年版，第 167—225 页。

够从外部感受或察知裁判偏离了既有法律的视角来看，我们可以将司法偏离区分为明示的偏离与隐性的偏离。我们知道，在现代民主法治国权力分立的体制下，法官被要求如无特殊例外情况应一以贯之地依法裁判，因此相对于遵守法律来说偏离法律的成本和代价都要高很多，具体来说，偏离法律轻则会造成判决丧失基本的形式合法性，而重则会给法官个人的职业前途带来风险（比如被降职甚至免职等）。在这种背景下，大多数法官都不太情愿也不太敢草率地偏离法律，由此产生了我们此处所讨论的第一种区分。所谓明示的偏离，是指可以从外部查知法官在裁判中明确偏离了既有法律，转而诉诸一些法外的标准，比如道德原则或公共政策等，从而使得裁判最终并不是依赖既有法律标准而做出的，故而这种偏离又可以被称为形式上的偏离；相比之下，隐性的偏离则较为隐蔽和私密，虽然从表面上看案件的裁判仍然是依法作出的，也就是说，表面上并无迹象表明司法行为构成了对法律的偏离，但是实际上法官却偏离了既有法律，从根本上决定案件裁决之作出的是法律之外的标准，表面上的依法裁判其实不过是对偏离法律在形式上进行的掩饰而已，在这个意义上隐性的偏离又被称作实质上的偏离。[1] 这两种偏离形式各有其优劣，明示的偏离虽然表现出了司法真诚，但也会带来令判决之合法性遭受质疑的风险，而隐性的偏离在达到偏离法律、做出公正裁决之目的的同时，又能巧妙地避开明示偏离所可能面临的风险。换句话说，在隐性偏离中法官由于不会坦承自己偏离了法律而时常被指责为“说谎者”(liar)，[2] 他们总是将案件的判决装扮成适用既有法律的必然结果，如此一来判决获得基本的形式合法性就得到了保障。

---

[1] 在很多时候我们很难直接通过判决书观察到法官对法律的偏离，这种偏离是一种法官内心所做的权衡与考量，这是隐性偏离的基本特点。对于隐性法律解释的讨论，可以参见崔雪丽、孙光宁：《论法律解释方法中的社会学解释》，载《渤海大学学报》2010 年第 5 期。

[2] See Charles M.Yablon, “Are Judges Liars? A Wittgensteinian Critique of Law’s Empire”, 3 *Canadian Journal of Law & Jurisprudence*, 2 (1990): 123–138.

2. 对法律文义之偏离与对规范目的之偏离

如果以司法偏离的客体或对象作为标准的话，我们将会看到两种不同的偏离形态，一种是对法条之文义的偏离，另一种是对法律规范之目的的偏离。它们虽然都构成了对既有法律的偏离，但是这两种对法律的偏离却存在程度上的差异。法条之含义通常就是法律条文所表现出来的字面含义，然而法律条文通常也会存在着一个可能的语义空间，在文义解释难以满足客观裁判之需时，须辅之以诸如体系解释、历史解释、扩张解释、限缩解释等，这里与我们讨论相关的主要是扩张解释，它是指："法律条文的字面含义显然比立法原意更窄时，作出比字面含义更为广的解释。"[1] 扩张解释虽然超出了法律之文义的可能界限，但是对其还有一个十分重要的限制，亦即扩张解释不能任意超出或违背法律规范之目的，而在此种情形中规范目的恰恰能够被用来论证司法偏离的合法性。与此同时，立法也可能难以预料到一些对规范目的而言是例外的情况，对例外难题的解决需要借助于限缩解释，即作出比法条字面含义更为窄的解释。比如说法律规定"禁止带狗进入博物馆"，其规范目的在于保护博物馆内的安静、干净与安全，如果将导盲犬、搜救犬、警犬一并列入该法所规制的范围，显然与该规范目的是相违背的，而通过对"狗"这一语词的限缩解释就能解决上述难题。无论是扩张还是限缩解释，虽然都偏离了既有的法律条文，但是从根本上并没有违反法律规范的目的。[2] 然而，与其相对的对规范目的之偏离既然已经偏离法律规范的目的，自然也首先构成了对法律条文之文义的偏离。在上文所讨论的"索拉娅案"中，法院违背了《德国民法典》第 253 条之规范目的，肯定了对一般人格权之非物质侵犯的金钱赔偿，就是一个偏离规范目的进行裁判的例子。

---

[1] 沈宗灵主编：《法理学》（第四版），北京大学出版社 2014 年版，第 163—164 页。

[2] 参见［德］伯恩·魏德士著：《法理学》，丁小春、吴越译，法律出版社 2003 年版，第 402 页。需要说明的是，魏德士称这种例外情况是"例外漏洞"，填补这种漏洞的方法是"规范目的之限缩"，虽然措辞上有所差异，但所表达的意思基本上是一致的。

3. 合法的偏离与非法的偏离

与前两种区分相比，最后一种区分相对来说要简单一些。按照对法律的偏离是否合法为标准，法律偏离可以分为合法的偏离与非法的偏离。这个区分比较有意思，因为面对这一议题的人们最初会有这样一种本能性的感觉或反应：司法偏离既然已经构成了对法律的偏离，怎么还会有合法或非法之分呢？既然裁判已经偏离现有的法律，那么自然应该是构成了对法律的违背。“合法的偏离”这个表述从表面上看多少有些吊诡，但是司法偏离的确存在合法与非法之分。非法的偏离归纳起来大概有这样几种表现形式：（1）法律规则和法律原则同时为个案提供指引时，除非为了实现个案正义或有更强理由才能偏离法律规则，否则对于规则的偏离就是非法的；（2）当既有的法律能够为案件提供一个可靠的裁判依据时，其实这主要是指在简单案件中，法官基于主观的偏好或意志偏离了法律并诉诸法外的标准来裁决案件的做法就是非法的，这本质上是司法恣意的一种极端表现，“与法官更改规范目的不同，法院在这里完全拒绝适用法律。这并非为了使法律适应已经改变的情况，而是法官对立法意志的违背”[1]。除了上述两种主要的非法偏离形式之外，还存在一些合法的司法偏离形式，这主要包括：（1）法律明确规定在某些情形下法官可以拒绝执行或适用某些法律，亦即司法偏离取得了法律的明确授权；（2）尽管对于某个问题存在着相应的法律标准，但是径直适用该标准可能有违正义原则，因此为了实现公正的个案裁决，裁判背离了既有的法律标准；（3）在不根本背离规范之目的的前提条件下，对法律条文之文义的背离是可以获得正当性证明的；（4）当法官处理那些不被既有法律所调整的问题时，法官将被迫背离既有法律的规定。对于这几种法律偏离的合法性或正当性的论证，则是我们接下来所要讨论的内容了。

---

[1] ［德］伯恩·魏德士著：《法理学》，丁小春、吴越译，法律出版社 2003 年版，第 405 页。

## 三、裁判偏离法律的正当性理据

通过上文的讨论我们基本上可以做出这样一个判断，即在当今时代法官绝对地受法律约束的要求已经松动了，在某些特定的情形下法官偏离法律不仅实属无奈而且是必要之举。在简单案件中，既有法律可以为待决案件提供完备、妥适的法律标准，于此情形法官应严格受到既有法律标准的约束，否则裁判对法律的偏离将会被视作司法恣意，由此得出的判决也相应会被视为非法的。而在一些疑难案件中，为了求得一份公正的裁决，法官有时会不可避免地对既有的法律有所超越和突破。实践中法官在某些特定情形下偏离法律是一回事，而这种偏离行为在法律上是否合法或正当则完全是另外一回事。对于前一个问题，我们在上文中不仅揭示了司法偏离的基本内涵，也从几个角度描述和展现了司法偏离的可能表现形式。而对于后一个问题我们至今还未触及，接下来的这一部分笔者将尝试论证这样一个命题，即在特定情形下司法偏离是拥有正当理由的。

法律有时候会出现“空隙”或“漏洞”，亦即出现了不受法律所调整的问题，立法者在立法当时并没有考虑到将来会有这种情况发生。然而，无论是不确定性还是漏洞，都是法律所无法完全避免或消除的。可以说它们既是法律的缺陷，同时又是法律的一种优点。作为缺陷，它们给法律的理解和适用增加了困难；作为优点，它们给法律带来了弹性的发展空间。[1]通常由语境依赖和模糊性所导致的法律的不确定性可以通过法律解释的方法得到缓解或解决，对此法官仍应并且通常事实上会受到法律的约束，所以司法偏离的情形不大可能会发生。另外，对于法律之间的冲突通常也可

[1] 比如说，哈特教授就认为应当将法律规则的开放性结构视作一种优点，它允许那些不受既有法律所调整的例外情形得到合理的解释与解决。另外，在关于语言的开放性结构的讨论中，有学者也认为开放性结构所暗含的语言的这种不确定性其实也是一个优点，它允许语言不断地发展以容纳新的发现。参见［美］布赖恩·比克斯著:《法律、语言与法律的确定性》，邱昭继译，法律出版社 2007 年版，第 8 页。

以凭借规范效力冲突的解决规则或办法来化解，比如说上位规则优于下位规则、特殊规则优于一般规则等，因此即便出现规则冲突的情形仍不应允许法官任意偏离法律。但是，当法律规则出现了漏洞或者错误的时候，情形则会大大不同，它们为裁判偏离法律创造了一定的空间，因此这里我们将注意力主要集中于法律漏洞和法律错误这两点上。

### （一）填补法律漏洞之需要

从经验上看，法律中存在漏洞已是一个不争的事实。从理论上讲，法律自身的一些特性加上社会事实的复杂性、变动性，也使得法律中必然会出现漏洞。[1] 所谓一般意义上的“漏洞”（gap）系指物体上所出现的“缝隙”、“小孔”或“小洞”，从而使得这个物体并不圆满或完美，具体而言它表现为两个方面的特征：“(1) 被描写之对象的品质具有影响其功能的欠缺；(2) 这个欠缺是不受欢迎的。”[2] 在这个意义上说，“漏洞”这个术语至少不是一个褒义词。相应地，我们也可以想象法律中的漏洞会是什么样子的，比如说把整个法律体系比作一张网，那么其中的漏洞就好像是这张网中的缝隙或漏洞，从而展现出了法律体系不完整的一面，一言以蔽之，法律中的漏洞乃是一种法律“违反计划的不圆满性”，[3] 台湾地区学者黄茂荣教授详细界定了“不圆满性”（die Unvollständigkeit），他认为如果法律在经过解释之后仍对某类问题尚无答案，则法律相对于此类生活类型即具有不圆满性，它包括立法政策或技术上的缺失、法内漏洞、体系违反等。[4] 总而言之，法律应当为其所调整的社会生活问题提供相应的指引，因而当既有法

---

[1] 一些极力为“法律中无漏洞”这个命题进行辩护的例子也是值得我们留意的。典型的比如有 19 世纪中期兴起于欧陆（尤其是德国）的概念法学，又比如 19 世纪末期统治美国法学和司法界的法律形式主义，再比如德沃金利用“整全法”（integrity of law）思想为“英美法律体系中无漏洞”所做的辩护。然而，以上命题仍然主要是一种理论上的构想，实践中法律出现漏洞却是一个客观、普遍的现象。

[2] 黄茂荣著：《法学方法与现代民法》，中国政法大学出版社 2001 年版，第 292 页。

[3] 参见［德］卡尔·拉伦茨著：《法学方法论》，陈爱娥译，商务印书馆 2003 年版，第 251 页。

[4] 参见黄茂荣著：《法学方法与现代民法》，中国政法大学出版社 2001 年版，第 294—329 页。

律难以为特定的法律问题提供一个明确、合理的答案时，我们可以说该法律就存在着漏洞。

学者们对于法律漏洞所做的分类也十分多样化，但其中比较基本也相对重要的分类是将法律漏洞区分为表述漏洞（Formulierungslücken）和评价欠缺型漏洞（Wertungsmängel），[1] 前者系指通过法律条文就能看得出的漏洞，亦即法律对本该调整的特定问题却保持了沉默，这也是最为普遍、常见的漏洞形式；对于后者，它与表述漏洞最大的不同之处在于，对于某个法律问题它能够提供相应的法律，也就是说该问题严格讲来是“有法可依”的，只不过如果径直适用该规定所得结果可能会有违基本法律正义的原则，从而要求法官对此法律规定予以偏离或修正。因此我们可以说只有在以下两种情形下才有漏洞可言，第一种情形是当且仅当法律对其调整范围中的特定案件类型缺乏适当的规则，也就是法律对这类特定案件保持沉默的时候，但是法律有意不调整某类问题并不构成漏洞；第二种情形是指依照法律可能的字义，似乎已经包含可供适用的规则，然而根据规则的意义及目的其不宜适用于该特定问题或案件。[2] 至于其他的一些漏洞类型划分，笔者在此不一一赘述。[3] 此处笔者重点关注第一类漏洞（通俗地说即法条漏洞），第二种情形的漏洞就其性质而言可以被划归至法律错误的情形，因此留待后文来讨论。法律漏洞既然是客观存在的，那么如何填补漏洞就变成了一个十分重要的课题，但是相对于我们的讨论主题而言它并不是那么重要，而法官何以享有权力通过裁判发展和续造法律则是一个更为重要的问题。

依台湾地区学者杨仁寿的看法，由于“漏洞补充主要的功能，乃在消除法秩序中的‘体系违反’，俾法律所追求的‘价值’，可充分圆满地获得

---

[1] 参见［德］齐佩利乌斯著：《法学方法论》，金振豹译，法律出版社 2009 年版，第 92—93 页。

[2] 参见［德］卡尔·拉伦茨著：《法学方法论》，陈爱娥译，商务印书馆 2003 年版，第 249—250 页。

[3] 比如说有认知的漏洞与无认知的漏洞、自始的漏洞与嗣后的漏洞、部分漏洞与全部漏洞、真正的漏洞与不真正的漏洞、明显的漏洞与隐藏的漏洞、禁止拒绝审判式漏洞与原则的或价值的漏洞等。参见黄茂荣著：《法学方法与现代民法》，中国政法大学出版社 2001 年版，第 336—345 页。

实现”。因此漏洞补充之性质“实即‘法官造法’”[1]。鉴于前文所提及的一些原因，我们还是使用法律续造这个概念更为妥当一些。的确，漏洞填补在某种意义上是在从事续造和发展法律的活动，但是这与立法者的立法行为存在着根本性的差异，一方面，法律续造并不是将既有法律全盘否定、推倒从来，而正如“填补漏洞”之“填补”这个术语所表征的意义，它所从事的充其量只是一种辅助性的、修补个别具体法条之边边角角的工作；[2] 另一方面，立法者所立之法对于不特定数量之主体能够产生普遍性的约束力，而法律续造主要是在具体的个案中进行的，比之于将来它更加关注当下和眼前。法律续造毕竟不同于法律解释，因为它已经突破了“可能的文义”这个根本界限，而构成了对既有法律的某种突破和超越。然而，我们也应注意到的一点是，现今伴随着法典化运动所带来的立法的精细化，法官（尤其是大陆法系国家的法官）试图另起炉灶、随意在法律空白处进行立法的时代已经一去不复返了，在绝大多数情形下法官必须在符合整体法秩序的前提下对个别法律条文进行补充和发展，而只有在极少数的情形下法官才会从事超越法律的法律续造。

法官从事漏洞填补或法律续造的合法性基础是什么呢？首先，由于法律漏洞的出现必然会使得法官眼前所面临的问题变得疑难，因为法律的适用在此呈现出了一种僵局。即便在此种情形下，法官仍然负有为案件做出法律上之裁决的义务。正如学者所言：“法律提出一个法律问题，但却未给予答案，它的特征在于由之导出之拒绝审判的禁止。盖一个生活事实既为法律评定为应予规范之法律事实于先，则法律自应贯彻这个意旨，给予该法律事实应有之法律上的答案。”[3] 人们接受法律并以之作为自我行为的指

---

[1] 杨仁寿著：《法学方法论》，中国政法大学出版社 1999 年版，第 142 页。

[2] 诺埃尔·斯密斯细致讨论了“法官难题”（problems of judge）与“立法者难题”（problems of legislator）。在他看来，前者的问题在于法官如何通过正确地适用法律来获得一个公正的裁决，也就是说法官的义务在于根据法律作出裁定和判决。相比之下，后者则是完全不同的，立法者并不决定特定的法律适用是否是公正的，而只决定应当采纳什么样的法律以及对违反法律的行为应当设定何种处罚。See P. H. Nowell-Smith. *Ethics*. Harmondsworth，Middlesex：Penguin Books，1954，pp.236–237.

[3] 黄茂荣著：《法学方法与现代民法》，中国政法大学出版社 2001 年版，第 345 页。

引，自然人们也信赖司法能够为争议案件提供法律上的合理答案，当立法者未能提供成功的法律指引时，法官仍负有义务满足人们的上述期待。其次，“等者等之，不等者不等之”的形式正义原则潜在地要求法官对于特定法律问题进行法律续造，具体来说，如果既有法律对某类事项 X 做出了调整，而对于评价上应属同类事项的 Y 并未做出规定，于此情形便出现了法律漏洞。举个例子，比如《德国民法典》规定：“出卖人故意隐瞒出卖物之瑕疵，买受人除要求减价或解除合同之外亦可请求损害赔偿。”假设现在出现这样一个案件，其中出卖人谎称出卖物具备事实上并不具有的若干优点，该如何处理呢？可以看出，两种情形虽然略微有些差异，但二者在性质上可以做相同的评价，出卖人均认识到买受人对于出卖物之性质有误解或误认，并故意利用此误认诱使对方与自己签订合同。[1] 根据等者等之的正义原则，法官可以通过类推适用的方式来填补此法律漏洞。最后，当法律漏洞在个案中出现时，立法难以启动相应的程序来提供帮助或补救，而法官事实上获得了一种“默许的”填补法律漏洞之权力，正如拉兹所言：“当立法者和法官制定法律时，他们宁愿在阐述中使用很不明确的表达。他们希望将无规定的案件的命运交给法官来判定——法官在法律允许的范围内使用他们的自由裁量权。在这种案件中，法律规定了一般性的法律框架，而让法官来填补所有案件存在的空缺。”[2] 以上诸端，可以为法律续造（也即为裁判偏离既有法律）提供正当性基础。

### （二）追求正当个案裁判之要求

上一部分所讨论的法条漏洞（通常是表述漏洞），由于未能将本应排除在法律调整范围之列的事项排除在外，或者未能将本应调整的事项考虑进来，因此被认为是需要法官在个案裁决的实践中予以补充。这种漏洞填补

---

[1] 参见［德］卡尔·拉伦茨著：《法学方法论》，陈爱娥译，商务印书馆 2003 年版，第 252—253 页。

[2] ［英］拉兹著：《法律的权威：法律与道德论文集》，朱峰译，法律出版社 2005 年版，第 169 页。

的方法有很多，比较常见的主要有类推适用、目的论限缩、目的论扩张[1]等。这种类型的漏洞填补仍然是在整体法秩序之下进行的，这也是拉伦茨称其为“法律内的法律续造”的原因。然而当法律不能正义地解决法律问题时，哪怕存在调整该特定事项的相应规则，为求得公正的个案判决法官亦当批判、修正或偏离之，这就是我们所要考虑的第二种漏洞情形，亦即一种评价性的漏洞或价值判断冲突型的漏洞，其系指：“现行的规定对于社会交往的需要和实际情况来讲不是（或不再是）正义的；它们对于当前的社会条件以及人们的生活习惯是不适当的，无法实现法律本身的目标。”[2]比如说，继承法规定“一份遗嘱只要是出于立遗嘱人的真实意愿并由两名见证人在场，该遗嘱就是有效的”，假定继承人 A 为了急于获得财产而谋杀了立遗嘱人 B，那么请问 A 能够请求法院依照该遗嘱执行财产继承吗？如果径直将继承法的相关规定适用于这个案件，显然所得出的结果必然是与正义相违的，此时我们可以说该法出现了评价性的漏洞。

评价性漏洞的实质在于既有法律之规范目的或价值判断与正义价值呈现出了紧张的关系，于此“‘规范拘束’与‘个案正义’”这个难题终于

[1] 需要区分的一对概念是目的论限缩与限缩解释（或者目的论扩张与扩张解释），二者在字面上理解很接近，它们都意在缩小法律的适用范围，但其本质性差异在于一个限制缩小的是规范之目的，而另一个限制缩小的仅仅是规范之文义。杨仁寿揭示了目的性限缩或扩张与限缩或扩张解释之间的区别：“目的性限缩与目的性扩张，系指将某项法律规定之适用范围加以限缩或扩张，以贯彻其规范意旨而言；而限缩解释或扩张解释，则系将‘法律概念’局限于或扩张其核心意义。在前者，属于漏洞补充，将法律文义所涵盖或未涵盖的类型，排除在外或包括在内；在后者，属于狭义的法律解释，将法文的意义缩小或扩张，以符合立法之真义。”参见杨仁寿著：《法学方法论》，中国政法大学出版社 1999 年版，第 145 页。可以说，目的论限缩或目的论扩张已经对既有法律有所突破，它属于对法律所做的一种漏洞填补。相比之下，扩张解释或限缩解释并未突破规范之“可能的文义”，其在性质上仍然是一种法律解释。因此，二者之间的界限还是相对分明的。但是，实践中也会出现这样一种情形，即“实际上已非解释而为目的论的限缩，而司法裁判仍自称在从事限缩解释”，这实质上是对于法律续造的一种掩饰，目的在于确保此种裁判的形式合法性，用拉伦茨的话来说，这是为了“获得更高的‘忠于法律’的印象”。参见［德］卡尔·拉伦茨著：《法学方法论》，陈爱娥译，商务印书馆 2003 年版，第 267 页。

[2] ［德］齐佩利乌斯著：《法学方法论》，金振豹译，法律出版社 2009 年版，第 94 页。

在千呼万唤下浮出了水面。在这种背景下，法官面临着两难的抉择：一方面被要求将自己的裁判行动置于法律的约束之下，而另一方面他所面临的法律却与正义原则相违背，如果严格地依照法律裁判必将得出一个不公正、不合理的裁判结果。他该如何抉择呢？他能否拒绝或偏离那个不正义的法律？如果法官真的这样做了，即通过法律续造活动修正了不正义之法，那么这必将会引起以下几个方面的质疑：(1) 法官僭越了本应为立法者所独享的立法权力，法官多是经过任命而非民选产生的，不具有从事立法工作的民主正当性；[1] (2) 由法官来纠正立法者的尚可认为具有正当性的决定，可能会陷入政治争议而有损自己的权威及中立性，同时也会破坏法律的安定性；(3) 当司法决定变得高度个人化的情况下，法院判决的不统一也将给法律带来不稳定，形式正义必将难获实现；[2] (4) 法律续造违反"法律不得溯及既往"的一般法治原则，从法律续造活动的过程来看，法官先是创造了一个新的法律规则或先例规则，然后再将这个新规则适用于眼前的待决案件，也便使得这个新规则具备了溯及既往的效力。"既然它具有溯及既往的效力，则创造性的裁判就与确定性和可预测性的价值相冲突；实际上，它是'不公平'的，因为它出其不意地俘获了当事人。"[3] 既然背离不正义之法的法律续造面临着如此之多的难题，那么我们是否还能为其找寻到正当性基础？

不少学者从不同角度对此种法律续造进行了正当性论证。比如两位美国学者 Mortimer R. Kadish 和 Sanford H. Kadish 从法官的角色（judicial role）来论证裁判偏离法律的正当性，当法官相信适用或执行某些法律规则与司法角色的目标（落实正义）相违背时，他们对于法律的偏离便是正当

[1] 参见［意］莫诺·卡佩莱蒂著：《比较法视野中的司法程序》，徐昕、王奕译，清华大学出版社 2005 年版，第 53—62 页。

[2] 参见［德］齐佩利乌斯著：《法学方法论》，金振豹译，法律出版社 2009 年版，第 95 页。

[3] 参见［意］莫诺·卡佩莱蒂著：《比较法视野中的司法程序》，徐昕、王奕译，清华大学出版社 2005 年版，第 49 页。

的。[1] 大卫・戴岑豪斯则主张法官必然会在一定程度上行使立法权力，这是因为：(1) 立法存在固有的不确定性，也就是说会出现一些无法可依的现象；(2) 司法实践本身也是不确定的，比如说针对某个法律规定有时可能会出现两种以上的看似均有理的解释，而这两种解释可能会导致截然不同的后果。[2] 还有学者认为，当出现法律错误时，法官将“通过‘法律修正’(Rechtsberichtigung) 来消弭，法官在此将起着‘违背法律’(contra legem)，‘矫正法律根据’(corrigendi causa) 的作用”[3]。以上思路或建议并未从根本上破解法律续造的正当性难题。原因在于，它们并未从根本上触及这一难题的核心。在笔者看来，这一难题的最核心之处在于当法律的确定性与正义之间发生冲突时，法官应当如何理智地在二者之间做出取舍。如果我们能够讲清楚这个问题，那么同时也就能够为法律续造提供正当性证明了。

安定性是法律的重要品格之一，也是法律获得其生命力之所在。安定性意味着法律所提供的指引是确定的，人们以之作为行动理由并信赖和接受它所带来的可能后果。反之，如果法律可以朝令夕改，那么其确定性和可预测性必将大打折扣，人们的权利和义务也必将处于一种不确定的状态之中。法治要求法律要尽可能最大限度地维护和实现其安定性，因为对安定性的破坏所带来的代价通常是十分巨大的。从裁判的角度来看，基于规则的裁决程序所要维持或保护的是过去的立法决定（亦即法律之安定性），而不是支持对那些决定的偏离。而当客观情境要求裁判者偏离而不是服从过去的立法决定时，那么基于规则的裁决模式将会遇到阻碍并且变得不再

---

[1] See Mortimer R. Kadish and Sanford H. Kadish. *Discretion to Disobey: A Study of Lawful Departures from Legal Rules*. Stanford University Press, 1973, pp.85-91. See also Jeffrey Brand-Ballard. *Limits of Legality: The Ethics of Lawless Judging*. Oxford University Press, 2010, p.43.

[2] See David Dyzenhaus. *Hard Cases in Wicked Legal Systems: Pathologies of Legality*. Oxford University Press, 2010, p.13.

[3] [德] 卡尔・恩吉施著：《法律思维导论》，郑永流译，法律出版社 2004 年版，第 167—168 页。

可能了。[1] 也就是说，有时候安定性并不能得到绝对的贯彻，它有可能和正义原则相冲突，恩吉施注意到了这一点：无论是安定性还是正义原则，它们没有哪一个能够被纯而又纯地贯彻下去，其中一个必须为另一个做出整体的或部分的牺牲。比如说，正义要求尽可能地将事实情境“具体化”，即考虑到个体和情势的个别状态，而安定性则要求法律尽可能从这些情况中“抽象化”。[2] 于此，我们看到司法裁判的两种目的——依法裁判与公正裁判 [3]——之间发生了竞争，对此我们要么无视公正原则而选择依法裁判，要么牺牲法律的安定性而追求公正的个案裁决。

依法裁判与公正裁判之目标并不总是会发生冲突，在大多数情形下法官只要坚持了依法裁判，同时也就能促成公正裁判之实现；而只有在极个别的情形下，由于既有法律规则有悖于一般正义原则，在依法裁判与公正裁判之间做出两难取舍的问题才可能会出现。如果以依法裁判绝对地服膺于公正裁判，这种选择必将以彻底牺牲法律的安定性为代价。然而，如果绝对贯彻法律的安定性原则，则又难以实现法律公正地裁决纠纷的目的。法官是否还有其他更佳的选择？亦即，法官是否可以在法律的安定性与一般正义原则之间做出平衡？笔者认为彻底放弃法律安定性的做法是不可取的，二者都是司法裁判所欲追求或增进的价值，只有力图在二者之间寻求平衡的做法才是值得赞许的。首先，偏离法律需要满足基本的前提条件，即法律极端的或明显的不正义，如果法律仅仅只是存在一些技术性的缺陷（如编纂错误）还尚不足以支撑法官法律偏离法律。这正是拉德布鲁赫公式的中心内容，“立法机关所制定的成文法哪怕其内容不公正或无益于人们，它的安定性价值都应优先被实现；而除非当这个成文法与正义之间的冲突

---

[1] See Frederick Schauer. *Playing by the Rules*：*A Philosophical Examination of Rule-Based Decision-Making in Law and in Life*. Oxford University Press，1991，pp.173-174.

[2] ［德］卡尔·恩吉施著：《法律思维导论》，郑永流译，法律出版社 2004 年版，第 206 页。

[3] 除了依法裁判的要求之外，之所以还需要公正地裁判，这是因为我们的法院既是法律的法院，也是正义的法院。参见［英］蒂莫西·恩迪科特：《裁判与法律》，冉昊译，载《环球法律评论》2009 年第 3 期。另外，英文“justice”同时兼具有“司法”“正义”“（大）法官”之意，这也折射出了司法与正义之间的一种天然联系。

达到了一种令人难以忍受之程度，以至于该法被视为了一种‘缺陷之法’，那么法官才应服膺于正义”[1]。其次，法的安定性与正确性都具有原则之性质，而原则是一种要求在可能的范围内被最大限度实现的最佳化命令，正是因为原则所具有的这种“分量”（weight）的独特性质要求其必须以被权衡的方式被不同程度地实现。[2] 比如说一项规则 A 背后的实质性原则为 X，X 所直接指向的是法律的安定性价值，而 X 与一般正义原则 Y 存在紧张关系，此时法官并不是以一种全有或全无而是以一种权衡的方式在 X 与 Y 之间寻求适度的平衡。

当某项具体的法律遇见并抵触正义原则时，法官便享有了一种默许的偏离法律的权力。[3] 如桑斯坦所指出的，事实上，国家的许多公职人员在遵守规则变得无意义时至少拥有一种默许的修正或偏离法律的权力。[4] 并且还有一个限制，即“法院或法庭仅仅只有十分有限的和特殊的权力来修改或偏离既有的成文法、判例以及其他法律”，“只要可能的话就应通过规则的形式来对其进行明确的确定和妥当的限制，从而使其成为一种受法律所规制的权力”[5]。也就是说，法官在可承认的造法的边界范围内，其续造

[1] Gustav Radbruch，“Statutory Lawlessness and Supra-Statutory Law（1946）”，Translated by Bonnie Litschewski Paulson and Stanley L. Paulson，26 *Oxford Journal of Legal Studies*，1（2006）：7. 拉德布鲁赫继而解释了何谓“一项法律有缺陷”，当一项法律之制定与发布并不旨在实现正义，或有意背弃作为正义之核心的平等，那么这项法律就不仅仅是有缺陷的，同时它也完全不具备一项法律的基本性质，是一项“不法之法”（law as lawless）。赖歇尔也表达了类似的观点：“法官只有当某一项法律的规定与大众的社会道德感觉十分矛盾，以至于如果坚守这项规定，法和法律的权威会受到比对它不予理睬更为严重得多的危害之时，法官根据他的职位才有义务，自觉地偏离这项法律的规定。” Hans Reichel. Gesetz und Richterspruch. Zur Orientierungüber Rechtsquellen-und Rechtsanwendungslehre der Gegenwart. Zürich：Orell Füssli，1915，142. 转引自［德］H. 科殷著：《法哲学》，林荣远译，华夏出版社 2002 年版，第 185 页。

[2] 参见雷磊：《法律方法、法的安定性与法治》，载《法学家》2015 年第 4 期。

[3] 德国学者将这种拒绝不正义之法的权力称为“法官的抵抗权”，德国《基本法》第 20 条第 4 款规定了法官的一般抵抗权。详情参见［德］伯恩·魏德士著：《法理学》，丁小春、吴越译，法律出版社 2003 年版，第 411—416 页。

[4] See Cass R. Sunstein，“Problems with Rules”，83 *California Law Review*，4（1995）：1008.

[5] See Robert S. Summers，“The Principles of the Rule of Law”，74 *Notre Dame Law Review*，（1999）：1694.

法律之权力仍然要受到诸种限制，这一方面是为了避免权力之滥用，防止法官的这种续造法律之权力的无限制扩张，另一方面是为续造法律之行动寻求形式上的合法性。行文至此，我们尚需要解释和论证法官这种回溯性立法的正当性。法官续造并回过头来适用一项法律，其实质无异于裁判诉诸了一项法律之外的标准，因为在争议发生之时这项被续造之新法实际上并不存在。英国法学家菲尼斯认为实践中区分新法与旧法的界限往往是模糊的，法官续造法律并回溯性地使用它并不必然构成对法治的威胁，法治是一个动态的理想，它本身可能要求法官在面对新情势时不断地授予新的权利或课以新的责任。

“这一选择，在以此种司法方式做出后，其实就是在‘创制’新法，但这种司法责任的造法……又显著区别于立法权威的造法，后者广泛颁布措施废止旧规，重新分类人、物、行为，鲜明划定各种（其实用别的方式划分也是合理的）差异。而我们可以合理地认为，前者与它的显著区别就在于：司法中采用的‘新’标准，由于已被非常狭窄地控制在既有实定法之可能性内，以至于它在很强的意义上已经是法律的一部分。”[1]

拉兹也表达过类似的见解，“适用一项既存之法与适用一项新法，往往被看作一种程度（degree）而非类型（kind）的区别。另外，于审判实践中，我们也常常很难确定法官在特定个案中究竟是创造了新法还是适用了旧法”[2]。无论是菲尼斯还是拉兹，这种模糊创造新法与适用旧法之界限所想要达到的目的，无非就是将所造之新法装扮为既有法律体系的一部分。

---

[1] See John Finnis, “Natural Law: The Classical Tradition”, in Jules Coleman and Scott Shapiro ed., *Oxford Handbook of Jurisprudence and Philosophy of Law*. Oxford University Press, 2002, pp.10–11. 引文参见［英］蒂莫西·恩迪科特：《裁判与法律》，冉昊译，载《环球法律评论》2009 年第 3 期。

[2] Joseph Raz. *The Authority of Law*. Oxford University Press, 1979, p.97.

采取这一论证策略的还有哈特和莱昂斯，[1] 这一论证进路的问题在于实践中区分创造新法与适用旧法存在困难，但并不意味着就无法区分它们，事实上它们之间的根本界限仍然是存在的。一方面说法官在创制“新”法，另一方面又坚持该法已是既有法律的一部分，这其实本身就是一种模棱两可的论断。在恩迪科特看来，其实法官不必纠结于创造新法与适用旧法之界限的这个哲学难题，转而从正义原则中为续造法律找寻正当性基础。[2] 法官偏离了原有法律，创造了新的法律并将之回溯性适用于眼前案件，从形式上看似乎与法治原则相悖，但从实质上看其合理性在于唯独以此种方式才能公正地裁决眼前案件。

## 四、本章小结

通过梳理法官应受法律约束的历史谱系，我们会看到这一教条的严格要求已经有所松动。发展到今天，实践中总会出现一些不宜将这一原则绝对贯彻到底的情形。所以，它逐渐从一种绝对的法官受法律约束走向了一种相对的法律受法律约束。在此基础上，也就引出了本章所讨论的主题，即法官是否可以偏离法律进行裁判，这种做法背后的正当性理据是什么。表面上看，这是一个多少显得有些吊诡的问题，既然法官偏离了既有法律，他又何以能够正当地进行裁判呢？深入其中，一如上文所揭示的，这的确是一个值得探讨的真问题。通过与相近概念之比较，我们理解了法官偏离

---

[1] 哈特主张当法官裁决那些不被既有法律所调整的案件时，他们会通过使用类推来推进案件的审理进程，以确保他们所制定的新法能够符合基本原则或基础理由，而人们认为这些原则或理由已经审慎植根于既存的法律之中了。See H. L. A. Hart. Essays in Jurisprudence and Philosophy. Oxford University Press，1983，p.7. 莱昂斯的观点与此十分类似，认为尽管相关的原则与政策被认为是来自法律之外，但是疑难案件理论隐含着法官有责任诉诸这些原则与政策。如果说法院有责任诉诸这些原则与政策，那么这些标准则变得很难与既存的法律规则相区分开来。也就是说，它们变成了那些法官必须用以裁决的疑难案件的标准。See David Lyons，“Justification and Judicial Responsibility”，72 *California Law Review*，2（1984）：188.

[2] 参见［英］蒂莫西·恩迪科特：《裁判与法律》，冉昊译，载《环球法律评论》2009 年第 3 期。

法律的内在含义，以及它在实践中所可能采取的诸种形式。同时，司法偏离绝非意味着法官可以任意地背离法律而进行裁判，只有在无现成法律可供裁判所用或既有法律之适用有悖于一般正义原则之时，法官为了在具体个案中填补法律漏洞以及寻求正当的裁决，方可偏离既有的法律来进行裁判。

司法裁判的形式合法性源自对既有法律的遵守，正如某些法官所坦言的“作为法官我们依据法律来做判决”[1]，在抽象的意义上，司法义务的基本要求即一个司法裁决应具备法律属性（lawful-making characteristics）。[2]在迫不得已的情况下，一位理智的法官通常不会轻易地选择偏离既有法律来进行裁判，只有在“箭在弦上，不得不发”的紧迫情势下，为了实现个案正义才会偏离既有法律。这种偏离的正当性源自特定情境下正义原则（价值）所赋予的法官的一种默许的补充或修正法律的权力，并且这种权力不是无边界和无限制的，法官要尽可能使得所续造之法律符合整体法秩序，同时也要符合法律的统一性，亦即所续造之法应当与法律体系保持协调一致、协调，借此司法偏离可以为自己找寻找到正当性基础。从形式上看，司法偏离的确表现了裁判对既有法律的偏离，然而这种偏离为了发现更加妥适的法律，偏离之实质是为了朝着既有法律体系的更好回归。司法偏离理论的最精致之处，恰恰在于它是为了一种回归的偏离、是一种本质上合法的偏离。

[1] Schiavo ex rel. Schindler v. Schiavo，403 F.3d 1223，1229（11th Cir. 2005）.

[2] See Steven J. Burton. *Judging in Good Faith*. Cambridge University Press，1994，pp.35-36.

第六章

# 以裁判后果论证裁判

传统的司法裁判理论通常包括两方面内容，即“找法”（也称“法律发现”）和“正当化裁判结论”。常规的司法活动是“顺向的”，即结合案件事实先寻找可供适用的法律规范，再依靠三段论推导出结论；与之相对的是一种“逆向的”推理，法官会先通过预判得出一个初步的结论，然后再回过头去寻找法律来合法化其判决，这正是本章所要着力讨论的后果主义的裁判思维。法教义学推理所主张的基本上就是从前提到结论的一种顺向推理，它要求司法裁判活动受既有实在法的严格约束。这一主张日渐受到社科法学的挑战，社科法学者强调对于法律现象的因果关系分析，认为传统的教义推理方法应当让位于后果主义裁判，“这个世界更看重判断，正确的判断需要明智有效地处理各种信息，能有效地预测和掌控后果”，“不要过多地关心语词的逻辑结论或推理，而是要关心语词在社会实践中的实在后果”，[1]“要讨论具体问题，而不是抽象概念，注重后果的分析，而不只是逻

[1] 参见苏力：《法律人思维？》，载《北大法律评论》2013 年第 2 辑。

辑的演绎”。[1] 这种主张明显是受到了法律实用主义的影响，[2] 社科法学家所提出的仍然是一种较为模糊观念上的后果主义裁判，而非严格法律方法论意义上的后果主义裁判，对于哪些案件可以适用此种方法、何为后果、考量和预测哪些后果、后果主义推理有无正当性和限度等，均未提供令人满意的解释。

除了法理学者对后果主义审判的关注之外，[3] 不少部门法学者也意识到了这一问题，[4] 比如说某些刑法学者认为在刑事疑难案件中，法官的裁判思路一般是遵循“入刑思考—结论—小前提—大前提”的逻辑顺序，即先有入刑思维，再以量刑反制定罪。[5] 从实践来看，法官们已经开始在部分案件的审判中有意无意地运用这一方法，然而这种操作相对来说还是比较粗糙的甚至是根本错误的。在理论上，后果主义推理可以成为法律方法论的一块重要内容，但它绝非像社科法学所简单地主张的那样，仅仅强调“我们要注重判断”“判断后果至关重要”“要学会预测社会后果”等远远不够，我们所需要的并不是一种口号性的主张，而毋宁是一种理论性的宣称，是一种完整的方法论的建构。什么样的后果可以进入后果主义推理的范围？后果主义推理可以运用于哪些情形？后果主义推理如何获得其正当性？实践中后果主义推理又是如何发挥作用的？本章将重点讨论这些问题，不仅

---

[1] 侯猛：《社科法学的跨界格局与实证前景》，载《法学》2013 年第 4 期。

[2] 比如霍姆斯所说的“一般原则并不决定具体案件结果”“司法裁判先得出结论再决定审判规则”，see Oliver Wendell Holmes. “The Path of the Law”, *Harvard Law Review* (1997)：991-1009；而弗兰克更是主张“司法审判通常从一个大致模糊的形成的结论开始，然后顺着去发现一个能够证实该结论的大前提”，see Jerome Frank. *Law and The Modern Mind*. Transaction Publishers，1930，p.100.

[3] 比如说，王彬：《司法裁决中的“顺推法”与“逆推法”》，载《法制与社会发展》2014 年第 1 期；杨知文：《司法裁决的后果主义论证》，载《法律科学》2009 年第 3 期。

[4] 这方面的文献主要有苏永钦：《结果取向的宪法解释》，载氏著：《合宪性控制的理论与实际》，台湾月旦出版社股份有限公司 1994 年版，第 251—269 页；张嘉尹：《宪法解释、宪法理论与“结果考量”——宪法解释方法论的问题》，载氏著：《宪法学新视野（一）：宪法理论与法学方法》，台北五南图书出版有限公司 2012 年版，第 85—120 页；刘国：《结果取向解释方法的正当性探究——以宪法解释为例的一种分析》，载《甘肃政法学院学报》2010 年第 2 期。

[5] 参见任彦君：《刑事疑难案件中结果导向思维的运用》，载《法学评论》2012 年第 2 期。

试着澄清一些对于后果主义推理的误解，同时也力求展示一种关于法律推理的全新理论。

## 一、司法裁判中的后果推理

传统的司法三段论推理是以既有的法律规则[1]作为出发点，通过涵摄技术将案件事实置于特定规则之下，进而演绎推导得出结论。这是一种正统的“基于规则的推理”（reasoning with rules）模式，离开了法律规则这一大前提，整个推理就无法进行下去。尽管这一推理模式在后来受到了来自类比推理、等置理论以及法律论证等方法的挑战，但是如果离开了规则、抛弃了逻辑这后面的三种推理方法均难以自足。[2]而正是在这个意义上，麦考密克才极力捍卫三段论的基础性地位，“有些人极力否认法律推理从来都是严格的演绎性活动，如果这种否定试图走向极端，认为法律推理从来不是或者根本不可能是以演绎推理的形式而存在，那么这种质疑就是大错特错的”[3]。三段论的基本构造如下：

T → R（对规则 T 的每个事例均可以产生法律后果 R）

S = T（因为事实 S 是 T 的一个事例）

S → R（所以对于 S 也可以推导出法律后果 R）

根据这一模式，全部的司法活动就集中于为法律推理准备大、小前提，结论的得出不过是一种涵摄技术的运用，并且这一过程是一种从“规则→后果”的顺向推理。作为对上述这一推理方法的反叛，“后果主义推理”

[1] 需要说明的是，此处所使用的法律规则大致等同于法律规范（norm），它是一个上位概念，蕴含了一般意义上的法律规则（legal rules）和法律原则（legal principles），因此基于规则的推理自然也就同时包含了基于法律规则的推理和基于法律原则的推理。

[2] 参见孙海波：《告别司法三段论？——对法律推理中形式逻辑的批判与拯救》，载《法制与社会发展》2013 年第 4 期。

[3] See Neil MacCormick. *Legal Reasoning and Legal Theory*. Oxford University Press，1978，p.19.

(reasoning by consequences)[1]走了一个相反的从“后果→规则→后果”的方向，它是以某个裁决所可能带来的后果作为逻辑起点，通过对后果可欲性的评价，回溯性地寻找或调试可供适用的法律规范。也就是说，“这种论证将某个判决所可能带来的正面或负面后果作为支持或拒绝某个判决结论的理由”[2]，如果该判决所带来的结果是可欲的、值得赞许的，那么就会支持做出该判决结论，反之亦然。这种通过对相关后果的预测和评价来实现对裁决的正当性证明的推理模式的基本结构如下：

因为，裁决 X 可以产生后果 Y

并且，后果 Y 对政治、经济、社会以及公共福利是（不）可欲的

所以，裁决 X 是（不）正当的、（不）值得辩护的

如此一来，基于规则的推理与基于后果的推理之间的差别也就昭然若揭了：(1) 两者的逻辑起点是不同的，基于规则的推理是一种顺向的推理，而后果主义的推理则是一种逆向的推理；(2) 基于规则的推理所增进和维护的价值主要是形式正义，而后果主义推理更加注重对实质正义的观照；(3) 基于规则的推理是以法律理由作为裁判之正当化根据的，而后果主义推理是将某一裁决所可能带来的可欲后果作为证立该裁决的合理根据；(4) 从规则推导而出的结论即便不合理但也仍然是符合法治原则与整体法秩序的，而后果主义推理有可能会做出“超越法律”的裁判，因为它所考量的更多的是不同于法律后果（legal consequence）的法外后果（extra-legal consequence）；(5) 基于规则的推理适用范围更为广泛并且它能够维护法律

---

[1] 后果主义推理的同义指称有很多，比如说“后果主义论证”(consequentialist argument)、“实用主义论证”(pragmatic argument)、“实用主义推理”(pragmatic reasoning)、“工具主义的推理”(instrumentalist reasoning)、“工具主义的论证”(instrumentalist argument)、“通过后果进行正当性证明”(justification through consequences)，等等，在本书中笔者不再对这些概念进行有意区分，而会根据具体语境交替使用它们。

[2] Flavia Carbonell, “Reasoning by Consequences: Applying Different Argumentation Structures to the Analysis of Consequentialist Reasoning in Judicial Decisions”, in *Legal Argumentation Theory: Cross-Disciplinary Perspectives*. Christian Dahlman and Eveline Feteris eds., Springer Science+Business Media Dordrecht, 2013, p.3.

和司法的确定性，而后果主义推理的适用范围基本上被限制在疑难案件的裁判领域。

作为一种晚近才兴起的新型法律方法，这一推理方法在理论和实践两个层面上都还不是十分成熟。目前中国法学理论界对这一理论还相对陌生，但是司法实践中运用类似裁判进路的例子却不乏其数，这尤其契合于时下盛行司法界的“法律效果与社会效果相统一”[1]的司法政策，法官在办案过程中往往会更多考虑案件判决之后所可能带来的社会效果，甚至必要之时为了追求社会后果而甘愿牺牲法律效果。在个案中法官通过对相关后果的预测和考量，从而直接或间接地调整其判决思路和结论，这一点可以在下文第二部分的案例讨论中得到更加清晰的描述。

到目前为止，我们或许大致对后果主义推理有了一个初步的认识，但在正式对它进行讨论之前概念分析工作仍然是必要的。波兰法学家泽西·符卢勃列夫斯基区分了司法裁判中的“后果选择”（choice of consequence）与“通过后果的正当性证明”（justification through consequences），前者主要是法律赋予法官在某个裁决结果所蕴含的可能幅度范围内做选择，典型的例子就是刑法中的不定期刑，法官所做的此种选择实质上是在现有法规范的约束下行使自由裁量权；[2]后者意指一个裁决之正当性取决于对其后果的评价，[3]而这才是我们所要讨论的那种方法论意义上的后果主义推理。然而，人们可能会继续追问：基于规则的推理仍然时不时会考虑裁判的法律后果，

---

[1] 在2002年召开的全国民商事审判工作会议上，时任最高人民法院副院长李国光具体阐述了“两个效果”的内容，他指出：“审判的法律效果是通过严格适用法律来发挥依法审判的作用和效果；审判的社会后果是通过审判活动来实现法律的秩序、公正、效益等基本价值的效果。法律效果以法律和事实演绎推理、归纳推理和类比推理为主要内容；社会效果则以化解矛盾，维护社会稳定，维护国家利益，维护社会正义和公德，保护市场主体的合法权益，保障审判结果可实现性和高公认度为主要内容。”参见李国光：《认清形势，统一认识，开拓创新，努力开创民商事审判工作新局面，为全面建设小康社会提供司法保障》，载李国光主编：《民商审判指导与参考》，人民法院出版社2003年版，第13—14页。

[2] See Jerzy Wróblewski. *The Judicial Application of The Law*. Kluwer Academic Publishers，1992，p.189.

[3] See Jerzy Wróblewski，“Justification Through Principles and Justification Through Consequences”，in*Reason in Law*，C. Farrali and E. Pattaro eds.，Milano：Giuffre，1984，pp.140-141.

这也是一种后果主义推理么？答案显然是否定的，因为这种推理的逻辑起点依然是规则，并且法律后果是蕴含在作为大前提的法律规范中。因此，笔者在本章中所讨论的后果主义推理，仅仅是指那些在特定的个案中诉诸法外后果来正当化裁决的推理活动。

尽管我们已经知晓了两种推理模式的根本差异，亦即“在证成法律裁判时，考量裁判的后果并在给定情况下，根据解释的后果来修正解释。简单说，古典法教义学通过处理过去的事实并借助已给定的规则来控制裁判，而后果取向则通过对裁判所导致的效果的期待来调控裁判”[1]。但是，通过经验地观察司法行为和作为这一活动之产物的司法判决，我们一般很难发现这种后果考量的踪迹，[2] 大多数时候这种后果考量并不是以直接、显明的方式显现的，而是在“以规则进行推理”（playing by the rules）的掩饰下进行的，也就是说对后果的考量是一种隐性适用，“法官在形成裁判结果前必须考虑不同的裁判结果所形成的不同影响。但是，这种考量大多数情况下都无法直接通过判决书来表达，而只是法官内心的权衡与考虑”[3]。法官之所以不想公开承认自己运用了后果考量，是怕自己的判决丧失合法性乃至被上级法院撤销，因而只能使用修辞来尽量掩饰和伪装这种行为。

由于后果主义推理在理论上并不成熟，加之法律学者尚未充分地将实践中运用后果裁判的现象进行理论化。作为一种晚近才兴起的新型法律方

[1] 张青波：《以裁判后果论证裁判——读〈法律适用中的后果取向〉》，载郑永流主编：《法哲学与法社会论丛》（第 13 期），北京大学出版社 2008 年版，第 45 页。

[2] 美国法官 John E. Simonett 指出美国的上诉法院会经常运用“后果导向”（result-oriented）的裁判思维，并且在判决书中也可以发现类似的词汇。据他介绍，通过计算机检索过去数十年联邦和州法院的判决，这项研究最终显示共有 98 个案件在判决书中使用了“后果导向”这一词汇。See John E. Simonett, “The Use of the Term ‘Result-Oriented’ to Characterize Appellate Decisions”, 187 *William Mitchell Law Review*, (1984)：189-190. 但需要指出的是，John E. Simonett 法官并未严格区分法院对于“法律后果”的考量与对于“法外后果”的考量，因此其中就难免会出现部分案件其实并不是真正意义上的后果主义推理。同样地，使用了后果推理的案件也未必会在判决书中使用“后果导向”“后果考量”等类似的词汇，而对后果主义推理进行经验观察和实证研究难也就难在这里。

[3] 参见孙光宁、武兴伟：《民法解释的特征及其运作》，载《湖北社会科学》2008 年第 10 期。

法，后果主义推理自身仍面临着一系列的难题。比方说，后果主义推理缘何产生？后果主义推理在司法实践中的具体样态是怎么样的？后果主义推理既然诉诸对法外后果的考量，那么其正当性何在？在何种情形下后果主义推理的使用才是正当的？后果主义所考量的后果的范围是什么？如何能够将后果主义推理所进行的后果考量限制在现有法律体系和法律秩序的约束之下呢？后果主义推理与基于规则的推理果真是两种截然对立的方法论么？只有拨开这层层迷雾，我们才有可能增进对于后果主义推理的认识，并且让这一方法在实践中以得当的方式发挥作用。接下来，笔者将以中国的司法实践作为语境，描述后果主义推理的实践形态、论证其正当性、揭示其困境并以批判性的视角对其进行方法论的重构。需要说明的是，笔者对后果主义推理持一种“有限存在论”的态度，它仅仅能够在疑难案件的裁判中发挥作用，不可以随意地扩大其适用范围，另外即使在疑难案件中运用这一方法时也会受到一些限制，法外后果充其量只能作为一种刺激因素，法官对于相关后果的考量、对于裁判结论的论证仍然是以法律规则、法律体系和法律秩序作为基础的。

## 二、后果推理的实践形态及正当性

后果主义推理固然是一种理论实体，但它并不是法学家所凭空编织、构造出来的概念天堂，它是在长年累月的实践中产生的。作为一种法律方法，它来源于法官的审判实践、服务于法官的审判实践、接受审判实践的检验并在实践所累积的新材料和新问题的基础上不断发展和完善。退一步来说，即使并不存在一种关于后果主义推理的理论，那么通过将实践中法官以后果来论证裁判的现象理论化，仍然有可能描述和提炼出一套关于后果主义推理的理论。在当前这一小节中，笔者首先勾勒出中国司法实践中后果主义推理的形态，虽然“存在未必一定合理”，但既然存在就有其存在的道理，这就进一步牵引出后果主义推理的正当性难题，这也是任何关于后果主义推理必须回答的一个前提性问题。

## （一）司法实践中后果主义推理的形态

任何判决都必须说明理由，也就是要说明“为判决结果提供一般性的依据，并阐明援引、选择这些依据的依据”[1]。因为法律推理就其本质而言，就是一种说理、讲理的活动，是在法律论辩中运用法律理由的过程，[2]并且这种运用必须是公开的。既然如此，后果主义推理也应当是运用一定理由才展开判决推论的，只不过与常规的基于规则的推理不同的是，它所使用的理由往往并不直接来自法律规则，而是蕴含于某个对社会来说可欲的后果之中，也就是说，后果主义推理最初思考的并不是法律理由而是法外的道德性理由、经济性理由、政策性理由等，就此后果主义推理在我国的司法实践中相应地表现为五种基本形态：基于道德的后果考量、基于经济的后果考量、基于公共政策的后果考量、基于惯例的后果考量以及基于其他社会后果的考量，并且有的时候它们是彼此穿插、交织在一起的。

1. 基于道德的后果考量

“后果主义”或者“后果论”（consequentialism）是道德哲学中的一个重要概念，它将对某个行为道德与否的评价奠基于该行为所产生的后果在道德上是否可欲。正如菲利普·佩迪特对后果主义的界定，它是这样一种理论：“一种特定的选择是不是一个行动者已经做出的正确选择，这要看该决策的相关后果，要看该决策对社会的相关影响。”[3]这一理论运用到司法领域便是，某个裁判结论是否是可欲的、正当的，要看它所产生的后果在道德上能否获得足够的支持，或者说该判决结论是否符合主流的道德观念。我们知道法律与道德之间的冲突在现实生活中比比皆是，比如说法律并不支持一个为了救人而违章驾驶的行为，而道德观念往往会认可和接受这一行为，此时依照法律规定和诉诸道德后果的考量便会得出两个截然相反的

---

[1] 陈林林著：《裁判的进路与方法——司法论证理论导论》，中国政法大学出版社2006年版，第9页。

[2] See Steven J. Burton. *An Introduction to Law and Legal Reasoning*. Third edition，Aspen Publishers，2007，p.1.

[3] See Philip Pettit. *Consequentialism*. Vol. 6. Dartmouth Publishing Group，1993，p.xiii.

裁判结论。因此，法官在进行后果主义推理时，道德也是预测后果的一个很重要的变量。[1]

引用道德理由论证司法裁决的案例在实践中并不少见，2010 年北京市东城区法院在处理一起母女之间的房屋买卖纠纷时在判决书中公开引用《孝经》，诠释儿女应孝顺父母，而子女作为晚辈，过户了老人的房产后不给钱，是严重的背德行为。该案主审法官范三雪在接受记者采访时说："将传统的道德规范作为裁决论证的资源，可以增强裁决书的说理性，提高裁判文书的质量，促进和谐民生。"[2] 又如前文所述及的无锡中院在处理一起因夫妇因车祸丧生所遗留胚胎的继承争议时，在判决书中指出对涉案胚胎的相关权利归属应考量三方面的因素：一是人伦，二是情感，三是特殊利益保护。[3] 然而道德理由毕竟不是法律理由，仅仅依靠道德理由通常并不能使得一个裁决结论获得合法性。因此更多的时候，法官对于道德后果的考量往往是打着法律的旗号、隐秘地进行的。

四川泸州遗赠案就是进行隐性的道德后果主义推理的一个例证，一审、二审法院均以《民法通则》中的公序良俗原则否认遗嘱的效力，[4] 表面上看这是一个既合法又合乎情理的结果、是一个正义的判决，但仔细推敲不难发现该案判决书中所展现出来的基于法条的教义分析和论证不过是一种对后果考量的掩饰而已，在接受采访时被问及为何直接适用《民法通则》的原则来判案，该案一审法院分管民事审判的刘波副院长如是回答记者："在判决本案时，我们直接引用《民法通则》的'基本原则'，而没有机械地引用《继承法》的规定，是合情合理的。如果我们按照《继承法》的规定，支持了原告张某的诉讼主张，那么也就滋长了'第三者''包二奶'等不良

---

[1] See Robert S. Summers. *Instrumentalism and American Legal Theory*. Cornell University Press，1982，p.119.

[2] 参见《不孝女蒙走八旬老母房产　法院首引〈孝经〉断案》，载中国新闻网：http：//www.chinanews.com/shipin/news/2010-06-07/news15233.html，最后访问时间：2019 年 1 月 10 日。

[3] 该案判决书中更是包裹着大量的道德语言，请参见（2014）锡民终字第 01235 号民事判决书。

[4] 案件事实及判决书详情请参见（2001）纳溪民初字第 561 号民事判决书，（2001）泸民一终字第 621 号民事判决书。

社会风气，而违背了法律要体现公平、公正的精神。”[1] 正是通过对于如果判决情妇胜诉所可能给社会带来的不良道德影响的考量与权衡，两审法院才做出了这样的判决。

2. 基于经济的后果考量

经济后果也是司法裁判中会被经常考量的一个理由，它的一个基本思路是如果某一判决可以给当事人一方带来更大的利益或者增进社会的整体福利，那么这一判决就是可欲的。这显然是与功利主义的基本思想相一致的，所谓功利就是避苦求乐，“当一项行动增大共同体幸福的倾向大于它减小这一幸福的倾向时，它就可以说是符合功利原理的”[2]。因此，一个行为、立法建议甚或判决合理与否，就看它是否可以带来可观的经济后果。在我国这种基于经济后果之考量进行的裁判活动，与法律经济学的兴起和传播脱离不了干系，通过成本和收益的分析来确定行动和决策的最佳方式。美国著名法学家卡拉布雷西和经济学家米拉姆德提出了“财产规则”和“责任规则”，前者注重保护私有产权不受侵犯，除非所有人自愿转让否则不得强制转让；而后者是指第三人可以未经财产所有者的同意而使用其产权，但必须向其支付国家所确定的相应价款。[3] 法律经济学文献中经常讨论的“火车火花飞溅燃烧庄稼案”[4]“水泥厂环境污染案件”[5] 等，就是运用经济后果考量的典型例证。法官在裁决这些案件时总是会选择成本最小、收益最大的方案，由此“责任规则”往往倍受青睐。

在我国的审判实践中，法官在一些民商事、经济案件中也会进行经济后果的考量。比如说，数年前轰动一时的“武松打虎案”，刘某某于 1954 年创作了绘画作品《武松打虎》组画，1980 年山东景阳冈酒厂将《武松打

[1] 参见王甘霖：《“社会公德”首成判案依据“第三者”为何不能继承遗产》，载人民网：http：//www.people.com.cn/GB/shehui/46/20011102/596406.html，最后访问时间：2019 年 1 月 10 日。

[2] ［英］边沁著：《道德与立法原理导论》，时殷弘译，商务印书馆 2000 年版，第 59 页。

[3] See Calabresi，Guido，and A. Douglas Melamed，“Property Rules，Liability Rules，and Inalienability：One View of the Cathedral”，*Harvard Law Review*（1972）：1089–1128.

[4] See *LeRoy Fibre v. Chicago Milwaukee & St. Paul Ry*，34 S. Ct. 415（1914）.

[5] See *Boomer v. Atlantic Cement Co.*，26 N.Y. 2d 219（1970）.

虎》组画中的第十一幅修改后，作为瓶贴和外包装装潢在其生产的景阳冈陈酿系列白酒瓶上使用，1989年景阳冈酒厂在未经著作权人许可的情况下将其已经修改使用的刘某某的《武松打虎》组画中的第十一幅申请注册商标，并已经取得注册。一审法院认定景阳冈酒厂的行为改变了原作者的创作意图，属于歪曲、篡改他人作品，破坏了作品的完整性。同时，也侵害了刘某某对其作品依法享有的使用权和获得报酬权，因此判决其停止侵权并向刘某某的继承人裴某、刘某赔偿损失。[1]二审法院虽然基本肯定和维持了一审法院的判决，但对景阳冈酒厂的侵权行为仍然留有余地，认为“虽然一审判决景阳冈酒厂停止使用刘某某的作品《武松打虎》组画对其经营确有影响，但景阳冈酒厂仍然可以与著作权人协商取得该作品的使用权”[2]。

一般而言，行为一旦构成侵权理应承担相应的侵权责任，但是在特定的情况下如果判决停止侵权行为可能会对社会带来负面的经济后果。比如说，上述“武松打虎案”就是一个例子，景阳冈酒厂已经使用《武松打虎》组画注册商标并在市场上具有较高的知名度，如果判决景阳冈酒厂停止继续使用该组画，势必会使其市场效益严重受挫。正如某些学者所争论的那样，“鉴于被告使用该作品已达多年，且其商标已具有一定的市场知名度，实际上已在该作品之上添附了相当大的经济价值，停止侵权不符合诉讼效益要求，在当事人之间不能做到权利义务的平衡，与其停止侵权，不如在经济补偿上加大些力度，使两者各得其所”[3]。最高人民法院常务副院长曹建明曾在全国法院知识产权审判工作座谈会上强调，要依法妥善适用停止侵权的民事责任，“对于一些在诉讼中继续存在的特殊的侵权行为，也要根据案件具体情况，合理平衡当事人之间以及社会公众的利益，考虑执行的成本和可能性，对于判决停止侵权将导致执行结果明显不合理或损害公共

[1] （1996）海知初字第29号民事判决书。

[2] （1997）一中知终字第14号民事判决书。

[3] 孔祥俊：《论裁判的逻辑标准与政策标准——以知识产权法律适用问题为例》，载《法律适用》2007年第9期。

利益的，可以适当加重侵权人的赔偿责任而不判决停止有关的销售、使用行为”[1]。正因如此，我们在“武松打虎案”的二审判决中略微也看到了法官的这种考量。

3. 基于公共政策的后果考量

美国法学家威尔逊·胡恩提出了五种不同种类的法律论证模式，它们分别是基于文本的论证、基于立法意图的论证、基于先例的论证、基于传统的论证和基于政策的论证。这五种论证有着不同的出发点并且服务于不同的法律价值，其中基于政策的论证与其他四种论证最大的不同，在于它本质上是一种“后果主义的论证”，其核心要义在于对法律的某种解释和适用将会带来某一特定的后果，该后果从法律的视角来看既是可以接受的又是不可接受的，[2]法官据此后果来调适法律的选择和对案件判决结论的正当性证明。阿尔伯特·泰特认为实践中90%—95%的案件是基于法律理由获得裁决的，而剩下的那些无先例可遵循的案件基本上依靠政策来支撑结论。[3]但是以上两位学者甚至包括大多数学者所讨论的政策都是广义上的笼统概念，“指代任何与议题相关的考量因素或者被认为相关的考量因素”[4]，并不是所有的政策都可以成为司法考量的因素和依据，故而笔者此处仅意指较为狭窄意义上的公共政策。

由于前文已经强调，后果主义推理模式下对相关后果的考量通常有直接运用和隐性运用，那么同样地公共政策进入司法也具有两种路径：第一种方式是以间接的方式借助最高人民法院的司法解释，沿着“公共政策—司法政策（可无）—司法解释—司法裁判”的路径运作，[5]这是目前多数学

[1] 参见《曹建明要求降低维权成本加大侵权成本，加强知识产权司法保护力度》，载《人民法院报》，http：//www.chinacourt.org/article/detail/2007/01/id/232138.shtml，最后访问时间：2019年1月10日。

[2] See Wilson Huhn. *The Five Types of Legal Argument*. Second edition，Carolina Academic Press，p.51.

[3] See Albert Tate Jr.，“‘Policy’ in Judicial Decisions”，*Louisiana Law Review* 20（1959）：62-75.

[4] Scott Shapiro. *Legality*. Harvard University Press，2011，p.238.

[5] 参见宋亚辉：《公共政策如何进入裁判过程——以最高人民法院的司法解释为例》，载《法商研究》2009年第6期。

者所持有的观点，在这里公共政策既已转化为司法解释便具有了法律之属性，在司法裁判中对之加以引用已经不再是一种严格意义上的法外后果之考量；第二种方式是绕过司法解释这道坎，法官直接考量一般的公共政策，此时法官所适用的政策标准“根据的首先不是法律、法理和逻辑推理，而是特定条件下的现实需求和政策导向”[1]。这是在特殊情况下，对法律逻辑的突破和对法律规范的超越，它的产生和出现是为了追求更大范围和更高层面的实质正义。

基于政策进行考量的方式是多种多样的，可以是基于衡平，也可以是基于正义（像贾国宇案、五月花案就是典型的基于正义而为的政策考量），还可以是基于权宜等。[2]一些研究我国最高人民法院的学者，通过对最高人民法院司法审判的研究，指出其有创制、执行和适用公共政策的职能或者至少默默地发挥了这方面的作用。[3]在美国更是如此，法院扮演着重要的政治角色和发挥着政策制定者的功能已成常识。[4]然而，政策并不是法律、政策标准（理由）并不等同于法律标准（理由）。德沃金对于法律规则、法律原则与政策的区分对我们有很大的启发，原则和规则是权利存在的根据，而政策指向的是涉及政治、经济等方面的社会的目标，[5]在追求社

---

[1] 孔祥俊：《论裁判的逻辑标准与政策标准——以知识产权法律适用问题为例》，载《法律适用》2007 年第 9 期。

[2] 孔祥俊大法官讨论知识产权领域中一些运用政策进行后果主义裁判的例子，请参见孔祥俊：《论裁判的逻辑标准与政策标准——以知识产权法律适用问题为例》，载《法律适用》2007 年第 9 期。

[3] 相关文献比如：侯猛著：《中国最高人民法院研究：以司法的影响力切入》，法律出版社 2007 年版，第 1、6、7 章；张友连著：《最高人民法院公共政策创制功能研究》，法律出版社 2010 年版，第 3、5 章；黄韬著：《公共政策法院：中国金融法制变迁的司法维度》，法律出版社 2013 年版，第 2、3、4、6 章；李清伟：《司法克制抑或司法能动——兼论公共政策导向下的中国司法能动》，载《法商研究》2012 年第 3 期。

[4] See Glendon A. Schubert. *Judicial Policymaking: The Political Role of the Courts*. Scott，Foresman，1974；See Sunstein，Cass R.，ed.. *Are Judges Political?：An Empirical Analysis of the Federal Judiciary*. Brookings Institution Press，2006；See Ronald Dworkin. *The Supreme Court Phalanx: The Court's New Right-wing Bloc*. New York Review of Books，2008.

[5] See Ronald Dworkin. *Taking Rights Seriously*. Harvard University Press，1978，pp.22-27.

会集体目标时政策的制定和推行难免会侵犯个人的权利，因此政策一般不能够作为法律推理与论证的根据。但是制定法的不完整性以及案件事实的多样性，仍然为司法裁决中政策的运用留下一定空间，但是由于政策所涉及的方面过于宽泛，在运用政策时要认真辨识这种政策是否能够与既有法律体系一致，是否与法律的价值相符合，尽可能限制司法裁决中对政策的恣意考量，以避免侵犯个人的权利和自由。

4. 基于惯例的后果考量

惯例是指在人们长期生活中所日益累积而成的、反复为之的行为准则，进一步而言它是“社会一般人关于同一事项反复继续为同一行为而成立之行为准则，即成为一种共同之行为准则”[1]。然而就其法律性质而言，惯例是一种非正式的法律渊源，从法理上说这些尚未以权威的制度形式表现出来的惯例一般是不能被法院直接加以适用的，换言之，它不具有法律上的约束力（binding force）。需要注意，“习惯”和“习惯法”虽然一字之差，性质却全然不同。作为一种间接的法律渊源，习惯只有经过国家的认可并转化为习惯法，方才可以被加以适用。这种认可既可以是立法机关以成文的形式将惯例固定下来，同时也可以经由法官在个案中对惯例进行甄选、鉴别和适用。目前，通过立法形式被确立下来的惯例已不在少数，这主要集中在民事法律领域。比如，《物权法》第 85 条规定：“法律、法规对处理相邻关系有规定的，依照其规定；法律、法规没有规定的，可以按照当地习惯。”惯例既然是在人们长期的生活中所共同形成的一种行为规范，既有法律也对于惯例的司法适用做出了规定，那么法院在个案中对于惯例的认可和适用也便获得了其合法性。

在实践中，法官直接引用惯例作为裁判依据的案件并不少见，根据某些学者的统计，仅 1985 年到 2007 年间，最高人民法院公报计公布了 699 件案例，其中涉及“惯例”问题的案例总计有 13 件，占全部案例总数约

[1] 王伯琦著：《民法总则》，国立编译馆 1977 年版，第 4 页。

0.19%。[1] 惯例在司法实践中的适用一方面可以缓解成文法与民间风俗习惯的冲突，另一方面可以起到对成文法的弥补和辅助作用。对于惯例的考量是一种典型的后果主义论证，不妨以“彩礼返还”来加以说明。彩礼是一种传统的风俗习惯，是指在婚前为了确保能够与对方结婚而向其赠与的金钱、金银首饰或其他财物，而一旦双方最终未能结婚将会发生彩礼返还的争议。关于彩礼的性质学界素来是存在着争议的，但一般认为它是有别于一般赠与的一种特殊（附义务、附解除条件或目的）赠与。对于这种依照惯例赠与的彩礼在结婚目的无法实现时，接受彩礼的一方是否应该将彩礼返还，对此最高人民法院已在司法解释中确立了相应的彩礼返还规则，[2] 实践中法官可以据此来判定彩礼是否需要返还以及返还的具体数额。[3]

5. 基于其他后果的考量

司法推理中除了将道德、经济、公共政策和惯例纳入后果考量的范围，还会考量其他一些因素和后果。这里我主要讨论狭义的社会后果，即案件结果是否合乎情理、能否被当事人所接受。“有时虽然查清了案件的事实，实体和程序上也严格适用了有关法律规定，从形式上看确实做到了司法公正，但在裁判文书生效后，社会效果却不怎么理想。”[4] 通过一种专业化的司法程序所产生的判决结果，可能和普通公众基于常识、情理和朴素正义观所做的判断存在不一致。这其实触及了“司法与民意”的问题，但这并不是本书所要重点讨论的问题，对此笔者的一个基本观点

---

[1] 参见杨建军：《惯例的法律适用——基于最高人民法院公报案例的考察》，载《法制与社会发展》2009 年第 2 期。

[2] 《最高人民法院关于适用〈中华人民共和国婚姻法〉若干问题的解释（二）》第 10 条规定：“当事人请求返还按照习俗给付的彩礼的，如果查明属于以下情形，人民法院应当予以支持：（一）双方未办理结婚登记手续的；（二）双方办理结婚登记手续但确未共同生活的；（三）婚前给付并导致给付人生活困难的。适用前款第（二）、（三）项的规定，应当以双方离婚为条件。”

[3] 关于“彩礼返还”的案例有很多，笔者在北大法宝司法案例数据库中以“彩礼”“彩礼和风俗习惯”为关键词分别检索到 2068 件和 203 件婚约财产纠纷案件。

[4] 石林：《审判的法律效果与社会效果之协调》，载万鄂湘主编：《公正司法与建构和谐社会：全国法院第十八届学术讨论会论文集》，人民法院出版社 2006 年版，第 843 页。

是：司法可以考量民意，但不能被民意所左右，更不能以民意作为论证裁判的根据。[1]

比如说许霆案在一审判决作出之后，许多学者及社会公众认为对许霆处以无期徒刑显属过重，[2] 后来二审法院在改判的过程中就考量了案件所可能引发的种种社会后果，此外在邓玉娇案、李昌奎案、药家鑫案等案件中也或多或少地存在一些类似的考量。[3] 在中国，由于司法科层制的存在，下级法院的法官通常会顾虑自己的判决被上级法院撤销或被当作错案而追究责任，在很多情况下不得不考虑案件裁判所可能产生的社会后果。但有的时候社会后果并不是很好把握，因此在实践中往往会"回避社会效果的判断→发生问题引起上级重视→由上级裁断如何判定社会效果→根据社会效果重新判决"[4]。这种试探性的做法实际上是以依法裁判的方式将问题推给了上级法院，因此它所发挥的作用是极为有限的。除此之外，也有不少案例表明法官在裁判中进行了直接的社会后果考量，[5] 甚至在一个案件中法官可以穿插做多种后果的考量。

---

[1] 周永坤教授持类似的观点，认为民意审判不应当成为审判的依据，这主要是基于三个方面的原因：第一，民意具有非规范性、多元性、多变性和容易被操纵性；第二，民意审判违背审判法治原则；第三，民意审判也有违现行法律。参见周永坤：《民意审判与审判元规则》，载《法学》2009 年第 1 期。

[2] 参见王琳：《许霆案背后的司法悖论》，载《广州日报》2007 年 12 月 25 日。

[3] 苏力曾经提出药家鑫作为药家独子是其父母能够继续生活的全部希望，判处药家鑫死刑就等于是要了一家人的命，因此基于现代社会中独生子女的家庭结构的考虑，苏力认为判处药家鑫死刑并不是法院的最佳选择。参见苏力：《从药家鑫案看刑罚的殃及效果和罪责自负》，载《法学》2011 年第 6 期。

[4] 宁杰：《制度结构视野中的法律效果与社会效果——以英美差异为参照》，载《福建法学》2009 年第 2 期。

[5] 比如说广西"驴友"案的主审法官在接受记者采访时谈道："我们希望这是一个'吃螃蟹'的判决，判决的目的不是要阻碍这种旅游方式的发展，而是敦促人们要本着对生命尊重的理念来组织和参加这些有风险的活动。我们需要判决透露这样的信息：如果你没有相关资质和能力，请你谨慎行事，否则就不能逃避可能造成的损害后果。"参见陈华婕、田波：《"驴友"案：主审法官"吃螃蟹"》，载《法律与生活》2007 年第 1 期。

## （二）后果主义推理的可能性

通过上面的描述我们已经看到实践中存在形形色色的后果主义推理，但是这并不能说明这种推理方法本身就是正当的，为此需要我们拿出足够有力的证据来证明。案件有简单（easy case）与疑难（hard case）之分，区别二者的一个基本根据就是能否通过既有法律体系所提供的法律标准来应对。在简单案件中后果主义推理自然无用武之地，但是在那些无法被法律标准所覆盖的疑难案件中，司法自由裁量权就是不可避免的。当然行使司法自由裁量权的具体方法可能是多样的，比如说司法解释（文义解释、体系解释、历史解释、目的解释等）、类比推理以及法律续造，而后果主义论证不过是自由采量的一种表现而已。法律本身的未完成性（incompetence）品质，就为后果主义的适用留下了存在的空间，这是最为重要和根本的原因。

除此之外，我们还可以找到其他一些理由。比如，后果主义论证本身就是作为对传统教义学推理的反叛而出现的，它更加注重对实质正义的追求，既能够丰富既有的法律推理理论，同时又能实现对法律的续造和发展。又比如，法官和普通人一样在生理上有着本能的敏感，“对后果的高度和系统关注，其实是所有人天然分享的，几乎是自觉的、本能的”[1]。再比如，我们需要在讨论法官及司法判决时候引入“听众”（audience）概念，[2] 个案中法官及其判决结果最直接的听众就是诉讼两造，当事人都是希望判决结果最后能够支持己方的诉求，因此也会为此据理力争，法官不可能对之不闻不问。德国学者德歇特也提出了一些其他的理由，包括：司法调控和塑造社会功能的最优化要求考虑社会影响，法官法的发展使法官意识到自己社会工程师的角色从而有意识地更多发挥塑造社会角色的功能，以及法学

---

[1] 苏力：《法律人思维？》，载《北大法律评论》2013 年第 2 辑。

[2] 这一点受到了贝尔教授有关“基于政策的论证”的启发，谈到法官在判决说理及形成判决结论的过程中要考虑相关听众。See John Bell. *Policy Arguments in Judicial Decisions*. Oxford University Press，1983，pp.23-24.

对社会逐渐复杂化的回应产生了法学的社会学化、经济学化和生态学化。[1]基于以上理由，作为一种法律方法，后果主义推理足以获得其正当性。

## 三、后果主义推理的困境

由于后果主义推理是一种晚近才兴起的法律方法，目前学界对这一理论的探讨和研究还相对分散且不够深入。通过前面的讨论，我们已经看到实践中许多案例在运用后果的考量来论证裁判的正当性。同时，我们也不难发现这一方法在理论上还存着一些困境，这将会成为阻碍其发展的重要制约因素。由于实践中后果主义论证的形态样式繁多，在部分案件中我们可以清晰地观察到法官是如何运用后果主义论证的，但是在绝大多数案件中这一方法的论证却是隐而不显的，而恰恰是后者特别值得我们警惕和重视，因为在这种情况下诉诸法外因素的论证披上了一种合乎常理或权威的外衣，它不仅隐藏了关于后果论证这一问题的根本性争议，而且同时也遮蔽了真正能够正当化裁决结论的法律根据和理由。[2]揭示后果主义推理自身所面临的困境，将不仅有助于增进我们关于这一方法的认识，而且还可以进一步促进这一方法在司法实践中的适用。

### （一）困境之一：以非法律性理由取代法律理由

传统的形式推理是一种向后看的司法活动，它从既存的法律规定出发，并结合个案事实进而推导出裁判结论，这是典型的法教义学的思维程式，它旨在坚持和捍卫法律的稳定性和确定性品质，满足诉讼两造有关权利诉求的预期。而后果主义推理作为一种逆向思维，它的出发点是案件所可能导致的可能后果，通过对后果之考量和评价，从中选择可欲的后果并以此

[1] Martina Renate Deckert, *Folgenorientierung in der Rechtsanwendung*, München, 1995. 转引自张青波：《以裁判后果论证裁判——读〈法律适用中的后果取向〉》，载郑永流主编：《法哲学与法社会论丛》（第 13 期），北京大学出版社 2008 年版，第 45 页。

[2] See John Bell. *Policy Arguments in Judicial Decisions*. Oxford University Press, 1983, p.36.

作为裁决结论之正当性证明的根本理据。以至于德沃金说，这种向未来导向的、向前看的推理方法，不仅否认了过去的司法决定（先例）和政治决定（立法），而且还用法官个人的福利观取代了社会的福利观。[1] 根据现代法治的一般理念，法官的司法裁判活动不能脱离法的约束，除非有更强理由（比如在法律规则与法律原则冲突之时法官可能会诉诸法律原则甚至一般道德原则）否则不得规避法律，更不能以法官个人的意识形态、价值偏好来取代法律自身的价值。后果主义论证试图以法外之道德后果、经济后果以及其他社会后果，来作为裁判结论证成之理据，一旦操作不当便会损害法律的权威，甚至危及整个法治。虽然直观来看，个案的威力微乎其微，但个案却有可能影响以后类似案件的判决，以此递推积少成多，其危害不可小觑。

### （二）困境之二：未来后果何以能够预测

在对相关后果进行考量和评价之前，首先最起码需要将这些后果以清晰的方式预测出来，而目前所提出的这一困境实质上是对后果主义论证之运作前提可能性的打击。如果这一打击可以站住脚的话，那么后果主义推理理论将从根本上被彻底摧毁。在批评者看来，实践中有待法官考量的后果的外延本身是难以确定的，同时法官也难以预料到所有可能发生的后果。[2] 法官对后果的关注主要是该种后果对于未来社会所可能产生的各种影响，然而这种结果是一种可能的、尚未发生的、将来的后果。从逻辑上讲，只有当某一判决做出之后才能确定其所实际产生的各种后果，在判决尚未完成之前又如何能够预测后果呢？即便他们能够预测出来一些后果，这些后果充其量也不过只是一种或然性的推测或猜想而已。退一步而言，

[1] See Ronald Dworkin. *Law's Empire*. Harvard University Press，1986，p.101，152.

[2] See Flavia Carbonell，"Reasoning by Consequences：Applying Different Argumentation Structures to the Analysis of Consequentialist Reasoning in Judicial Decisions"，in *Legal Argumentation Theory：Cross-Disciplinary Perspectives*. Christian Dahlman and Eveline Feteris eds.. Springer Science+Business Media Dordrecht，2013，p.2.

即使我们承认法官能够对后果进行预测，但是实践中一个判决对社会影响力的射程范围和方向具有高度的复杂性和不确定性，并且“所涉及的结果是很多的，除了解释者所能想象到的结果之外，还有其他无法想象的更多结果，如结果的结果、更远的结果、附带的结果以及累积的结果等，因此我们不可低估结果预测的困难性”[1]。所有这些因素的存在，会大大降低我们对于结果预测的可能性和准确性。

### （三）困境之三：评价规则和标准缺位

传统的形式推理以法律规则为基础，能够较好地实现法律的确定性价值，其操作规程也相对简单、易行。相比之下，基于后果的推理则并没有这么高的可操作性，因为它在许多问题上仍然模棱两可，比如，评价规则和标准缺位（什么样的后果是值得赞许的或不值得赞许的？用以确定评价后果的因素有哪些？如何来证明某个行为与某个可被预见之效果之间的因果联系呢？）、评价主体不明（某个后果对谁而言是值得赞许的或对谁而言是不值得赞许的？）。[2] 另外，对于社会效果的预测和评价需要大量的、科学的经验材料和方法作为支撑，“需要详细的实证材料与周密的统计分析为依据，并根据需要应用概率论与数理统计上的相关分析、回归分析描述事物之间的规律。可惜的是，目前这些精致的方法我国很少应用”[3]。然而由于缺乏这些可供实践所操作的标准，便导致在个案中究竟“何种后果是可欲的”“何种后果是不可欲的”皆由法官个人自行定夺，以至于整个司法过程好像沦为一种法官“跟着感觉走”的活动。由于每个法官的判断标准不

---

[1] 参见刘孔中、李建良主编：《宪法解释之理论与实务》，“中央研究院”中山人文社会科学研究所1998年版，第27页。

[2] See Flavia Carbonell, “Reasoning by Consequences: Applying Different Argumentation Structures to the Analysis of Consequentialist Reasoning in Judicial Decisions”, in *Legal Argumentation Theory: Cross-Disciplinary Perspectives*. Christian Dahlman and Eveline Feteris eds.. Springer Science+Business Media Dordrecht, 2013, p.2.

[3] 疏义红著：《法律解释学实验教程——裁判解释原理与实验操作》，北京大学出版社2008年版，第174页。

一，从而使得他们在对面类似案件时有时会做出大相径庭的判决，严重危害法律的统一适用。

（四）其他

此外，学界还存在着对后果主义推理的其他一些非议。比如说，这一推理方法在判决过程中的说理问题上做得不到位，至少在中国判决书不注重说理、不好好说理是一个很普遍的情况，而在后果主义推理中这种现象可能更为严重，由于判决的证明诉诸了法外后果，这个时候仅仅依靠法外后果有时很难让判决获得形式合法性。一方面法官不得不说理，另一方面言多必有失，说多了又怕露馅，因此他们通常会对案件的裁判做一些表面的文章，这不过是“挂羊头卖狗肉”，以教义论证来掩盖后果考量而已，这一点在前面提到的“四川泸州遗赠案”的判决中一览无遗。又比如说，“后果主义论证在本质上是评价性的，它具有主观性，评价的特性使得后果主义论证不是借助单一的指标进行判断，它的主观性则使判断者的某些价值偏好常常起着不可避免的作用”[1]。此外，传统的形式推理是一种“保真”的推理，而后果主义推理只是一种“或然性”的推理，通过后果论证得出的裁判结论是否正确，仍然要接受其他评价标准的检验，并且在多数时候尤其是隐性的后果推理仍然需要借助于形式推理，并以后者作为推理的基础。

## 四、后果主义推理的方法论重构

从产生的时间上来看，尽管我们可以将后果主义推理的理论渊源追溯至 20 世纪由霍姆斯所倡导的法律实用主义以及在此基础上所发展而出的法律现实主义，但作为一种法律方法它产生于 20 世纪末期。从产生的原因来分析，正是由于不满传统形式推理的机械性以及对个案中实质正义的忽视，

---

[1] 杨知文:《司法裁决的后果主义论证》，载《法律科学》2009 年第 3 期。

同时又由于法律经济学、法律社会学等交叉学科（亦称“社科法学”）的蓬勃发展，共同催生了这样一种试图通过考量相关后果来论证裁判的理论。在我国，尽管司法实践中法官会有意无意地践行后果主义推理，但正如我们在前一部分中所看到的那样，这一理论还存在诸多难题，最为根本的是它缺乏一套详细的、可供操作的方法论。

一种全面的后果主义推理理论应当克服前述困境，它不仅需要说明法官如何做到在既有法律体系内考量后果的同时又能坚持法律标准，而且要说明法官在何种情形下、考量何种后果以及凭借何种标准来对欲考量之后果做出评价。所有这些问题都是一种后果主义法律推理必须直面的问题，在笔者有限的阅读范围内，中国学界几乎还没有对这些问题进行回应，这也难怪会令我们对这种推理理论感到陌生。笔者在本部分对后果主义推理进行方法论的重构，并将这一方法分为四个具体的步骤：确定后果推理适用的前提、预测相关的可能后果、对相关后果的评价、裁判的证立及说理。[1] 每一个步骤对于方法这个整体而论都不可或缺，稍有逾越或操作不当可能都会使得整个判决丧失合法性。

### （一）确定后果推理适用的前提

在法官决定采纳后果主义推理之前，首先必须确认眼前案件属于该理论之适用领域。一些批评者可能宣称或者想当然地认为在任何案件中法官

---

[1] 德国法学界对后果主义推理已经有不少出色的研究，对于后果主义推理的方法学者们提出了多种观点，比如有：(1) Wälde 教授的“二分法”，后果预期和后果评价；(2) Sambuc 教授的“三分法”，判决后果之预测、后果之评价和判决之后果论证；(3) Kilian 教授的“四分法”，判决后果的调查、后果发生的概率、后果的可追求性和选择最佳判决之可能；(4) Deckert 教授的“五分法”，可适用性、后果调查、后果预测、后果评价和决定行为。相应的文献是：Tomas Wälde，*Juristische Folgenorientierung*. “Policy Analysis” und Sozialkybenetik：Methodische und organisatorische überlegungen zur Bewältigung der Folgenorientierung im Rechtssystem，Königstein，1979，S. 6 ff；Thomas Sambuc，*Folgenerwägungen im Richterrecht*，1977，S. 104；Wolfgang Kilian，*Juristische Entscheidung und elektronische Datenverarbeitung*，1974，S. 207-237；Martina Renate Deckert，*Folgenorientierung in der Rechtsanwendung*，München，1995，S. 124 ff. 转引自何佳昇：《法律论证中的后果考量》，台北大学法律系 2004 年硕士学位论文。

都会先考量后果，法官在处理任何案件时都会首先从对后果的预测和考量开始。其实这是一种假象，也过分夸大了后果推理的实践功用。法官在大多数案件中即使首先考量后果，考量的往往也主要是法律后果而非法外后果，而且预测后果和通过后果正当化裁决结论本身就是一种十分复杂的司法活动，并不是所有的案件都能适用后果主义推理这一方法，作为一种新型的法律推理方法它只能发挥极为有限的功用，并且是作为一种对传统法律方法的补充和辅助而存在。

在什么情形下可以适用后果主义推理呢？对此学界主要有这样几种代表性的观点：第一种观点，主张只有出现法律漏洞时，法官才可以借由后果主义推理来填补法律漏洞。[1]第二种观点，认为后果主义推理运用的主要领域是疑难案件，它可以基于判决的系统后果来创设裁判规则。[2]第三种观点，坚持只有在以下两项条件均难以获得满足时，后果主义推理才成为必要：(1) 法律裁决无法从既有的规则中推导出来；(2) 司法裁决亦无法从植根于实践中的法律原则中推导出来。[3]第四种观点，当传统的法律推理方法已经耗尽时，法官便不得不诉诸基于政策、道德、经济等后果因素。[4]这几种观点虽然具体表述不一，但也大同小异，基本上都是将后果主义推理严格限制在疑难案件领域，其实践功用也被限定为创设裁判规则、填补法律漏洞。

正是由于仅仅依靠形式逻辑无法解决案件，或者依据既有法律标准推导出数个互不相容的裁决结果，法官才可能会考虑在个案中是否可以使用后果主义推理。笔者对上述主张持一点保留，疑难案件是法官适用后果主义推理的必要但不充分条件。也就是说，并不是在一切疑难案件中法官都

[1] 杨知文：《司法裁决的后果主义论证》，载《法律科学》2009 年第 3 期。

[2] 参见王彬：《司法裁决中的“顺推法”与“逆推法”》，载《法制与社会发展》2014 年第 1 期。又见陈伟：《法律推理中的二阶证立》，载《政法论丛》2013 年第 1 期。

[3] See Neil MacCormick. *Legal Reasoning and Legal Theory*. Oxford University Press，1978，p.101，p.104.

[4] 参见［美］理查德·波斯纳著：《法理学问题》，苏力译，中国政法大学出版社 2002 年版，第 47 页。

可以排他性地选择适用后果主义推理。由于疑难案件产生的原因是多样的，疑难案件自然也就呈现出多种类型，比如说有规范缺失型（也就是出现法律漏洞）、理由冲突型（规则与规则、规则与原则发生冲突）、语义模糊型等。相应地，长久以来学界已经提出了诸如目的解释、类比推理、利益衡量等方法，它们的理论体系和方法论相对成熟，更为重要的是运用这些方法应对疑难案件并不会超出既有的法律体系，仍能满足法律约束之要求。

从后果主义推理所产生的根源上来剖析，它又可以被进一步划分为“适用规则的后果主义推理”与“创设规则的后果主义推理”。其中，适用规则的后果主义推理又被叫作执行规则的后果主义推理，是指由于法律所提供的理由本身是模糊的或者彼此冲突的，此时在法律规范目的的脉络之下，通过对判决所可能产生的相关后果的考量来澄清法律条文之语义、确定能够被适用于眼前案件的法律规范，此等后果的考量并未超越既有的法律体系；而对于创设规则的后果主义推理来说，它主要适用于那些缺乏相应法律调整的案件，此时对后果的考量其实就是对法律漏洞的填补。这种司法活动很有可能会突破既有法律规范而为超越法律之法律续造[1]，因此只有在用尽前述方法仍无法解决案件时，法官才可以考虑是否可以适用后果主义推理。

## （二）预测相关的可能后果

确定后果主义推理的前提，其实就是划定哪些案件领域可以使用这种方法，目的在于确保案件裁判的过程不脱离法律之约束。只有通过了前述基本前提这一门槛要件的测试，某个案件适用后果主义推理才具有初始的合法性，为什么使用“初始合法性”这个概念，是因为仅仅符合这一要件

---

[1] 在拉伦茨看来，超越法律的法之续造虽然也是一种填补漏洞的方法，但其不再只是取向于法律理由、法律内存的目的本身，毋宁更以超越这些的法律思想为根据。这种法的续造当然不能抵触法秩序的一般原则及宪法的价值秩序，事实上，唯其与之一致，其始能被正当化。参见［德］拉伦茨著：《法学方法论》，陈爱娥译，商务印书馆 2005 年版，第 287 页。

尚不能确保该案的判决就是合法的，它至少还应该严格遵守下文所讨论的后果主义推理的一系列步骤和要件。而一旦当我们确定某个案件属于后果主义推理的适用范畴，那么接下来的一个问题就是预测相关的可能后果。由于结果具有不可预见性和高度复杂性，所以我们尽可能通过一些方法来增强预见性和降低复杂性，这就需要解决两个子问题，即“后果的性质及可能范围是什么”以及“如何来预测这些后果”。这就进入了后果主义推理的第二步，亦即后果调查的阶段。

1. 后果主义推理中“后果”的性质

这个问题涉及后果的概念，也就是说能够为我们在司法实践中考量的后果是什么样的后果。由于实践中后果的种类是多样的，我们便不得不对其进行区分并以此划定后果考量的范围：

（1）法律后果与事实后果，所谓法律后果，是指通过法律规范之构成要件与案件事实的涵摄所得出的后果。法律规范的结构通常表现为“如果T则R”，法律后果通常就蕴含在R之中。而事实后果则是指判决在事实上所产生的影响，此等影响很大程度上已经超越了前述之法律后果，比如说判决结果在经济、政治、道德等方面所产生的影响。这个区分大致等同于麦考密克所说的“法内后果”与“法外后果”，前者是指通过法教义学推理在法律体系内部所获得的蕴含后果，而后者是一种判决的行为的后果或者其他较长期的可能的结果，[1]这往往是通过经验的方法来观察判决对于社会、经济所产生的影响来确定。司法裁决自然会考虑法律后果，但是这种后果概念并不是后果主义推理所采纳的后果，“后果主义法律论证所依据的后果并非通过语词的相互指称或逻辑关系的判断就能够确定，而必须满足‘可行性’的要求，即该后果必须是能够通过经验加以证明的事实上的可能后果”[2]。因此，后果主义推理所应考量的只能是事实后果而非法律后果、法外后果而非法内后果。

---

[1] 参见［英］麦考密克、［奥地利］魏因贝格尔著：《制度法论》，周叶谦译，中国政法大学出版社1994年版，第247页。

[2] 王彬：《司法裁决中的“顺推法”与“逆推法”》，载《法制与社会发展》2014年第1期。

（2）一般后果与特别后果。二者区分的一个关键，在于某个后果是否能够产生具有普遍效力的影响。前面已经有所提及，后果主义推理具有续造法律、填补法律漏洞的功能，根据对特定相关后果考量而创设的裁判规则自然也具有普遍的约束力，不仅仅关注当下个案更放眼未来有可能产生的类似案件。以至于波斯纳也提醒我们不要只顾着眼前的个案，学会避免短视的正义，“即只关注某具体案件中的‘公平’”[1]。法官在后果主义推理中预测相关后果的目的在于以这些目的作为论证裁决的正当理由，而一个具有可接受性的正当理由不应该只是个别化的和仅仅适用于当下案件的，一个可欲的后果毋宁应该是指向未来的，也就是说能够通过逻辑将其作为未来类似案件之裁判规则。[2] 以此来论，针对个案所产生的特殊后果并不能进入后果主义考量的范围。

2. 如何预测相关后果

尽管还存在其他后果，比如宏观后果与微观后果、直接后果与间接后果、单一后果与复杂后果、规则后果与行为后果等，但是这些后果基本上都可以被划归至法律后果与事实后果、一般后果与特别后果，对此不再详细地讨论下去。既然我们已经通过论证得出，后果主义推理所考量的后果主要是一般后果、事实后果，那么我们就必须回答这些后果得以被发现或预测的方法。从词义上来讲，后果就是指某一决定、行为或事件对于事实状态所产生的影响，因而在经验上是可以被辨识的。借此，法官可以根据经验和常识来预测相关后果，法官常年处理各种类型的案件纠纷，凭借自身所累积的经验性知识通常可以敏锐地判断判决所可能产生的各种影响，其中将立法者本身预期的规范影响排除在外，其余的事实性影响（包括本章第二部分所讨论的政治影响、经济影响、道德影响、社会影响等）就是事实后果。

批评者可能会说上述凭借法感或者经验来预测后果的方法过于笼统、

---

[1] ［美］理查德·波斯纳著：《波斯纳法官司法反思录》，苏力译，北京大学出版社 2014 年版，第 7 页。

[2] 参见杨知文：《司法裁决的后果主义论证》，载《法律科学》2009 年第 3 期。

粗糙，不具有实践上的可操作性。然而我们应当注意，社会科学不同于自然科学，我们很难设计或建构出一些公式，法官只要输入相关的数据就能经确定测算出相关后果及其盖然性。这种“法律的公理之梦”伴随着概念法学的破产早已被人们所抛弃，而法律的社会科学的努力仍然可以为我们提供一些社会科学的方法，比如社会学中的定性和定量研究、[1] 统计分析以及经济学中的成本和收益分析等。德国学者斐利比介绍了社会科学领域六种常见的预测后果的方法：从“一般有效的定律”来推导、社会科学的“模型程序”、对变量研究的趋势程序、以抽样原则为基础的测试程序、探求行动决定者之意图的询问程序以及直观的程序。[2] 针对具体的问题法官可以选择不同的预测方法，同时根据相关后果与既有法律规范、一般法律原则的符合度，可以将它们按照发生概率之高低进行排序，其中发生概率较高、具有较普遍影响性的后果特别值得关注，这就为下一阶段的后果评价奠定了基础。

### （三）对相关后果的评价

在确定了后果范围的清单之后，便需要对后果是否可欲进行评价。既然是评价，那么自然需要一些评价标准，但是哪些标准可以成为评价后果的标准呢？对此学界有很大争议，不同论者往往会提供自己认为重要的判准，这恰恰是建构后果主义推理方法论的一个难题所在。如果说前两个步骤更多的是一种经验意义上的后果发现和预测，那么对后果的评价就已经是一种具有规范性意义的活动了，因为对于后果是否可欲、是否值得赞许的判断必然会摄入评价者自身的一些价值和观念，从这个角度看对后果的

---

[1] 关于社会科学中的因果推理、抽样分析、变量设计、建模等方法的介绍，可以参见谢宇著：《社会学方法与定量研究》，中国社会科学文献出版社 2006 年版，第 40—79 页。

[2] Philippi，Klaus Jürgen. *Tatsachenfeststellungen des Bundesverfassungsgerichts：ein Beitrag zur rational-empirischen Fundierung verfassungsgerichtlicher Entscheidungen：[Inauguraldissertation zur Erlangung des akademischen Grades eines Doktors der Rechte der Rechts-und Wirtschaftswissenschaftlichen Fakultät der Universität des Saarlandes]*. Heymanns，1971. S.126ff. 转引自宋恩同：《结果取向的宪法解释与适用》，台湾政治大学法律学系 2006 年硕士学位论文。

评价在一定程度上又是主观的，不同的法官难免会赋予不同的价值标准以不同的重要性。

麦考密克强调，对相关后果的评价不能仅仅根据“功利”（utility）这个单一的标准，而必须依赖法律所增进和维护的多元价值。据此可以被当作评价标准的有诸如正义、常识、公共政策或便宜等。[1] 卡博奈尔也开列了一个评价标准清单，认为能够充当评价后果的因素主要有实质性的平等、法律规范的目标及目的、制度性价值、宪政原则以及一般性法律原则。[2] 与这两个清单有很大不同，符卢勃列夫斯基的建议更加值得我们注意，他提出了三类评价后果的标准：(1) 内部标准，根据现行法律体系的要素来评价后果，并包含形式正义、规范融贯性以及一致性三个次级标准；(2) 外部标准，主要是指实质正义；(3) 混合标准，从听众的视角看根据一个后果做出的判决是否具有可接受性。[3] 三分法相对来说是比较科学、全面的，但是可接受性的判断作为对案件判决是否合理的检验本身可以被囊括入其他标准之中。至此，笔者坚持二分法，即将后果之评价标准分为“法律体系内的标准”和“法律体系外的标准”。这两种标准，恰好对应于“适用规则的后果主义推理”与“创设规则的后果主义推理”。

对于“适用规则的后果主义推理”来说，其评价标准必须从既有法律体系的内部找寻。规范目的是被用来评价后果的第一个法内标准，规范目的也称立法预期，是立法者在制定法律之时赋予每个法律规范的目的。如果通过限缩或夸大解释，将某个后果纳入规范目的所涵盖的范围之下，那么该目的就是可欲求的。我们来看这样一个例子，比如法律规定“出卖瑕

---

[1] See Neil MacCormick, “On Legal Decisions and Their Consequences: From Dewey to Dworkin”, 58 *New York University Law Review*, 2 (1983): 239-258.

[2] See Flavia Carbonell, “Reasoning by Consequences: Applying Different Argumentation Structures to the Analysis of Consequentialist Reasoning in Judicial Decisions”, in *Legal Argumentation Theory: Cross-Disciplinary Perspectives*. Christian Dahlman and Eveline Feteris eds., Springer Science+Business Media Dordrecht, 2013, p.5.

[3] See Jerzy Wróblewski, “Justification Through Principles and Justification Through Consequences”, in*Reason in Law*. C. Farrali and E. Pattaro eds., Milano: Giuffre, 1984, p.153.

疵商品者应承担损害赔偿责任”，假如买受人从出卖人那里购得的商品并不具有出卖人所宣称的一些优点，但该商品却完全符合相关的质量标准，此种情形下出卖人是否应负损害赔偿责任呢？仔细分析不难发现该规范之目的在于保护买受人避免瑕疵商品之害，该案中出卖人虽然虚构商品本身所并不具有的一些优点，但这并未使得买受人的利益根本受损，如果判决合同无效并责令出卖人承担损害赔偿责任显然会增加交易成本且违背立法本意，明智的做法是通过规范目的评价可能后果并将该种情形纳入规范目的之下。在法律体系内除了规范目的之外，法律原则也是另一个重要的评价标准，法律原则具有高度的抽象性，并且通常构成法律规则背后的正当化理由，在法律规则不明晰或者阙如之时，法律原则往往可以为案件的裁决提供标准。

在“创设规则的后果主义推理”模式之中，既有的法律体系对个案的裁决既无法提供法律规则又未能提供法律原则，此时对相关后果的考量已经不再是法律解释，而是对法律漏洞的填补、法律的续造，此时要建立的不再是后果与单一的法律规范目的之间的联结，而是后果与原则以及原则之目的之间的关联。[1] 此种情形下对后果的评价标准须从法律体系的外部寻找，笔者认为法外评价标准包括两个层次：第一层级的评价标准是形式正义、实质正义以及融贯性，形式正义强调平等对待、类似情形得到类似处理。这主要着眼于此种情形下所创设的裁判规则应该是普遍的且对于未来的类似案件仍具有可适用性，实质正义强调通过对相关后果考量所作出的裁判在当事人之间是否达到了利益均衡、对当事人来说是否具有可接受性，一致性则要求后果主义推理所创设的规则与现有法律体系的原则与规则是否可以做到无缝对接以尽可能消除冲突和矛盾。第二层次的标准是一些具体的衡量后果的方法，比如说成本和收益分析的标准、道德合理性标准、习惯标准、政策标准等。这些第一位阶的评价标准必须尊重和符合第

[1] 参见张嘉尹：《宪法解释、宪法理论与“结果考量”——宪法解释方法论的问题》，载氏著：《宪法学新视野（一）：宪法理论与法学方法》，台北五南图书出版有限公司 2012 年版，第 114 页。

一层次的标准。实践中，法官要尽可能地通盘考虑这些评价标准，尤其是要处理好它们之间的可能冲突，做到像罗尔斯所说的“反思平衡”。

### （四）裁判的证立及说理

通过相关的评价标准对后果完成评价之后，就可以从中选择最符合评价标准者，作为后果主义推理的事实后果，然而这种事实后果如果想要演变为裁判的最终结果，仍需要最后一步，即通过该后果来论证裁判，以此得出的裁判后果也就是裁判的最终结论。如果说前三个步骤的全部工作在于“判决的发现”，那么最后一个阶段的工作就是要进行“判决的证成”。[1]运用裁判后果来论证裁判，首先必须满足一些最为基本的条件。比如说，整个推理从前提到结论要具有连贯性，不能出现矛盾或冲突，又比如说大、小前提应当具有完整性。这不仅是后果主义推理所应当符合的条件，其实也是所有其他一般法律推理都应该满足的最低限度的形式要件。其次，由于后果主义推理的主要功能在于为疑难案件创设裁判规则，这种规则的创设及运用能够有效地嵌入现有的法律体系并使之成为法律体系的一部分，这主要是通过融贯性的原则来实现的，对此在上一小节中已经有所讨论，此处不再赘述。

仅仅有了裁判规则和通过评价标准检验的后果，尚不能简单地将二者糅合起来以得出裁判结论。法律推理是一种运用法律理由进行说理的活动，就此一个经由后果主义推理所得出的判决结论要想获得实质合法性，必须成功地完成对判决的说理和论证。“规则适用型的后果主义推理”最终的运作形式仍然是三段论式的，对于判决后果的考量、对于规范目的的解释不过是在为三段论推理准备大前提，因此在该种后果主义推理中对后果的考量和解释通常是隐蔽进行的，在判决书中几乎难以发现法官有过任何后果考量的蛛丝马迹，换句话说，这种后果主义推理是通过逻辑推理的

---

[1] “判决的发现”强调判决能够被发现或实现的过程，而“判决的证立”则着眼于判决经由何种方式可以被证明是正当的，关于二者的划分及详细讨论，see Richard A. Wasserstorm. *The Judicial Decision*: *Towards a Theory of Legal Justification*. Stanford University Press，1961，pp.25–28.

形式完成判决说理的。而对于“规则创设型的后果主义推理”则有所不同，尽管从实质的意义上讲法官的确运用后果考量创设了规则，他们事实上“以解释的外衣进行独断的价值判断，以逻辑的形式掩盖造法的事实”[1]。为了让判决获得形式合法性，他们往往会千方百计地做表面文章、暗度陈仓，使用形式上的教义论证掩盖造法的事实，但这并不是真正的判决说理。法官“不应偷偷摸摸地将其自己关于法律之目的、正义、社会政策或者判决所需要的其他法外因素搬进法律中，而应当公开地予以区分和讨论”[2]。一个忠诚的法官应当将其思考和推理的过程完整地、以明示的方式展现在判决书中，他／她在判决过程中考量了哪些后果，如何发现的这些后果，这些后果是如何被评价的，这些后果又是如何被正当化为裁判结论的，对于这些细节应当在判决书中有所体现。遮蔽只是权宜之计，公开说理才是关键。

## 五、本章小结

传统的法教义学（legal dogmatics）强调在承认现有法律规范之效力的前提下，对法律文本之含义所做的澄清或阐明，进而将之适用于司法裁判之中。这种以解决法律问题为导向，着眼于对法律规范进行体系化建构的活动，至上的美德在于捍卫案件裁决中法官受法律之约束。即使在疑难案件中，法教义学也能够通过包容价值判断的方式在最小损害既有法教义学体系的前提下完成法律之续造。然而长期以来人们只是看到了法教义学的封闭性、保守性的一面，而忽视了它的包容性、开放性和不断自创生的一面，导致教义论证也即传统的法律推理理论遭到了不少误解和诘难。难怪人们一提到“法条主义”，多少会有些不屑一顾的眼光。法条主义强调法律规范对于裁判结果的决定作用，“通过法条式的内部争论，促进这些概

[1] 王彬：《司法裁决中的“顺推法”与“逆推法”》，载《法制与社会发展》2014年第1期。

[2] See H. L A. Hart, “American Jurisprudence through English Eyes: The Nightmare are and the Noble Dream”, in his *Essays in Jurisprudence and Philosophy*. Oxford University Press, 1983, p.132.

念、规则以及原则的法律适用过程中的解释，使法律制度仍然以‘法律本身’的名义而非其他‘政治需要’‘道德期待’‘情理要求’‘自由裁量’的名义，去适应社会现实，化解所谓的‘冲突脱节’‘不相适应’”[1]。法条主义并不是对法律规范的僵化适用，它的运行仍然依靠一些解释的技术和推理的规则。

相比之下，后果主义推理强调司法裁判中的后果主义取向，更看重判决对于未来生活和事实的影响。作为一种法律推理理论，它对于疑难案件的解决有十分重要的意义。但是，并不能因此将其实践功用过度地放大，更不能将其尊奉为一种放之四海而皆准的法律方法。在整个法律推理的理论中，后果主义推理可以与传统的法律推理形成一种良性的互动，它所起到的作用更多的是一种辅助性的，用当下时髦的一个词语来说它是一种“阻截型的法律方法”，只有在用尽了规则、穷尽了传统的法律方法仍然无法解决案件时，后果主义推理才有可能被派上用场。这就要求我们认真对待后果主义推理的限度，如果一味地追求对社会后果的关照而不顾及既有法律体系，会使整个司法裁判脱离法律的轨道。这就是某些学者所提醒我们注意的“法律人思维中的规范隐退”，后果主义推理在一定程度上否认了法律的形式性、程序性或者说专业属性，它所导向的是一种实质主义的法治，是对形式法治的背离、对以规范为核心的法律人思维的解构和对法律权威的漠视。[2]

作为一种新兴的法律推理方法，后果主义推理并不意味着法官在任何案件中都可以运用，也不意味着法官可以根据自己的喜好任意地考量后果，更不意味着对后果的考量可以不受法律之约束。后果主义推理是一种重要的实践推理方法，有着自己内在的适用范围和实践操作规程。它与传统的基于规则的法律推理方法并不是势不两立的，前者要以后者为基础同时又能够对后者起到一个补充和辅助作用。尽管实践中法官们已经有意无意地

[1] 刘星：《怎样看待中国法学的“法条主义”》，载《现代法学》2007 年第 2 期。

[2] 陈金钊：《被社会效果所异化的法律效果及其克服——对两个效果统一论的反思》，载《东方法学》2012 年第 6 期；陈金钊：《法律人思维中的规范隐退》，载《中国法学》2012 年第 1 期。

运用了后果主义推理的方法，但是学界并未将这种现象给予充分的理论化，并且作为一种方法它应当如何被运用也基本上是一片空白。笔者通过对中国司法实践中后果主义裁判的现象进行描述，并依次讨论了后果主义推理正当性、面临的困境、方法论内容等内容，如果在实践中能够更加科学地运用这一方法，非但不会危及传统的法教义学与形式法治，而且还能够推动法律体系的不断自我发展。最后，希望这项努力也能够丰富我们对于传统法律推理理论的认识，填补法律方法论中关于后果主义取向之裁判的理论空白。

第七章

# 法条主义如何穿越司法的错综复杂

与那种以可能的裁判后果作为评价基础而进行的逆向推理不同，[1] 法条主义讲究从法律规则或条文入手，结合案件事实并主要借助于形式逻辑顺向地推导出裁决结果。可以说，它并无特定的地域限制，不为哪一个国家的法学或司法所独有，而是一种相对具有普遍性的裁判理论主张。同时，应注意法条主义通常不太可能以“全有或全无”的形态存在，而只会呈现出一种程度上的强弱之别。必须承认，法条主义的传统是十分强大的，甚至时常会与“法治”这个概念齐名，以至于传统的法律思想家会认为：“如果没有了法条主义，法官就什么事都允许干了——因此，一定要小心。今天法条主义还在，因此还不是什么事都能干。”但是，“法条主义的王国已经衰落、苍老了，今天，它主要限于常规案件，如今允许法官做的事很

[1] 笔者将这种理论称为“后果主义裁判”，它主张法律的发现、甄选以及适用均要建立在对可能发生的诸后果进行评价的基础上。对于这种理论的详细介绍，参见孙海波：《“后果考量”与“法条主义”的较量——穿行于法律方法的噩梦与美梦之间》，载《法制与社会发展》2015 年第 2 期。

多”[1]。塔玛纳哈也曾敏锐地意识到以法条主义为基础的法治观念在当今所受到的威胁，一方面当法官在裁判中将追求特定后果作为首要目标时“裁判受规则束缚”的特质就减弱了，另一方面当法官基于个人的政治偏好或观点来裁决案件时便违背了法治。[2]如此一来，是否能够基于法条主义日渐衰落这个事实，就可以得出结论说它在近日已经过时，甚至应该被抛弃？

从法条主义产生的历史谱系来看，它与法律的职业化发展密不可分，伴随着各个部门法研究分工的日益精细化，部门法学者越将越来越多的精力投放在对于法律（条文）的理解和解释（也包含批判）上，法条主义由此获得了长足的发展空间，它“真正凸现了并实现了法律作为一种专门化的技术和知识的可能性，使得法律不再是一种政治理论话语，甚至也不再是政治话语的附庸”[3]，法条主义借此为法学之独立性以及法律之自主性谋得了话语权。与此同时，从立法主义到法律适用主义的过渡，[4]在客观上也推动了法条主义的进一步发展。然而，实践中疑难案件的频发使得法条主义面临着重重危机，而强调后果考量或政策性判断的社科法学的异军突起让法条主义的处境更是雪上加霜。本章所要做的就是尝试将法条主义从种种批评和危机中拯救出来，具体来说，第一部分将从司法的维度来揭示法条主义的特质，而这一点已经普遍被学界所忽视；紧接着将检讨来自法律实用主义及其中国后裔社科法学的批评，在此基础上揭示出法条主义的作用及限度；最后，将讨论法条主义的容许争议以及包容价值判断的特质，在应对错综复杂的司法实践方面大有作为。

---

[1] ［美］理查德·波斯纳著：《法官如何思考》，苏力译，北京大学出版社2009年版，第1页。

[2] See Brian Z. Tamanaha. *Law as a Means to an End*：*Threat to the Rule of Law*. Cambridge University Press，2006，p.227.

[3] 苏力：《也许正在发生——中国当代法学发展的一个概览》，载《比较法研究》2001年第3期。

[4] 黄卉着重讨论了在今日之中国保证法律之正确适用的重要性和必要性，对此请参见黄卉：《一切意外都源于各就各位——从立法主义到法律适用主义》，载《读书》2008年第11期。

## 一、法条主义概念之辨

法条主义确实是一个在法律实践或学术讨论中高频出现的术语，然而我们对这个概念既熟悉又陌生，事实上我们缺乏一个对法条主义的准确界定。人们对“法条”这个指称可能再熟悉不过了，然而对法条主义通常并没有一个清晰的认识。当“法条”和“主义”被捆绑在一起时，人们头脑中马上会浮现出两个与之相近的术语，即本本主义和教条主义，它们通常是在贬义的意义上被使用，意指将思想和理论当作教条、不注重实践和反对具体问题具体分析。如此一来，法条主义也给人一种对法条进行机械化、公式化和概念化之操作的印象。为正本清源，接下来笔者将对法条主义进行概念上的界定，梳理其在学术史上的来龙去脉，并在此基础上揭示中国语境中的法条主义的独特的司法定向。

不得不承认，学者们对于法条主义这个概念的使用是相对混乱的，有的将法条主义与诠释法学或法教义学（legal dogmatics）等同起来，这种法条主义大致指向的是部门法学的基本法学操作。[1]有的将法条主义等同于法律形式主义（legal formalism），认为法律条文已经为所有问题预先准备好了答案，法官的任务只不过是凭借形式逻辑从既有法律中发现该答案而已。[2]还有的将法条主义等同于司法三段论，认为法律规则为案件准备大前提，案件事实充当小前提，由此推导出案件的裁决。[3]此外，法条主义与法律形式性（legal formality）也很接近。如此一来，我们需要对法条主义做出概念界定，辨析其与法律形式主义、司法三段论、法教义学以及法律形式性之间的区别。

首先，与法条主义最为接近的是法律形式主义。人们通常所谈的法律

[1] 参见苏力：《也许正在发生——中国当代法学发展的一个概览》，载《比较法研究》2001年第3期；邓正来著：《中国法学向何处去》，商务印书馆2008年版，第65页。

[2] 波斯纳有时也直接将法条主义等同于法律形式主义。请参见［美］理查德·波斯纳著：《法官如何思考》，苏力译，北京大学出版社2009年版，第1页。

[3] 参见苏力：《经验地理解法官的思维和行为》，载《北方法学》2009年第1期。

形式主义，主要是指在美国19世纪中叶由哈佛大学法学院首任院长兰代尔所开创的一种法学理论，它将法学当作一种科学来进行建构，以一种乐观和积极的态度审视和对待既有法律。其基本主张是，法律体系是完美的，它已为任何法律问题都准备好了答案，法官只需要依靠形式逻辑就能够找到这个答案。[1]夏皮罗对法律形式主义的归纳更为精练，包括司法克制、法律绝对确定、概念主义、裁判的非道德性。[2]法律形式主义的上述主张招致了太多非议，“无论法律形式主义是什么，它总是不好的”[3]，“它是当代法理学中名声最不好的一种”[4]。它的名声之所以如此糟糕，根源于其对法律体系之完美性以及形式逻辑的过度信奉，“成为一个形式主义者的唯一的必要条件是一个人对他的前提和他从前提引出结论的方法有最高的信任”[5]。在此，应将形式主义与法条主义加以区分，形式主义本质上将是一种描述司法裁判的法学理论，法条主义是一种法官对待法律适用的态度与方法。法条主义并不承诺司法克制，也不承诺法律的绝对确定、完美，此外由于能够较好地处理与价值判断的关系，因而也不认同裁判的非道德性。

其次，司法三段论，亦即演绎性推理，作为一种重要的形式逻辑方法，其基本内容是从两个已知前提中推导出未知结论的思维活动。演绎性推理在灵活性方面的确较弱一些，但并不能在它与机械司法之间画等号。即便是类比、等置等实质性推理方法，仍然要以演绎性推理作为重要的运行基础。[6]法条主义与演绎性推理的联系，在于从法条主义的运行来看它通常会采纳演绎性推理的方法，通过这种形式逻辑方法对法条的运用进而推导出案件的裁决结果。同时，二者之间的区别也是很明显的，演绎推理仅是

[1] See Thomas C Grey, “Langdell’s Orthodoxy”, 45 *University of Pittsburgh Law Review*, 1 (1918): 1-53.

[2] See Scott Shapiro. *Legality*. Harvard University Press, 2011, pp.241-242.

[3] Frederick Schauer, “Formalism”, 97 *The Yale Law Journal*, 4 (1998): 509.

[4] [美] 丹尼斯·帕特森著:《法律与真理》，中国法制出版社2007年版，第32页。

[5] [美] 波斯纳著:《法理学问题》，苏力译，中国政法大学出版社1994年版，第92—93页。

[6] 参见孙海波:《告别司法三段？对法律推理中形式逻辑的批判与拯救》，载《法制与社会发展》2013年第4期。

法条主义运用所采纳的一种基础性方法，除此之外法条主义还有更丰富的内涵，法条主义容许争议的存在，法条主义对解释保持开放，法条主义兼容价值判断，这些都是演绎性推理所匮乏的，对此在文章的第四部分会有更加细致的探讨。

再次，要辨析法条主义与法律的形式性之间的关系。形式（性）与实质（性）是一对相对的概念，形式性一度被奉为法律理性的完美体现，它体现为“追求一种具有普遍性、自治性、公共性和实在性的法律”[1]。以逻辑的手段将法律规则、原则体系化，并通过逻辑的方法演绎出案件的裁决。相比之下，实质性意味着除了着眼于形式规范体系，还会考虑目的、政策等价值性因素。因此，可以说法律的形式性要求法官以形式性依据为基础做出判决或采取行动，这种依据通常排斥、无视或至少弱化与之对立的实质性依据。[2] 从这个角度来看，法条主义确实有形式性的一面，甚至形式性构成了其重要的一部分。但是，也应注意，形式性并不完全排斥实质性，“正是通过对实质理性的规范化和系统化，并对之进行技术性的处理才最终形成”[3]。法条主义可以很好地体现形式性与实质性之间的这种对立统一关系，形式性在法条主义的结构中占据基础地位，实质性则发挥着一种辅助性的、补充性的作用。因此，形式性仅仅是法条主义的一个侧面，完整地认识和评价法条主义，还必须辨识清楚其实质性的一面。

最后，是法教义学与法条主义这对概念。法教义学是一个舶来的概念，源自德文中的“Rechtsdogmatik”，学界有法律教义学、教义法学、法律信条学（论）、法释义学以及法律解释学等多种不同的译法，其基本含义是以现行有效实在法作为基础，对其进行解释和体系化的学问，大致等同于狭义的法学。[4] 法教义学与法条主义的相通之处在于，二者都与司法裁判相

---

[1] ［美］昂格尔著：《现代社会中的法律》，吴玉章译，译林出版社 2011 年版，第 196 页。

[2] 参见［英］阿蒂亚、［美］萨默斯著：《英美法中的形式与实质——法律推理、法律理论和法律制度的比较研究》，金敏等译，中国政法大学出版社 2005 年版，第 2 页。

[3] 徐爱国著：《肯尼迪：批判法学的教皇》，黑龙江大学出版社 2009 年版，第 92 页。

[4] 参见［德］卡尔・拉伦茨著：《法学方法论》，陈爱娥译，商务印书馆 2003 年版，第 34 页。

关，法教义学在某种程度上是以问题为导向的，为司法实践中疑难个案之解决提供法律解释方案。从区别来看，法教义学主要可以化约为两个维度，即“概念 / 理论的维度”和“实践 / 适用的维度”，前者主要是对于法律之概念和性质的认识，而后者所指向的是法律规范的构成要素、逻辑关系及其在实践中的适用。也有学者从三个层面来描述，即法学理论层面主张法学应坚持规范性研究立场；法概念论层面主张法律是一种规范；裁判论层面强调法官应认真对待规范。[1] 相比之下，法条主义主要是一种事关法条之解释与适用的方法论主张，并且它的活动主体主要是法官而非学者。因此，在描述法条主义时，既要看到它与法教义学之间的交叉内容，同时更要明辨它们之间的差异。

概念使用上的混乱，是促使人们对法条主义产生误解乃至偏见的一个重要原因。当我们谈论法条主义时我们究竟意指什么，这个问题不得不究。《布莱克法律词典》将“法条主义”界定为一种关于法律职业之特质的表达，认为它是法律职业者之间的一种行话，比如说“依照、遵循或追随法条主义而审判”。[2] 从字面上来理解，法条主义指向法条的理解与适用活动，以及法官对此所持有的观点、态度或立场。主张“所有为法律所调整的问题及争议都应尽可能依照预先确立的、具有高度一般性和清晰性的规则来解决”[3]，原则上不允许法官任意背弃或超越法条。因此，可以看出法条主义的核心要义在于强调裁判应当满足“法官受法约束”的要求。

学界一般将法条主义与英文中“legalism”当作对应词，但是在英美很少会有人使用法条主义这个指称，它们充其量会使用先例主义、规则主义或条文主义。并且，从翻译上来看，“legalism”直译应该是“法律主义”“合法主义”“守法主义”“尊重或倚重法律”等。由于法条在中国法

[1] 参见雷磊：《法教义学的基本立场》，载《中外法学》2015 年第 1 期。

[2] See Bryan A. Garner eds. *Black's Law Dictionary*. The ninth edition. West/Thomson Reuters，2009，p.977.

[3] Neil MacCormic，“The Ethics of Legalism”，2 *Ratio Juris*，2（1989）：184.

律文化中常常被用来意指法律，所以自然而然便将“legalism”翻译成了“法条主义”。在以上诸译名中，唯有“法条主义”能够较恰当地突显出“legalism”的司法定向的特质。其他译法均不能清楚地区分立法和司法这两个不同维度，正如一些学者所指出的那样，“legalism”侧重的是司法性，它作为法律职业者的意识形态，主要是发自法官和律师的视角，要求“释法，而非变法”“找法，而非造法”“认同法律，而非颁布法律”。另外，作为“legalism”核心价值的“justice”一词本身就有司法之意。基于这种司法的视角，“legalism”强调法律是“在那儿”的客观现成之物，所要做的只是去“发现、诠构、遵从”法律。[1]一旦我们认识到法条主义的这种司法维度，也就不难理解为什么法条主义者所指向的主要是法官群体而不是法律学者。

环顾学界既往的讨论，稍加留意便会发现，学者们所讨论的法条主义虽然也是围绕着法律条文的解释与适用展开的，但是其学术化或理论性的气息要更加浓厚一些，但缺乏明确的、直接的、具体的司法实践指向，从而错失了法条主义最为重要的特征。法条主义的主体应当是法律实务者（主要是法官）而非学者，在这个意义上，法教义学虽然与法条主义有一定交叉或重合，但是这二者的活动主题是明显不同的，一个是以法官为主导，另一个则是以法律学者为指导，这也是将二者相区分的一个重要因素。所以，从法条主义的司法定向的重要特征来看，我们并不是为了讨论法条主义而讨论法条主义，相反我们应该有具体的实践问题意识和现实关怀。本书所研究的那种真正的法条主义，既不是立法者的法条主义，也不是法律学者的法条主义，而应当是法官（司法者）的法条主义，是一种以司法作为指向的法条主义。

---

[1] 与其他的译名相比，“法条主义”相对是较为可取的（这是在更符合中国法律传统与文化的语境上讲的）。参见彭亚楠：“译者前言”，载［美］朱迪丝·N. 施克莱著：《守法主义》，彭亚楠译，中国政法大学出版社 2005 年版，第 2—3 页。

## 二、法条主义的理论敌手及其批评

把法条主义置于司法实践的具体语境，便可看出它是一种关于法律条文之解释与适用的理论。法条主义讲究按照既定的条文规则来裁决案件，它能够确保条文规则之实施取得可预期的、稳定的效果，并且它也是落实以“规则之治”为核心的形式法治的重要举措。既然如此，法条主义在实践中应当是十分重要的并值得重视的。然而在当下中国，真实的情形与此却存在相当大的差距，提到法条主义人们首先想到的往往是教条主义、僵化或机械司法，它几乎成了一个贬义色彩极为浓厚的称号。“把某种东西描述为‘形式主义的’并不是什么赞美之词，描述成‘法条主义的’同样不好，甚至会更加的糟糕。”[1]只要是实践中出现了不受法律所调整的新案件，只要是人们对于某个法条之真正含义发生了争执，只要人们不能顺利地根据某个法条推导出妥当的案件裁决，都可将责任推卸给法条主义，认为一定是法条主义这种思维本身出现了问题，司法裁判才不能顺利地开展下去。如此一来，法条主义便成了一个稻草人，人人都可以对之投来鄙夷的眼光，甚至就连刚刚迈入法学院大门的学生也能对其指手画脚。

法条主义这个原本并不显眼的术语，很快被贴上了僵化、封闭、机械、保守、落后、教条、理想化等标签。诸如此类的批评在我们的法学文献中随处可见，比如说，有学者认为在正义价值供给不足的情况下，过度追求法条主义很容易带来“法律专制主义”。[2]也有学者认为法条主义忽视了法律规则的目的与结果，排斥了多元价值判断和公众情理的影响，抽象化甚至彻底消解了主体，以及降低了司法的权威性等。[3]还有学者认为，法条主义的生命力是有限的，一旦在未来的某个时段它履行完了自己的历史使

---

[1] 参见［美］劳伦斯·M. 弗里德曼著：《选择的共和国》，高鸿钧等译，清华大学出版社 2005 年版，第 1 页。

[2] 参见马长山：《“法治中国”建设的转向与策略》，载《环球法律评论》2014 年第 1 期。

[3] 参见袁林：《公众认同与刑法解释范式的择向》，载《法学》2011 年第 5 期。袁文将规则主义的解释等同于法条主义，并将其与人文主义的解释范式相对立。

命，便会被其他法学运作模式所取代，[1] 比如说被一些社科法学者倡导的后果主义的思维方式所取代。总的来说，在诸多的批评声中，有两种理论主张格外地显眼和强势，它们是（美国的）法律实用主义及其中国后裔社科法学，二者虽共享一些基本主张，但在具体的观点上仍存在细微的差异，接下来的这一部分将分别检讨之。

## （一）反法条主义之种种

### 1. 法律实用主义

在形形色色的审判理论中，法律实用主义显得格外耀眼和充满诱惑力。法律实用主义这个概念源自美国，它是作为对法律形式主义的反叛而被提出来的。形式主义理论的两个最基本主张在于：(1) 法律体系是完美无漏洞的；(2) 法官只需机械地运用演绎推理就能解决争议。亦即，一切法律问题的答案都是“在那儿的”，法官只需发现法律并借助于三段论推理便可获得答案。[2] 法律实用主义的反叛采纳了两种并行不悖的进路，第一种进路对法律体系的封闭性和完美性提出质疑，认为法律在多数时候是不确定的，同时法律也会有沉默的时候，因此三段论推理并不总是在所有案件中都能奏效。第二条路径则将矛头指向了案件事实，既然案件事实是演绎推理的小前提，那么能否准确地确定案件事实就是至关重要的了。批评者们恰恰抓住了这一点，他们认为对案件事实所做的特性提炼和类别归属至少不是演绎性的，因而或多或少总会表现出一种不确定性，以至于他们得出这样一个结论：“为了得到最可欲的后果，只要法官愿意，他想怎么描述案情就怎么描述。”[3] 如此一来，法律形式主义的两个核心要素都遭到了质疑，那么法律形式主义整体上也就面临着危机。此外，当时哲学界流行的是皮尔士、詹姆斯、杜威等人的实用主义哲学理论，这种实用主义哲学的特点

[1] 参见刘星：《怎样看待中国法学的“法条主义”》，载《现代法学》2007 年第 2 期。

[2] See Frederick Schauer，“Formalism”，97 *The Yale Law Journal*，4（1988）：509-548.

[3] Richard A. Wasserstrom. *The Judicial Decision*：*Toward a Theory of Legal Justification*. Stanford University Press，1961，p.35.

是一种面向未来的和后果主义导向的行动哲学。[1] 霍姆斯显然就受到了这些学者的影响，法律实用主义在这种背景下作为一种反形式主义的理论出现了。

同法律形式主义一样，法律实用主义也主要是一种关于法律之适用的态度或主张，而并不是一个纯粹的学派或流派。早期的代表者霍姆斯、卡多佐，现当代的代表者波斯纳，尽管在学术上都很有造诣，但其无一例外地均是法官出身。波斯纳在前人的基础上，高举实用主义的大旗，不仅在理论上对实用主义做了更为精细化的编织和建造，同时也将这种实用主义的审判理念深入地贯彻到了司法实践之中。尽管法律实用主义并不存在一个确定的概念，不同的学者往往在不同的语境或意义下使用它，但是这些不同的用法共享实用主义的一些基本内核，比如说：(1) 最大限度地满足需求和利益；(2) 关注行动后果；(3) 注重经验分析；(4) 强调具体情况或语境论。[2] 可见，法律实用主义关注的重点并不是法律本身，而是法律之外的其他一些因素。

相比之下，法条主义首先并没有明确的利益追求，其次它即使关注后果也只是法律规则的应然后果，再次法条主义比较重视规范分析，最后法条主义虽然不忽视个案事实但其更注重一般性。通过简单的内容比较，可以看出二者在若干重要问题上的态度恰好是完全对立的，实用主义者对此表现出了极大的自信和优越感，以至于波斯纳主张法律实用主义是法条主义的解毒剂，“认为只要深入探讨概念之间的关系，无须深入考察概念与真实世界的关系，就可以回答法律问题，这种观点是反实用主义的，同时也是反经验主义的”[3]。说得好听点，法条主义对于简单案件还有用处，一旦

---

[1] 参见王元明著：《行动与效果：美国实用主义研究》，中国社会科学出版社 1998 年版，第 26—45 页。

[2] 波斯纳也做过类似的归纳和描述，认为法律实用主义是实践的、工具性的、向前看的、能动的、经验的、怀疑的、反教义的、重视实验的。参见［美］理查德·波斯纳著：《超越法律》，苏力译，北京大学出版社 2001 年版，第 4—12 页。

[3] 参见［美］理查德·波斯纳著：《超越法律》，苏力译，北京大学出版社 2001 年版，第 457 页。

遇到疑难案件便束手无策了。

2. 以后果为导向的社科法学

法律实用主义对中国学界的最大影响，就是催生了法律与社会科学的方法和理论，学者们出于讨论的便利通常将其称为“社科法学”。[1] 社科法学并不是一个单一的概念和确定的指称，而是泛指运用社会科学的方法来研究法律的那些理论，它旗下包罗琳琅满目的研究分支，诸如法律经济学、法律社会学、法律人类学、法律政治学等。“大约从 90 年代中期开始，中国法学界又出现了一点新的气象。有一部分法学家，出于种种原因，不满足于对法条、概念的解释，试图探讨支撑法条背后的社会历史根据，探讨制定法在中国社会中实际运作的状况以及其构成这些状况的诸多社会条件。”[2] 社科法学否定法学的自主性，而倡导以法学之外的其他社会科学的方法来研究法律，比如成本与效益的分析、实证调查与经验研究、后果预测与考量等方法。

尽管社科法学是多种法学研究的统称，但是这多个各异的研究分支共享一些基本主张，比如包括：(1) 在书本之法、大写的法律之外还有社会生活中具体的、活的法律，甚至在一些情形中实际起作用的是后者；(2) 研究对象具有经验性，研究的问题能够为人们的感官所直接感知到，亦即社科法学所研究的是真实世界发生的现实问题；[3] (3) 社科法学对法条采取一种实用主义的态度，在分析法律问题时注重从事实切入，比较看重法律选择或判断所可能产生的后果，[4] 必要时为了追求对社会整体更有益的后果，会以非法律的政策或政治性判断取代法律判断。除此以外，社科法

[1] 尤陈俊敏锐地意识到，法教义学者诉诸的几乎完全是欧陆的法学经典，而社科法学则主要是美国的霍姆斯、庞德、布兰代斯、科斯、波斯纳等学者的相关论著，因此，法教义学和社科法学之争，在某种程度上乃是德国法学传统和美国法学实用主义传统在中国法学界的狭路相逢。参见尤陈俊：《不在场的在场：社科法学和法教义学之争的背后》，载《光明日报》2014 年 8 月 13 日，第 16 版。

[2] 苏力：《也许正在发生——中国当代法学发展的一个概览》，载《比较法研究》2001 年第 3 期。

[3] 参见陈柏峰：《社科法学及其功用》，载《法商研究》2014 年第 5 期。

[4] 参见侯猛：《社科法学的传统与挑战》，载《法商研究》2014 年第 5 期。

学的各个分支还有自己特定的主张，比如法社会学对实证材料及因果关系之强调等。就当前所讨论的主题而言，笔者所关心的问题是社科法学与法条主义的核心分歧是什么，以及这二者是如何具体展开争论的。通过对以上诸种主张的归纳，我们发现社科法学与法条主义主要在两个层面上存在竞争，第一个层面是法概念论立场，第二个层面是裁判论立场。

前者所指向的是，它们如何看待“什么是法律”这个问题，亦即法律的性质究竟如何。法条主义认为法是由规范所组成的，而规范之所以能够为人们包括法官提供指引，是因为它所具有的独特属性——规范性，它要求法官站在一种内在参与者的观点来理解、接受法律，并以此作为自己行为的一般指引。相比之下，社科法学在这个问题上坚持一种“事实还原论”，即将法律还原为一种外在的社会事实，并通过经验的方法对这种事实进行描述和分析。由此，法律被看作“是行为（经验事实或外在事实）的整体而非规则的整体，是实然而非应然，法律是通过人们的现实行为被创制出来的”[1]。可见，法律规范所蕴含的“应当”品性（规范性）在社科法学领域中已经“被放在括号里”了，并且这个被放在括号里的法律变成了一个事实问题。[2]

从裁判论的立场来看，法条主义要求法官认真地对待规范，除非有更强理由否则裁判必须以既有法律作为根据，因而倡导一种从“规则到结论”的顺向推理思维；社科法学通过经验性的观察、描述和分析所提供的知识（解释或说明方案），往往并不能产生直接的规范性后果，因而也就不能直接指引或改变裁判者的司法活动。这种观点表面上看貌似合理，其实并未看透社科法学的深层结构和实践功用。从社会科学所提供的事实的性质来看，主要包括裁判性事实和立法性事实，前者主要是指用以说明案件中发生了什么的事实，而后者主要是启发法官对法律和政策问题进行立法性

[1] 雷磊：《法教义学的基本立场》，载《中外法学》2015 年第 1 期。

[2] 参见［德］卡尔·曼海姆著：《思维的结构》，霍桂桓译，中国人民大学出版社 2013 年版，第 34 页。

判断的事实。[1] 通常，裁判性事实所影响的主要是案件当事人，但立法性事实还会影响其他潜在诉讼当事人，原因在于引入立法性事实主要考虑案件的法律影响和社会影响，借助立法性事实所形成的法律具有一般性的意义。[2] 总的来讲，裁判性事实是一种不太会引发争议的常规性事实，而立法性事实会对既有的法律体系带来冲击，通常会受到严格的限制。

显然，立法性事实虽然容易引发争议，但是它的确能够凸显社科法学的特色，也构成了社科法学与法条主义相互较量的中间地带，二者所可能出现的重要分歧也主要集中于此。立法性事实主要是面向未来的，其重要的特性在于较强的政策性和后果导向性。立法性事实的嵌入，要求裁判者要从后果而不是法条出发，逆向分析、解释、评判法律条文和法律问题，在重大、轰动、疑难案件中更是如此，法官一定会先考虑案件对未来社会经济生活的影响，在权衡后果之后再来寻找合适的法条，然后再运用法律解释技术加以正当化论证。[3] 换言之，立法性事实所催生的后果判断是社科法学作用的核心，而事后运用法律规范将判决武装成依法裁判的产物，实质上不过是一种掩饰而已。如此一来，它走上了一条与法条主义对立的道路，表面上尊重法条、适用法条，实际上是运用后果判断暗度陈仓，并最终在实质上架空了既有的法律。

### （二）对法条主义的诘难

#### 1. 法条主义的封闭性和机械性

第一个批评比较常见，它指责法条主义是封闭的和机械的。封闭性这个指责暗含两层意思：其一，顾名思义，封闭就是斩断自身与外界之联系，此处意指由法条所编织的法律体系缺乏开放性，不容许法律之外的其他因素进入法律体系之中。在批评者的眼中，法条主义的法律体系是一种纯粹

[1] 参见王云清：《司法裁判中的社会科学：渊源、功能与定位》，载《法制与社会发展》2016 年第 6 期。

[2] 参见侯猛：《司法中的社会科学判断》，载《中国法学》2015 年第 6 期。

[3] 参见侯猛：《社科法学的传统与挑战》，载《法商研究》2014 年第 5 期。

的法条的集合体，这有点类似于凯尔森对纯粹法学的描述，“一种剔除一切政治意识形态及自然科学诸要素的法理论，也就是说，该理论能够省察其研究对象的独立自主性，并且由此省察其自身的独特品质”[1]。其二，与不够开放相关，法条主义有一个基本预设，认为法学是一门自给自足的学科，相应地法律也是一个“自足性的领域”。这种自足性的核心意思在于主张法律体系是一个由法律条文所构建的完美体系，既然完美自然也就不会存在什么漏洞。言外之意，既有的法条已为一切法律问题准备好了答案，裁判者只需要发挥能动性去发现这些答案即可。批评者还从封闭性进一步推导出下述结论，认为法条主义否定疑难案件的存在，法条主义似乎是一种放之四海而皆准的法律方法，似乎凭借它能够应对一切案件。

接下来是机械性，有时也被说成是僵化性，这主要是从法条适用的结构是否复杂的角度来讲的。如果说法条的适用是以一种简单的三段论的方式进行的，即在案件事实与法条所规定的事实构成之间进行比对，进而运用涵摄得出裁决结论。这个过程完全是一种技术性的法条操作活动，法官无须进行任何的价值判断。“由于规则已给定，只需适用，只要求阅读法律材料以及执行逻辑操作，因此法条主义法官对社会科学、哲学或任何其他可能用以指导政策性判断的渊源就没有职业兴趣，因为他不从事，或至少认为自己不从事这样的判断。”[2]相比之下，如果法官不是死板地拘泥于法条的表面含义，而是在具体的案件中，结合法条背后的目的或价值灵活地解释和适用法律，那么此种法律适用就是灵活的而非僵化的。批评者认为法条主义所对应的显然是前一种，它虽然能够起到维护法律之稳定和提高裁判之效率的作用，但是它过于把司法实践简单化了，正如一些批评者所指出的：“法条主义不仅忽视了司法实践所面对的事实的复杂性，也陌生于司法运作所要考虑的社会因素的具体性及多样性。”[3]由此认为，在真实的实践中为了应对各种案件，仅

[1] Hans Kelsen. *Introduction to the Problems of Legal Theory*. Translated by Bonnie Litschewski Paulson and Stanley L. Paulson，Oxford University Press，1992，p.1.

[2] ［美］理查德·波斯纳著：《法官如何思考》，苏力译，北京大学出版社 2009 年版，第 38 页。

[3] 方乐著：《转型中国司法知识的理论与诠释》，人民出版社 2013 年版，第 331 页。

仅依靠法条主义是不够的，法官不仅需要在裁决过程中做价值判断，甚至必要时会做出超越法律的政策性或政治性的判断。

2. 割裂规范与价值之关联

对法条主义的第二个批评认为它割裂了规范与价值之间的关联。法条主义给人们的最初印象就是以法条作为出发点，并且法官所注重的也仅仅只是法律条文的字面含义或表面意思，而并不重视法律条文背后的立法目的或立法价值，就更不用谈法律之外的一般道德或伦理价值了。由此批评者们指出，法条主义者会坚持“实证法”的实然必须严格区分其无法证实的应然，从而在法律条文中会将道德的因素剥离掉，更进一步，法条主义坚持价值与事实相分离的科学标准也是极其虚伪的，因为它将涉及诸如好坏、善恶、正义与不正义等道德的选择及原则视作对价值的荒谬偏爱。[1]以上这个批评其实包含两个标准：其一，法条主义之法条仅仅是作为一种实实在在的法律条文或规则（positive rules），它是一种形式或渊源取向的，而非一种实质的或内容取向的，也就是说，这个条文之所以是有效的完全取决于其形式合法与否，至于其内容是否正确则在所不问。就此我们可以提炼到的信息是，在批评者的眼中法条是一种价值无涉的存在。其二，在法条适用的过程中，高度技术化的形式逻辑推理完全取代或取消法官的价值判断。法条主义对于规范与价值的分立经不住实践的考验，价值判断尤其是可能裁判后果的判断对于司法裁判而言尤为重要，即使法院从未公开运用道德推理，很明显他们也会悄悄地这么做。事实上，民法法系法官的形式主义形象仅仅是表象，它掩盖了大量的政策论证，而后者才是很多司法判决的真实基础。[2]另外，当面对热点案件或疑难案件所激发出来的民意时，既然回避不掉，法条主义便不得不重新审视规范与价值之间的关系。

3. 否认法条争议的存在

第三种批评是非常有意思的，它认为法条主义否认法条争议的存在，

[1] 参见邓正来著：《中国法学向何处去》，商务印书馆 2008 年版，第 70—71 页。

[2] See Scott Shapiro，*Legality*. Harvard University Press，2011，p.246.

主张法条是清晰易懂、没有争议的，在个案裁判实践中法官只要发现法条即可，只要理解法条所规定的内容是什么，而无须深入探索法条背后的立法目的或价值。在诉讼过程中，通常存在三种不同的争议，按照德沃金的说法是事实争议、法律争议及道德争议，对法律实践而言法律争议是至关重要的。[1] 法律争议，包括本章所谈的法条争议，意指人们对于某个法律之真正内容存在分歧，它们之间甚至有时难分高下，说不清楚到底哪一种是正确的。我们还是以泸州遗赠案为例，该案所涉及的主要法条是《继承法》第 16 条第 3 款之规定“公民可以立遗嘱将个人财产赠给国家、集体或者法定继承人以外的人”，该规定在没有遭遇具体的个案事实之前似乎是明确无疑的，然而一旦将其置于泸州遗赠案的具体事实情境中该法条便出现了争议，该案的核心之争在于遗嘱被继承人的独特（甚至是尴尬的）身份，换句话说，情妇能否成为“国家、集体或者法定继承人以外的人”？一些人认为当事人对其个人财产拥有完全处分权，依其自由意愿可以依法地将财产遗赠给情妇，这主要是从遗嘱自由的角度来说的；与此同时，另一些人认为遗嘱自由必须以不得违背公序良俗原则为前提，情妇不能合法地成为遗嘱的被继承人。以上便是法条争议的一种典型形式，各方均提出自己看待法条的观点，并且认为自己的观点是正确的，主张对方的观点是错误的。法条主义由于否定了法律争议的存在，故而为其径直适用扫清了障碍。

## 三、仅仅只是“看上去很美”？

法条主义作为司法实践中的客观存在，自然有其存在的必要性和合理性。学者们在批评法条主义的同时，也肯定了其对于法律职业化之发展、中国立法工作的开展以及普法工作的落实等所可能具有的作用或贡献。[2] 直观地来看，法律条主义也有很多明显的优点，正如肖尔在讨论法条主义

---

[1] See Ronald Dworkin. *Law's Empire*. Harvard University Press，1986，pp.3-6.

[2] 参见邓正来著：《中国法学向何处去》，商务印书馆 2008 年版，第 65—66 页。

裁决模式时所指出的，它可以促进公平正义的实现，可以保障人们对于法条之后果的预期和信赖，可以提高司法裁判的效率，还可以维护法律（体系）之稳定等。[1]另外，由于法条主义的一个重要主张在于法官要从既有的法条出发，因此裁判要受到既有法律的约束，在此意义上法条主义甚至与“法治”（主要是指以规则主义之推行与适用的形式法治）齐名，坚持了法条主义就等于朝着法治之理想迈进了一步，相反，任意贬低、斥责或背弃法条也会摧毁我们的法治理想。

法条主义与权力分立的思想也是内在一致的。在三权分立的体制下，法官的职责是适用法律裁判，原则上不得染指立法，法条主义作为一种简便易行的适用方法，最能满足人们对法官上述角色的期待，同时也最能满足形式法治的要求。当一个案件被推至法庭，人们希望在“法律上”能有一个说法，他们想要的就是一个符合法律的判决。而法官也希望能够依照法律裁判，并且为了让当事人和社会公众接受这个判决，他也会想尽一切办法让自己辨法析理的活动披着法律的外衣进行，否则人们会质疑这个判决是不是基于法官个人的主观判断做出的。而退一步讲，即便法官在私下做了法律之外的判断，由于法条主义能够直接带来形式合法性，于是便会借助法条主义来掩饰自己的判断，波斯纳认识到了这一点，他说“法官都会否认自己把成见带入他们的案件，这种否认，在某些情况下反映了他们缺乏自觉，在另一些情况下则反映了法条主义审判模式的修辞诱惑力，或更直接反映了其宣传价值”，“他们想让民众信服，自己都带着蒙眼布，不会偏离老路”。[2]唯有通过法条主义的推理模式，才能更好地让判决获得形式合法性。

像社科法学一样，法条主义也不是一个单一的概念，而具有一定的内在复杂性。毋庸置疑，真实的司法实践是变幻莫测和艰深复杂的，司法案件的类型也是多种多样的，随着社会的发展也不断出现一些新型疑难的案

---

[1] See Frederick Schauer. *Playing by the Rules: A Philosophical Examination of Rule-Based Decision-Making in Law and in Life*. Oxford University Press，1991，pp.135-157.

[2] ［美］理查德·波斯纳著:《法官如何思考》，苏力译，北京大学出版社 2009 年版，第 67 页。

件。然而同样不可否认的是，法条主义并没有被其他法律适用方法所彻底取代，也不可能会被彻底取代，无论如何它还是存活了下来，并且仍然是一种基础性的、主导法律实践的重要方法。我们既不能说法条主义可以应对一切案件，也不能完全否定它在疑难案件中的价值与功用。疑难案件本身也有简单与疑难之程度上的区别，在下一部分我们将会看到法条主义可以灵活地穿越错综复杂的司法实践。虽然三段论推理是法条主义的核心内容，但法条主义并不仅仅局限于此，像类比推理也是法条主义的重要内容之一，类比推理仍然是以法条作为出发点和最终落脚点，通过这种灵活的对法条的解释与运用不仅对既有法律有所扩展或补充，同时也能够有效地应对一部分疑难案件。此外，法条主义还是一种价值观念问题，一个人的法条主义可能是另一个人的理想主义，[1] 比如说一个人认为对于某个法条的遵守或适用是中规中矩的形式主义，而在另一个人看来这却严格地实现了正义。

法条主义并不是一种放之四海而皆准的法律方法，其功用也必然是有限的。但是，承认法条主义的局限并不意味着就应理所当然地接受批评者所强加给它的那些“缺陷”。法条主义的核心落脚点在于法条，而法条自身并不总是没有争议的，桑斯坦曾细致地归纳过法律规则所可能出现的问题，比如说：(1) 规则可能存在过度包含或潜在包含的情形；(2) 随着具体情势的变化，规则可能会出现过时；(3) 抽象化或普遍化有时可能会遮蔽偏见；(4) 规则彻底抽空自由裁量权；(5) 规则可能会放纵作恶者钻空子；(6) 规则是非人性化的，并且在程序上也可能不公正。[2] 以上这些情形可能成为人们反对直接适用法条的主要理由。其实归纳一下，在实践中法条最经常出现以下这样几种问题，即法条有时候可能是不清晰的，有的时候也可能是不完整的，有的时候还可能和主流的道德价值相冲突，当这些情形发生时，在法条自身所存在的矛盾、冲突或问题得不到消解之前，法官是不能

---

[1] 参见［美］劳伦斯·M. 弗里德曼著：《法律制度》，李琼英等译，中国政法大学出版社 2004 年版，第 289 页。

[2] See Cass R. Sunstein, “Problems with Rules”, 83 *California Law Review*, 4 (1995): 991-995.

径直地将其适用于待决个案中的。

大多批判者由于对法条采取的是一种实用主义态度，所以他们不会把眼光牢牢地盯着法条不放。同一法条在遇到不同个案事实时，实用主义的法官会根据事实的特殊性做不同的考量，比如说法律规定了一些商标侵权的具体情形及相应责任，但是在一些特定的案件中法官会考虑制止侵权的后果。侵权人非法地使用了他人的商标，但是商标在侵权人的使用下已经具备了一定的市场知名度，如果责令停止使用该商标则可能会给社会带来较大的效益损失，出于这种对可能之成本与收益的考量，可以在加重侵权人赔偿责任的同时并不责令停止侵权行为。[1] 能够看得出来，法官在这种情形中从事了超越法条的政策判断。法条主义的灵活性的确会稍差一点，它不像实用主义那样具有较强的灵活应变能力。法条主义虽然不会完全拘泥于文字的字面意思，有时也会参照法条的立法目的或价值，在类比推理中即是如此，但是它并不会以对法外之后果的刻意追求来超越法条，法条主义能够对疑难案件的裁判起到重要作用。此外，其自我衍生和发展的能力也是相对比较强的。

## 四、法条主义穿越司法的复杂性

判断一种法律适用理论成功与否的一个重要标准，就是看其是否能够经受住法律实践的测试（test），尤其是能否在一定程度上协助法官解决疑难案件。因此，疑难案件就成了我们讨论法条主义的一个很好的参照。伴随着经济和科技的发展，实践中争议的类型越来越多样化、复杂化，[2] 甚至涌现出了一些前所未有的新型疑难案件。面对如此复杂化的司法实践，法条主义还有用武之地吗？对此，一些批评者认为法条主义只能用来裁判简

[1] 参见孔祥俊：《论裁判的逻辑标准与政策标准》，载《法律适用》2007 年第 9 期。

[2] 波斯纳区分了内在复杂性与外在复杂性，前者是指外部法律实践的复杂、多样性，后者指的是法律职业内部的组织和构成的复杂性。参见［美］理查德·波斯纳著：《波斯纳法官司法反思录》，苏力译，北京大学出版社 2014 年版，第 5—12 页。

单案件，疑难案件是以后果主义导向的社科法学的专属领地。[1] 也如波斯纳所指出的："在许多案件中，并且是在那些最重要的案件中，法官将不得不接受一个合乎情理的、一个说得通的结果，……什么才合乎情理，什么才说得通，这常常取决于道德感觉、常识、同情，以及其他不易转换成可测度后果计算的思想情感成分。"[2] 对此，笔者继续处理法条主义之于疑难案件的必要性与重要性，亦即法条主义自身的独特结构——其并不反对解释、具有弹性、非单一性以及兼容价值判断等个性——对疑难案件的裁判发挥着十分重要的作用。

### （一）法条之发现与检索

受到科学哲学的影响，法律学者也开始重视和讨论法的发现与法的证立，在此基础上裁判的二阶构造理论被提出来，即"法律的发现"和"判决的证成"。[3] 前者主要是为法律的推理寻找或准备前提，而后者是将准备好的法律适用于具体个案事实所产生的结果，对此前文已有述及。我们还会注意学者们有时会使用"法律适用"这个概念，那么法律适用与法律发现是一种什么样的关系？在回答这个问题之前，我们还是先来界定一下法律发现与法律适用这两个概念。广义的法律适用是指整个司法裁判的过程，狭义的法律适用仅仅是指法官通过一定的方法（比如涵摄技术）来运用法律推导出结论的活动。"法律发现"俗称"找法"，是一种法律推理之前提的获得过程，[4] 在逻辑上要先于狭义的法律适用，它包括两层含义：(1) 在既有法律中寻找能够为个案裁判所用的法律规范的活动；(2) 只有在既有

---

[1] 参见侯猛：《社科法学的传统与挑战》，载《法商研究》2014 年第 5 期。

[2] [美] 理查德·波斯纳著：《波斯纳法官司法反思录》，苏力译，北京大学出版社 2014 年版，第 8 页。

[3] See Richard A. Wasserstrom. *The Judicial Decision*：*Toward a Theory of Legal Justification*. Stanford University Press，1961，pp.26-27. 读者也可以参见 Martin P. Golding. *Legal Reasoning*. Broadview Press，2001，pp.2-3.

[4] 参见李安、乐国安：《法律推理前提如何获得——以法律心理学为考察视角》，载《法律科学》2008 年第 2 期。

的法律中无法直接找到上述规范，法官才能借助于解释、类推或续造发现之。[1] 这样一来，法律发现与法律适用就成了司法过程中的两个先行后续的部分或阶段。

与此同时，还存在另外一种看待法律发现与法律适用之关系的观点。这种观点认为，法律发现与法律适用并不是一种前后相继的关系，而二者毋宁是彼此相互独立的。考夫曼就是这样区分“法律适用”与“法律发现”的，他认为当待决案件受既有法律调整时涉及的是法律适用，而当待决案件并不受既有法律调整之时涉及的才是法律发现，此外法律获取可以同时指涉法律适用与法律发现。[2] 国内郑永流教授也持类似的观点，认为当法律规范与案件事实相适应时即为法律适用，当二者不相称时才会涉及法律发现的问题。而法律应用可以被用来同时指涉法律适用和法律发现。[3] 但是在中文的语境中，所谓“发现”也就是找到的意思，既包括找到那些既已存在的、就在那儿摆着的东西，也包括发现那些隐藏起来或被遮蔽而尚未完全展示开来的东西。在这个意义上，能够为法律推理准备前提的一切活动都可以归之于法律发现，考夫曼对法律发现与法律适用的区分虽然很有启发，但并不适宜在中文语境中直接拿过来用，我们依然还是选择将法律发现与法律适用看作司法裁判前后相继的两个过程和阶段，没有在先的法律发现，就无法启动在后的法律适用。

找法是司法裁判的逻辑起点，正如我们前面所指出的，大陆法系的法官在拿到一个案件之后首要做的一件事情往往就是法律调查，他想知道法律对此是如何规定或如何评价的，能否找到一个直接相关的、确切的、合适的、能够为裁判所用的法条是至关重要的，因此找法活动不应被轻视，

---

[1] 刘治斌：《司法过程中的法律发现及其方法论析》，载《法律科学》2006 年第 1 期；也可以参见陈金钊：《司法过程中的法律发现》，载《中国法学》2002 年第 1 期。

[2] 参见［德］阿图尔・考夫曼著：《法律获取的程序——一种理性分析》，中国政法大学出版社 2015 年版，第 25—27 页。

[3] 参见郑永流：《法律判断形成的模式》，载《法学研究》2004 年第 1 期。

“司法裁判的真正困难，不在于法律推理而在于作为推理前提的获得”[1]。问题在于，这种法律发现存在什么独特的方法吗？或者说，这种法律发现是一个纯粹理性化的过程，还是凭借直觉等非理性思维来完成的，或者二者共同并存、相互协作？一种观点认为法律发现的（乃至整个司法裁判）过程几乎完全是非理性的因素所主导，法官先从困惑或沉思开始（什么是本案的最佳结论），然后借助于预感来判断结果，最后对预感的结果进行检验和校正。[2]但以上主要是现实主义或实用主义者的观点，法条主义者认为逻辑和理性应当在法律发现中起主导乃至决定作用，对此在民事审判实践中比较成熟的法律发现方法是请求权检索法，如王泽鉴教授所言“寻求请求权乃法之发现的过程”[3]，在确定了争讼一方（原告方）存在请求权的前提下，下一步即要确定这是一个什么性质（具体什么样）的请求权，[4]即通过类型化的方法确定该请求权所指向的具体法律关系，从而进一步确定或寻找到能为裁判所用的法律。

前述这种以请求权基础为核心内容的法律发现方法，是大陆法系国家法律方法（尤其是民事法律方法）的重要内容，法律人在法学院接受了这种训练后，在法律实务中便能够十分娴熟地掌握法律发现的技巧。当然，除了这种理性的方法之外，法感（它是一般性的直觉和预感的升华）和经

[1] 李安、乐国安：《法律推理前提如何获得——以法律心理学为考察视角》，载《法律科学》2008年第2期。

[2] See Bruce Anderson. “*Discovery*” *in Legal Decision-Making*. Springer Science+Business Media Dordrecht，1996，pp.7-8. 关于预感在司法裁判中之作用的典型讨论，请参见 Joseph C. Hutcheson，Jr.，“The Judgment Intuitive：The Function of the ‘Hunch’ in Judicial Decision”，14 *Cornell Law Quarterly*，3（1929）：274-288.

[3] 王泽鉴著：《民法思维：请求权基础理论体系》，北京大学出版社2009年版，第148页。

[4] 杨立新教授认为请求权是整个民事裁判的基础和核心，他将民事裁判分为发现请求权、请求权定性、寻找请求权法律基础、确定请求权以及适用法律裁判五个部分。在他看来，对请求权进行定性的具体方法坚持两步走，第一步是对请求权法律关系进行类型化，第二步则是对请求权法律关系进行具体化。而寻找请求权的法律基础，则是在确定了请求权法律关系的基础之上锁定具体的法律规则或原则。参见杨立新著：《民事裁判方法》，法律出版社2009年版，第97—109页、第112—136页。

验等逻辑之外的因素在法律发现方面的作用也是不容否定的，尤其是当法律的发现变得艰难时，非理性的因素有时会给法官开辟一条光明之途。当然，以上讨论的主要是民事裁判领域中的法律发现，那么法律发现在刑事领域中遵循一种怎样的方法呢？民事审判中法律发现依靠类型化思维层层确定具体的法律关系，而在刑事审判中类型化思维同样发挥作用，我们知道整个刑法（尤其是分则）体系的建构恰恰是以类型化作为基础的，[1]根据具体犯罪行为所侵犯的客体的一般性质，我们可以将数种犯罪行为归结到同一类犯罪客体之下，比如盗窃罪、抢劫罪、诈骗罪、侵占罪等侵犯客体的都是公私财产所有权，因此可以归入侵犯财产罪这类犯罪之下。比如在许霆案中，许霆利用 ATM 机故障恶意取款的行为侵犯的显然是国家的财产所有权，因此可以将该犯罪行为进一步锁定在侵犯财产罪这一块。与此行为比较接近的是盗窃罪、侵占罪与诈骗罪，接下来根据构成要件的符合理论来进一步过滤和筛选，看看该行为事实在客观上与哪一个构成要件严格契合，从而便可以发现我们所欲寻找的法律。但是，如果经过比较发现该行为与任何一个构成要件均不严格符合，而只是与其中之一有所接近，此时便涉及对法条的解释、类推扩展，唯此才能进一步确定能够为裁判所用的法律，许霆案显然就是这类情形的一个例子，法律的发现出现了阻力或障碍，那么如何才能克服这些困难呢？

### （二）纠缠于法条与事实之间

找法其实是一种在案件事实与法条之间来回盼顾的过程，只有结合个案事实才能有效地进行法律发现活动。这种法条的发现活动，其实就是“以‘未经加工的案件事实’为出发点，将可能可以选用的法条一一检验，排除详细审视之后认为不可能适用者，添加经此过程认为可能适用的其他

[1] 对于刑法中“类型化”理论的一般讨论，请参见张文、杜宇：《刑法视域中“类型化”方法的初步考察》，载《中外法学》2002 年第 4 期。又参见杜宇：《再论刑法上之“类型化”思维——一种基于“方法论”的扩展性思考》，载《法制与社会发展》2005 年第 6 期。

条文”[1]。请求权检索法以及类型化思维在大多数情形下都是能够奏效的，裁判者可以一步步地寻找到个案事实所对应的法条，但现实的情形是规范与事实之间并不总是完全对应的关系，这主要包括：(1) 事实与规范相对适应；(2) 事实与规范不相适应；(3) 事实缺乏规范标准；(4) 事实与规范形式适应但实质不适应。[2] 在这四种情形中，规范与事实之间出现了一定的错位或脱节，此时法律发现的任务不再仅仅是纯粹地发现某个法条，而是要通过解释性活动使法条与案件事实彼此相适应。

1. 法条之争议及解释

前文曾提及一种批判性观点，认为法条主义否认法条存在着争议，因此自然也反对对法律进行解释。典型的，认为法条主义过于拘泥于规则的字面含义，不考虑规则在整个法律体系中的前后关联，从而拒绝文义之外的其他解释，比如拒绝考虑与法律有关的政策、目的和情况等。[3] 暂且将这种批判性观点归结为“法条主义反对解释”。法条主义者会接受这个命题吗？对这个问题的回答取决于如何认识法条主义的性质。

这里我们有必要区分一下法条主义的不同形态。法条主义事实上有强弱之分，亦即存在程度差异的问题。在守法主义传统比较深厚的国家和守法主义风气较弱的社会中均存在着强弱不等的法条主义。强的法条主义要求规则体系适用得更严格、更不偏不倚、更具“司法性”，并涵盖更广阔的社会行为领域。[4] 而弱的法条主义是指想方设法地变通法律条文，尤其是将一些法外的经济、政治、社会等因素带进对法律的理解与解释中，法官在个案中虽然表面上所适用的可能仍然是法律条文，但从实质上已经偏离了那个法条的真实原意。这种区分突显了法条主义的形式与实质之别，理

---

[1] [德] 卡尔·拉伦茨著：《法学方法论》，陈爱娥译，商务印书馆 2003 年版，第 163 页。

[2] 参见郑永流：《法律判断形成的模式》，载《法学研究》2004 年第 1 期。

[3] 参见 [美] 劳伦斯·M. 弗里德曼著：《法律制度》，李琼英等译，中国政法大学出版社 2004 年版，第 289 页。

[4] [美] 朱迪丝·N. 施克莱著：《守法主义》，彭亚楠译，中国政法大学出版社 2005 年版，第 102 页。

想的法条主义莫过于做到二者的统一，即不仅形式上不偏离特定的法律条文，在实质上亦不打着法条主义的名义暗度陈仓。

另外一种区分是严格法条主义与弹性法条主义。严格法条主义，也称完全法条主义，是指在任何条件下法官都不应偏离法条的字面含义，它要求法官无条件地坚持和遵守法条。理论上是这么说，但是实践中几乎很难找到这种法条主义的原型，亦即批评者所假想的那种严格法条主义在审判实践中压根就不存在，因此对法条主义的相应指责自然也是难以成立的。如果严格法条主义并不存在，那么实践中所存在的法条主义究竟是什么样子？法条所使用的概念并不总是一清二楚的，比如说“合理注意”“显著轻微”等之类的术语，这类概念所表达的文义具有一个相对的射程范围，在此范围内法律适用者可以结合具体个案事实来解释确定，这个弹性的空间被称为“可能的语义空间”，而它刚好构成了法律解释与法律续造的界限。[1] 因此，法条主义并不是封闭的，它具有一定的开放性，这种开放性赋予了法条主义一定的弹性空间。

人们可能会注意到，立法者在立法中有时候会刻意地使用一些诸如上文所提及的不确定概念或概括性条款，通过这样一种宜粗不宜细的立法思想来赋予部分法条一定的弹性。这种弹性赋予了法官在适用法条时所可能享有的灵活性，具体来说这表现在：(1) 法官主观上并不想突破法律之规定；(2) 法官在既有法律体系内总是能够找到自认为合适（或正确的）而他人并不如此认为的依据；(3) 似乎除了权力之外没有其他办法可以断定谁对谁错；(4) 如果用自己认为的“正确”来否定他者认为的“正确”便会遭遇同样的反对意见。[2] 总的来说，法条主义是容许对法条存在争议的，法条主义者总会根据自己的立场来提出关于某个法条之内容的见解，并以此和其他法条主义者的不同观点进行抗争。

问题在于，法条的这种弹性是否会成为法律的一种缺陷，进一步构

[1] 参见［德］卡尔·拉伦茨著:《法学方法论》，陈爱娥译，商务印书馆 2003 年版，第 246—247 页。

[2] 参见刘星:《中国早期左翼法学的遗产》，载《中外法学》2011 年第 3 期。

成一种法治缺陷？致力于研究法律模糊性问题的恩迪科特指出，模糊性并不是一种法律缺陷，尤其是立法者有意制定的不确定、开放性法条更是如此。[1]现代法治的一个基本要求，是案件的裁决要以既有的法律作为根据而做出。法条的弹性一方面会增加法律适用的灵活性，但同时也会使法律陷入某种程度的不确定性。对此，一些悲观论者提出了所谓的“法治不能论”，认为于此情形下案件的裁判将不再依赖法律标准，而应诉诸法律之外的政治、道德等非法律性标准。[2]的确，我们应当看到法律既有确定、清晰的一面，同时又有不确定、模糊的一面，模糊性是法律的一个本质属性，[3]它是无法彻底清除的，甚至也很难绝对地说它一定是法律的缺陷，而且由模糊所生的这种不确定性并不总是一定会走向法治的对立面，只有当某些领域的规则缺位与法律的理想相违背才能算得上是构成“法治缺陷”，[4]一条法律仅出现模糊还算不上是法治缺陷，法治也并不会因为某条法律是模糊的而变得不再可能。笔者在另一篇文章中，专门论证了法律中的不确定性并不必然构成一种法治缺陷，在这种状态下的司法裁判依然可以在既有的教义框架内展开，而不会导向一种诉诸法外标准的恣意裁判。[5]

在实践中，在法条主义内部存在争议是一个很普遍的现象。请注意，对于法条的争论总是相对于具体个案事实而言的，法条主义者通常并不会在抽象的意义上争论法条，就像我国《刑法》第264条所规定的“盗窃金融机构的行为”，直观上或在抽象意义上来理解该法条并不困难，但是一旦将其与具体个案事实结合在一起时可能就会产生争议，因为现实中的案件

[1] See Timothy A.O. Endicott, “The Value of Vagueness”, in Vagueness in Normative Texts, Vijay K. Bhatia, Jan Engberg, Maurizio Gotti and Dorothee Heller, eds., Peter Lang, Bern, 2005, pp. 27-48.

[2] ［德］Ralf Poscher：《裁判理论的普遍谬误：为法教义学辩护》，隋愿译，载《清华法学》2012年第4期。

[3] See Timothy A. O. Endicott, “Law is Necessarily Vague”, *Legal Theory*, 7 (2001): 377-383.

[4] See Timothy A. O. Endicott, “The Impossibility of the Rule of Law”, 19 *Oxford Journal of Legal Studies*, 1 (1999): 1-18.

[5] 参见孙海波：《疑难案件否定法治吗？依法裁判立场之重申》，载《政治与法律》2017年第5期。

的具体形态可能与法条所规定的事实构成并不完全相符。比如说，在抽象层面人们对于“何为盗窃金融机构”的想象或界定无非以秘密手段窃取并意图占有金融机构的资金和有价证券，偷盗柜台保险箱或金库的资金是这类犯罪行为的典型。而潜入银行偷盗办公用品显然只构成一般意义的盗窃，这一点与相关的既有司法解释的界定是一致的。许霆案的出现则加剧了这种认定的困难，利用 ATM 机的故障多次恶意取款的行为是构成盗窃罪还是侵占罪？[1] 如果构成盗窃罪，它属于一般意义的盗窃还是属于盗窃罪的加重情形，即该行为客观上构成了盗窃金融机构？

法条主义者对此可能会提出各自独立的见解，并且这些见解之间有时彼此是相互冲突、难分高下的。总体而言，面对一个受既有法律调整的具体个案事实，在法条主义内部可能会产生两种不同形态的争议：第一种情形是，案件 A 仅仅受法条 R 的调整，但是法条主义者对于 R 出现了不同的解释 R1、R2、R3 等，并且这几种不同的解释均未超出 R 的规范目的。第二种情形是，案件 A 同时受到两个或两个以上法条的调整，法条主义者基于不同的角度主张应当适用自己所支持的那个法条。典型的一个例子，是我们反复提到的泸州遗赠案中的情形，一些人主张适用《民法通则》中的公序良俗原则来认定遗嘱无效，而另一些人则坚持《继承法》的规定力争遗嘱有效，其实这种争论仍然是在法条（法整体）的内部进行的，法条主义的底线是不轻易规避或越出法律的界限。

以上便是法条主义内部对待法条的两种争议类型。从产生原因来看，第一类法条争议是由于人们对特定法条存在着不同的解释所产生的，它涉及的中心问题是“某个特定的法条应当如何来解释”。第二类法条争议的产生是因为法律对特定事实问题提供了“过剩或冗余”的法律指引，从而也为司法裁判提供了“过剩或冗余”的法律标准。从存在的范围上来看，第一类法条争议的存在更为广泛一些。从解决法条争议的方式来看，第一类争议说到底是在不同的法律解释方案之间做选择，在文义解释的基础上辅

[1] 关于本案事实，请参见广东省广州市中级人民法院（2007）穗中法刑二初字第 196 号刑事判决书。

之以体系解释和目的解释等，通常能够确定法条的真正含义。第二类情形则相对复杂一些，由于各个法条主义者都宣称自己的法条适用主张是正确的，那么这里到底是否存在可被发现或确证的正确呢？判断这种正确性的标准是什么？在本体意义上各争论者都相信存在所谓的“正确”，并且这个正确就是自己所秉持的那个主张，但是对于判断正确的标准却存在着较大的分歧。规范冲突的一般处理规则可以帮助解决这类争议中的一些简单情形，比如说法条竞合的情形。然而，除了法条竞合的场景之外，还有一些更复杂的情形，法律适用者如何在各种“可能的正确”之间进行选择呢？

典型的比如在许霆案中，不同的法条主义者对于许霆之恶意取款的行为性质发生了争议，有学者认为许霆的行为应以民法中的不当得利（《民法通则》第 92 条）来调整，其理由是在行为能够通过民法或其他法律规制时不应直接运用刑法做跳跃式的分析认定。[1] 另外一些学者认为许霆的恶意取款行为是有罪的，至于构成何种罪则彼此之间存在很大分歧，这其中有的主张许霆构成盗窃罪，有的主张许霆构成侵占罪，还有的主张许霆构成信用卡诈骗罪。即便是在那些认为许霆构成盗窃罪的各主张者内部之间仍然存在纷争，在一些学者主张依照盗窃对许霆进行定罪处罚的同时，另外一些学者主张应在盗窃罪的基础上附加《刑法》适用第 63 条第 2 款做出“特案特判”。[2] 因此，在许霆案这个特例中我们看到在法条主义内部至少存在三个层次的争议：(1) 罪与非罪的争议，亦即许霆的行为究竟是受刑法还是刑法之外的民法部门法来调整；(2) 此罪与彼罪的争议，即究竟该如何用刑法来评价许霆的行为，如何定罪取决于许霆恶意取款的行为最符合哪一个罪的构成要件；(3) 量刑上的争议，对于许霆的行为应当按照盗窃金融机构罪来判处无期徒刑，还是应当用《刑法》第 63 条第 2 款来开一个量刑上的“口子”。

---

[1] 参见杨兴培：《“许霆案”的技术分析及其法理思考》，载《法学》2008 年第 3 期。

[2] 参见张明楷：《许霆案减轻处罚的思考》，载《法律适用》2008 年第 9 期。

2. 法条之类比及等置

以上通过对法条主义内部有关法条之争议的展示，可以清楚地看到法条主义所具有的一种内在弹性，这种弹性空间的存在能够保障法条的灵活而非僵化适用。至于如何在某个法条的可能文义之间进行选择或者如何在可能的数个法条适用主张之间进行选择，则涉及法律适用者的解释和判断。具体来说，解释应以探求法条之文义为基础，辅之以扩张性解释或目的性限缩等常用的法律解释方法。鉴于规范与事实之间的对应关系，法官并不总是能够直接通过涵摄将案件事实与法条衔接起来，“事实上，法律适用的重心不在最终的涵摄，毋宁在于：就案件事实的个别部分，判断其是否符合构成要件中的各个要素”[1]。因此，判断对于确定某个事实与某个规范之构成要件是否符合这个问题上发挥着至关重要的作用，但是我们仍然并未回答，如何才能进行这样的判断？依拉伦茨之见，这种判断的种类可能是多样的，比如包括以感知为基础的判断、以对人类行为之解释为基础的判断、其他凭借社会经验而取得的判断、法官的价值判断等。[2] 所以，从法条主义的内在结构来看，解释和判断共同支撑起了一种富有弹性的法条主义。

在承认法条存在争议的前提之下，除了通过解释和判断来彰显法条主义的弹性之外，法条主义之弹性还表现在它有一定的伸缩空间，这里我们所关心的主要是法条主义的延展性或扩张性。社会生活事实不仅复杂多样而且是变动不居的，立法只能通过相对抽象化的语言对各类事项进行一般化的调整，我们常说中国的立法讲究“宜粗不宜细”的原则，因此实践中难免会出现挂一漏万的情形。当实践中出现了法律本应考虑到但却并未纳入调整范围的事项时，法律适用者当如何来处理？比如说，法律规定“四

[1] ［德］卡尔・拉伦茨著：《法学方法论》，陈爱娥译，商务印书馆 2003 年版，第 165 页。

[2] 价值判断与前几种判断的区别在于，它是以法律原则或法律价值为导向的。价值判断并不是法官个人内心的想法、感受或评价，它是一种基于法律的观点，依照法秩序的要求及评价标准（它们当然是来自判断这审慎形成的确信），该当案件事实应当如何判断。对此，请参见［德］卡尔・拉伦茨著：《法学方法论》，陈爱娥译，商务印书馆 2003 年版，第 165—174 页。

脚动物致人伤害，饲养者要承担侵权责任”，如果两只脚的鸵鸟致人伤害是否可以依照规定向饲养者索赔呢？根据形式正义原则，等者要等之对待，即类似的事物应当得到类似的处理，鸵鸟与四脚动物的根本区别在于是两脚动物，但它们之间在具有攻击性、伤害性等相似性方面是更为重要的，并且它符合该法条的规范意旨——它要保护人们免于遭受动物的攻击或侵袭，而饲养者显然负有保障这一目实现的义务，[1] 因此对于两只脚鸵鸟伤人的事项可以类推适用上述法条。“将法律针对某构成要件（A）或多数彼此相类的构成要件而赋予之规则，转用于法律所未规定而与前述构成要件相类的构成要件（B）。”[2] 这种法条的类推也是法条主义的重要适用形式，就连一些法条主义的批评者都不得不承认这一点，[3] 其实中国的案例指导制度正是以形式正义原则为基础、以法条类推为基本适用形式而被确立和运行的。因此，法条的类比不仅可以帮助法官“发现”法律，而且还能够赋予既有法条以一种新的生命力，此外类比推理最终仍然要回到法条主义的最基本操作形式（三段论）上来。

除了类比之外，还有一种法律方法不得不提，这就是等置理论。传统的演绎推理模式的运作，取决于案件事实与法律规范的严格对应上，规范是规范，事实是事实，只要通过比对确证二者相符，就可以适用演绎模式了。然而一如本节开头时所谈到的，在实践中案件事实与规范并不总是存在严格一一对应的关系。因此，如果仍然想要运用演绎推理模式，就必须解决一个前提性的问题，即为演绎推理准备（准确地说是“重塑”）大、小前提，当通过一系列的活动基本上使得案件事实与法律规范相互符合的时候，那么演绎推理的前提性条件可以说也就基本实现了。问题的关键便在

---

[1] 参见孙海波：《破解类比推理难题：成因、类别与方法》，载《甘肃政法学院学报》2013 年第 6 期。

[2] [德] 卡尔·拉伦茨著：《法学方法论》，陈爱娥译，商务印书馆 2003 年版，第 258 页。

[3] 波斯纳就曾指出：“法条主义者决定案件时适用先有的规则，或在某些版本的法条主义看来，运用所谓的独特的法律推理模式，例如‘法律类推’。”参见 [美] 理查德·波斯纳著：《法官如何思考》，苏力译，北京大学出版社 2009 年版，第 7 页。

于如何重塑大、小前提，正如郑永流教授所指出的，法律应用的最困难之处在于如何处理事实与规范以获得大小前提而不在于从大前提到小前提的演绎性推论。[1] 由此整个法律适用的中心便在于如何在规范与事实之间寻求一种对应，而等置正是致力于解决这一难题的一种理论，等置的过程其实就是“在大前提与生活事实之间来回盼顾”，[2] 通过排除不相干的事实和解释的可能性使规范与个案事实不断拉近、靠拢，[3] 瑞士学者马斯托拉蒂比较形象地图示了等置模式的这一过程。[4]

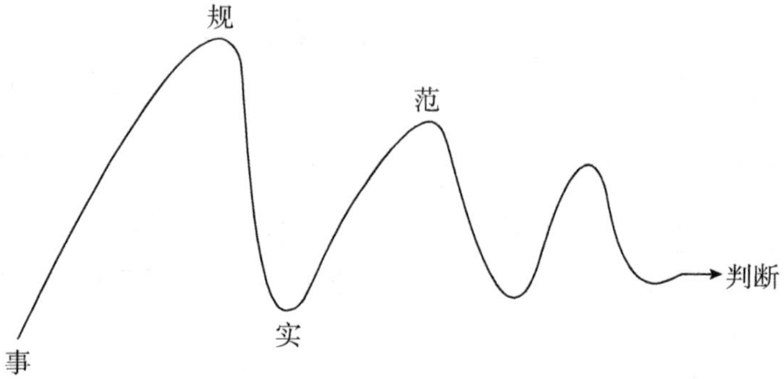


通过这个图示，我们可以看到通过法律判断不断拉近规范与事实之间的距离，使二者从最初的不相适应慢慢变得相互适应。对于许霆案，许霆的行为事实可能对应着不当得利、侵占罪、盗窃罪、信用卡诈骗罪等数个

[1] 参见郑永流：《法律判断形成的模式》，载《法学研究》2004 年第 1 期。

[2] 参见［德］卡尔・拉伦茨著：《法律思维导论》，郑永流译，法律出版社 2004 年版，第 72 页。

[3] 参见［德］齐佩利乌斯著：《法学方法论》，金振豹译，法律出版社 2009 年版，第 106—111 页、第 141—144 页。

[4] P. Mastronardi. Juristisches Denken，2001，该书封图。转引自郑永流：《法律判断形成的模式》，载《法学研究》2004 年第 1 期。马斯托拉蒂将等置过程描述为八个阶段：(1) 法律适用者从事实出发，并在前理解基础上评价事实；(2) 他的前理解告诉他，何种事实的特点对于法律判断可能是关键的；(3) 他为这些事实的特点在法律制度上寻找有关规范文本；(4) 紧接着就是产生对规范文本的解释；(5) 为了做到这一点，他首先需要判断个案是否落在规范的射程领域，当落入时他会试图理解何种文本的规范陈述对于个案是合适的，此即决定规范大纲或个案答案的应然方面；(6) 从规范大纲出发，他最终从事实中选择那些适合规范应用的要素，此即决定规范领域中个案答案的事实方面；(7) 开始比较个案的规范方面和事实方面；(8) 法律判断是这一比较的结果，即从规范的视角来评价事实行为。（该书第 171—172 页）

规范，通过对利用取款机之故障恶意取款之行为的定性，首先确定该行为究竟应以民法还是刑法规范来调整，然后进一步确定“以秘密手段取款的行为是否构成盗窃”，这个过程便是将个案事实不断与盗窃罪这个规范相互拉近（同时也是与其他规范相互远离或背离）的过程。通过不断将事实进行规范化、不断将规范进行事实化，法条主义照样可以穿越司法的错综复杂。

### （三）民意、价值判断与依法裁判

实践中一个比较诡异的现象值得关注，即每每有热点案件爆发时，人们对于裁判（准确地说主要是实体裁判结果）大大小小的不满或争议最终都可以指向法条主义，于是乎法律适用者时候会有这样的尴尬遭遇，一边是僵硬、冷酷的法律条文，一边是饱含热情的民意，法律者当如何判断？是严格遵循条文做法依法裁判，还是顺从民意做一个“合理”的判决？这是我们这一部分所要讨论的问题。这里我们先简要谈两点，首先，需要区分热点案件（hot case）与疑难案件，热点案件是一些比较重大的或比较有影响性的案件（great case），[1] 像李昌奎案、许霆案、药家鑫案、邓玉娇案、许霆案等，这些案件是由于互联网等媒体的介入而“走红”，在全社会公众之间引发不小的热议，它们之所以“热”可能并不是因为疑难，有的时候是因为案件新颖而“热”，有的时候是因为案件比较具有特殊性而“热”，有的时候是因为案件的法律适用具有争议性而“热”，所以热点案件并不必然就是疑难案件，因此主张民意对于热点案件之裁判的影响或决定作用并不等同于民意对于疑难案件的影响或决定作用。其次，上一部分关于法条主义内在结构的描述，可以看出法条主义自身具有一定的复杂性，它虽然不能应付一切疑难案件，但是至少可以协助解决一部分疑难案件。

关于法律（司法）与民意的关系，一直是近些年来学界讨论的热点，

---

[1] “热点案件”有时还被称为“公共案件”，对于公共案件的形成过程及可能类型，读者可参见孙笑侠：《公案及其背景——透视转型期司法中的民意》，载《浙江社会科学》2010 年第 3 期。

无论是司法完全不理会民意还是完全由民意主导审判，都是不现实也是不理智的选择。的确，司法会受到民意的影响，比如许霆案的判决（从一审无期到终审五年有期徒刑的命运）在很大程度上就是由民意所影响甚至决定的，但是注意民意也有对错之分，司法应避免受错误的民意的干扰或影响。[1] 因此，一个比较可取的选择是，司法理性地看待和回应民意，因为“是否得民心”或“是否能够满足公众对司法的期待”影响司法的正当性，同时也应警惕司法被民意所绑架的危险。司法如果想要正确地处理好与民意的关系，就必须弄清楚民意的特点或特性。首先，民意具有地方性，我国是一个大国，各地的政治、经济、文化发展水平都不是很平衡，这导致人们的法治意识也强弱不均，并且现实中所表现出来的民意也并不稳定、持久。[2] 其次，民意也有正确性与错误性之分，多数人的意见和看法并不一定是正确的，正如人们常说的“真理往往掌握在少数人的手里”，错误的民意会给司法带来沉重的打击。正如一些学者所指出的，司法在回应民意的过程中应注意合理地辨识真实的民意与以民意为载体的领导不当意志。[3] 最后，民意往往会表现出一种后果主义的倾向，它是从日常生活经验出发的、对于直观法律后果的一种意见或感受，它如果想要发挥作用必须经过严格的法教义学分析的检验。鉴于民意所具有的以上特性，司法在具体个案中回应民意时应秉持一种特别审慎的态度。

对于司法与民意之间所可能存在的关系，有学者总结出了八种不同的关系类型：（1）民意无法从道德情感上接受法律的规则而干扰司法；（2）民意迫使司法判决体现民众的道德情感；（3）民意不理解专业问题而仍然干预了司法的专业的精准性；（4）强烈的民意影响了司法程序；（5）民意有很

[1] 比如，有学者认为药家鑫的罪行虽然是严重的，但他有法定的量刑情节，因此罪不至死。药家鑫死于司法工具化和民意审判的司法制度。参见周永坤：《规则权威与政治道德权衡——药家鑫案量刑评与思》，载《甘肃社会科学》2012 年第 3 期。

[2] 参见苏力：《法条主义、民意与疑难案件》，载《中外法学》2009 年第 1 期。

[3] 参见褚国建：《法院如何回应民意：一种法学方法论上的解决方案》，载《浙江社会科学》2010 年第 3 期。

强的压力，但司法仍然很独立地判断；(6) 民意影响了判决，导致良好的效果；(7) 民意促使个案中引发更深层问题的思考；(8) 民意通过个案司法促进了制度的完善。[1] 其中第一至第四种属于民意不当干预或影响司法的情形，而第五至第八种则表现出民意妥当地进入并影响了司法裁决的做出。对于司法如何吸纳民意，有学者提出司法应以制度化的方式来进行，力求在司法制度和程序内自我微调，自主吸纳对有效解决法律问题新的和有用的重要信息，而所谓的法条主义式的教义分析和论证虽然必要但不是决定性的，决定性的是法官对待民意所做的政治性判断和政策考量。[2] 如此一来，问题似乎就进一步转变为：疑难案件中需要法官做出价值判断，但是这种判断究竟是以既有法律为基础的价值判断，还是超越既有法律的政治性判断或政策性判断？在面对价值判断的滥觞已成常态的局势下，法条主义究竟能否守得住依法裁判的坚定立场？接下来我们简要讨论法条主义何以能够包容并限制价值判断。

所谓"价值判断"，是指法律适用者针对某个法律问题或者针对某项法律适用主张而做出的一种取向于法律原则或法律价值的判断或评价。司法裁判离不开价值判断，这主要表现在：首先，立法中所广泛使用的一般条款、概括性术语往往包含着直接的价值判断因素；[3] 其次，于法律的语义空间内，法官在各种可能的法律解释之间进行选择需要借助于价值判断；再次，对于冲突法律规范的协调、对于法律的补充和校正同样依赖价值判断发挥作用；最后，即便是最基本的演绎性推论中价值判断亦有一席之地，如德国法学家魏德士所指出的"涵摄的过程总是包含着评价的要素"[4]。以上只是论证了司法必然包含价值判断这个命题，对于价值判断何时发挥作用这个问题仍然悬而未决。对此有两种代表性的观点，一种观点认为法官并不能任意启动价值判断，"法官在一目了然的具体案件中，只要适用法律

[1] 参见孙笑侠：《民意与司法互动的八种情形》，载《北京日报》2013 年 6 月 8 日，第 17 版。

[2] 参见苏力：《法条主义、民意与疑难案件》，载《中外法学》2009 年第 1 期。

[3] 许德风：《论法教义学与价值判断》，载《中外法学》2008 年第 2 期。

[4] ［德］魏德士著：《法理学》，丁晓春、吴越译，法律出版社 2005 年版，第 301 页。

即可，无须过问法律规定背后价值判断的合理性。只有当法律规定不明确，需要进行目的解释来查明法律的内容，或是没有明文规定，法官需要填补漏洞时，才需要进行价值判断。……至少在成文法国家，价值判断通常完结于法律的颁布，司法过程中进行价值判断是例外，而不是常态，否则立法就失去了意义”[1]。与之相对，另一种观点认为价值判断是一项贯穿裁判始终的工作，法教义学的分析虽然可以帮助减轻法官价值衡量的负担，但并不是说法官在此过程中不需要做价值判断。[2]笔者赞同第二种观点，价值判断乃是法条背后之实质性理由，法条并不纯粹是概念的编织物，它本身蕴含着价值、目的和判断，对于法条的发现、甄选、理解和适用是离不开价值判断的。

价值判断完全由法官自主定夺还是应受一定限制？这是一个相对重要的问题。一些学者提出了法内的价值判断与法外的价值判断之分，部分法外的价值判断能够为法律文本的开放性所容纳，在通过解释完成由外在价值向内在价值的转化之后，最终转变为法律体系本身的价值判断（亦即内在价值判断）。[3]与此相通，另一些学者提出了对“新”“旧”价值的判断，即对立法所固定下来的“旧”价值的讨论与运用，以及对立法时未予关照到的“新”价值进行考量和判断。[4]但是，无论是对法内价值或法外价值还是对新价值或旧价值的判断都必须“依法”进行，要以“现行法中已经固定下来的价值评价为根据”[5]，这是因为在既有的法秩序、宪法以及被接

[1] 卜元石：《法教义学：建立司法、学术与法学教育良性互动的途径》，载《中德私法研究》2010年总第6卷。

[2] 参见许德风：《论基于法教义学的案例解析规则——评卜元石：〈法教义学：建立司法、学术与法学教育良性互动的途径〉》，载《中德私法研究》2010年总第6卷。

[3] 参见劳东燕：《刑事政策与刑法解释中的价值判断——兼论解释论上的“以刑制罪”现象》，载《政法论坛》2012年第4期。

[4] 参见许德风：《论基于法教义学的案例解析规则——评卜元石：〈法教义学：建立司法、学术与法学教育良性互动的途径〉》，载《中德私法研究》2010年总第6卷。

[5] 卜元石：《法教义学：建立司法、学术与法学教育良性互动的途径》，载《中德私法研究》2010年总第6卷。

受的法律原则中存在一些有约束力的评价标准，[1] 它要求价值判断者不得恣意而为评价，由此便牵引出机制判断的行使规则或论证规则问题。然而实践中我们看到一些法条主义的批评者在价值判断这个问题上走入了两个误区：其一，是过分强调法外的价值判断，甚至将这种政治性或政策性判断看作超越法条式的教义分析对裁决起决定作用的因素；其二，在极力宣称这种法外判断起实质性作用的同时并未告诉我们这种判断如何进行以及可能受到何种限制。[2] 因此对价值判断设定若干行使规则既是必要的，同时也是十分重要的。

价值判断的行使规则旨在限制判断者的活动，从而使得价值判断活动趋向于客观化。王轶教授在讨论民法学中的价值判断时，提出了价值判断所应遵循的两项实体论证规则，同时还提出了两项与其相对应的论证负担规则。第一项实体论证规则是在没有足够充分且正当的理由的情况下应坚持强式意义的平等对待，其对应的论证负担规则是主张采用弱式意义的平等对待的讨论者必须证明存在足够充分且正当的理由需要在特定价值问题上采用弱式意义的平等对待；第二项实体论证规则是在没有足够充分且正当理由的情况下不得主张限制民事主体的自由，与其相应的论证负担规则是主张限制民事主体自由的讨论者应承担论证自身价值取向正当性的责任。[3] 以上虽然从积极和消极两个方面对价值判断的行使提出了要求，但是仅仅以平等和自由这两项价值来进行约束似乎并不充分和全面。对此，我们需要做一些补充。法条主义的裁判思维以既有的法条作为逻辑起点，而法条本身即凝结着立法者的价值判断在内，它是通过平等商讨所达成的一种最低限度的价值共识，因此遵循规则和价值判断本身是融合在一起

---

[1] 参见［德］卡尔·拉伦茨著：《法学方法论》，陈爱娥译，商务印书馆2003年版，第172页。

[2] 比如苏力认为，在吸纳民意时教义分析不再是决定性的，起决定性的是司法过程对各种信息的吸纳。他又说，在难办案件中，即便判决书所展示的完全是教义分析或法律推理解释，最终起支配或指导作用的仍然是一些政治学判断或政策考量。对此参见苏力：《法条主义、民意与疑难案件》，载《中外法学》2009年第1期。

[3] 参见王轶：《民法价值判断问题的实体性论证规则——以中国民法学的学术实践为背景》，载《中国社会科学》2004年第6期。

的。[1] 对于在既有的法律框架内如何进行价值判断争议不大，比较困难的是如何对于那些对法律进行补充性的、超越性的价值判断进行限制。对此，一方面规定价值判断不能直接用于裁判，即不能直接作为裁判根据或裁判理由，而只有通过诸如一般条款、法律解释、法律漏洞补充等连接点才能将其引入法律论证；[2] 另一方面，价值判断必须与既有的法律体系保持一定的融贯性，亦即对于某问题的价值判断必须尽可能与法律体系本身的判断相一致而不得偏离得过远。此外，笔者还曾提出过一个最小损害原则来限制价值判断，[3] 价值判断对既有法律体系的损害应尽可能限制在一种最小幅度内。

## 五、本章小结

至此为止，我们对法条主义的全貌有了一个相对清楚的认识。本章一开始便提请读者注意法条主义的司法取向这个重要维度，从而揭示其与法律形式主义、法教义学等概念之间的重要差异。紧接着，以描述性的方式展示了作为稻草人的法条主义的尴尬遭遇，其中主要讨论了来自法律实用主义以及社科法学的批评。笔者承认法条主义的确有其自身的局限，但主张仍应尊重法条主义在法律适用中的基础性地位，其在裁判过程中发挥着一种中流砥柱的重要作用。最后，集中转向了对法条主义特质及结构的讨论，指出法条主义不仅容许而且会以开放的态度正视争议，它所富有的内在弹性也使其自身能够灵活地应对错综复杂的司法实践。笔者的基本结论是，从司法定向的视角所看到的法条主义，其实是开放的、具有弹性结构

---

[1] 张骐教授认为，形式规则与价值判断就像太极球的阴阳两半，形式规则为阳，价值判断为阴。它们在不同情境下进行不同组合，二者彼此交融，你中有我、我中亦有你，共同协助法律适用者做出正确的司法裁决。请参见张骐：《形式规则与价值判断的双重变奏——法律推理方法的初步研究》，载《比较法研究》2000 年第 2 期。

[2] 参见许德风：《论法教义学与价值判断》，载《中外法学》2008 年第 2 期。

[3] 参见孙海波：《在“规范拘束”与“个案正义”之间——论法教义学视野下的价值判断》，载《法学论坛》2014 年第 1 期。

的、能够包容价值判断的，它不仅尽可能最大限度地维护和确保依法裁判的基本立场，而且在应对疑难案件的裁判方面大有作为。总之，可以说法条主义是复杂的、不断变化和发展的，在其内部正是通过对法条的“不断纠缠、不断推进、不断‘出新’，所以有其自己自发的调节性和适应性，具有内在的生产能力”[1]。批评者对于法条主义所做的过于简单的刻画，将上述重要品质从其内部彻底剥离殆尽。

应看到的是，无论人们怎样批判法条主义，它都在诸法律适用方法中占据基础性地位，其对于维护依法裁判和实现法治具有无可替代的重要意义。当法条主义的批判者试图以“价值判断”（主要是立法性的政治判断或政策判断）对法条主义发难时，我们对类似的主张应予以警惕，诸如“尽管常规（大多数）司法决定看上去都是法条主义驱动的，但法官绝不是仅适用已有规则或有什么独特的法律推理模式的法条主义者；法官的政治偏好或法律以外的其他个人性因素，如法官个人特点以及生平阅历和职业经验，会塑造他的司法前见进而直接塑造他对案件的回应”[2]。的确，在极个别的疑难案件中，我们不否认法律之外的政治或政策性判断会起一定作用，但是司法裁判的本质属性在于它是法律裁判而非政治裁判，当法官在个案中致力于追求特定的目的，并以形式上依照法条推理的修辞手法来掩盖实质性的法外政治或政策性判断时，便会催生一种背离形式法治的工具主义法律观。[3] 法条主义通过内部的争论可以促进对概念、规则及原则的解释，使得裁判最终仍然以“法律”的名义而非其他的“政治需要”“道德期待”“情理要求”“自由裁量”的名义，去适应社会现实，化解所谓的“冲突脱节”“不相适应”。[4] 法条主义的作用空间是广阔的，而在疑难案件中我们更加需要认真地对待它。

---

[1] 刘星:《怎样看待中国法学的“法条主义”》，载《现代法学》2007 年第 2 期。

[2] 苏力:《经验地理解法官的思维和行为》，载《北方法学》2009 年第 1 期。

[3] See Brian Z. Tamanaha. *Law as a Means to an End*: *Threat to the Rule of Law*. Cambridge University Press，2006，p.228.

[4] 刘星:《怎样看待中国法学的“法条主义”》，载《现代法学》2007 年第 2 期。

第八章

# 疑难案件裁判的中国特点

前文曾多次强调，疑难案件是司法实践中的一种客观现象，也是法官们在裁判过程中经常遭遇的普遍难题。就目前对这一现象的理论化研究来看，学者们将过多的眼光停留在对疑难案件相关问题的一般化研究上，而鲜有人专门论及中国司法语境下疑难案件的特殊情况。易言之，人们对于疑难案件的共性关注过多，而对于疑难案件的个性差异则未能给予应有的注意。一旦我们将讨论的视角从一般法理学拉回至中国的特殊语境，便发现自己很快就会被以下问题所困扰。诸如，对于中国的疑难案件应作何理解？除了单纯法律适用疑难的案件之外，是否还存在其他种类的疑难案件？中国法官对待疑难案件有着什么样的态度？中国司法在应对疑难案件难题方面孕育出了何种独特的制度与方法？等等。本章节将从一种经验主义视角，结合笔者所做的一些实证调研材料，尝试发掘疑难案件这个问题的地方性色彩。从讨论步骤上来看：首先描述中国司法语境中疑难案件的常见类型，同时揭示中国法官对待疑难案件的基本态度；其次将转向对中国司法中裁判疑难案件的诸制度进行分析，包括正式的与非正式的，讨论这些制度之于疑难案件的裁决所可能发挥的重要意义；最后重点选取审判委员会集体讨论与个案请示的制度，分析其历史成因及其未来的改革走向。

## 一、疑难案件在中国

### （一）何种疑难案件

我们可以从“疑”和“难”这两个方面来理解疑难案件，前者是指对于法律的内容在理解上存在疑惑或不解，后者指的是在法律推理过程中的适用疑难，总体而言，一般意义上的疑难案件通常仅限于那些由于法律自身因素所导致的疑难案件。[1] 如此来界定的话，那些由法律自身之外的因素所导致的疑难，将会被排除于真正法律意义上的疑难案件之外。与此同时，我们发现在讨论中国司法实践中的疑难案件时总会面对一些特殊的案件，它们在法律的理解与适用上并不疑难，只是由于一些法律之外的因素的介入使案件变得难办。为了兼顾这类案件，一些学者提出了“难办案件”的概念，并意图以之取代疑难案件的一般提法。如侯猛认为难办案件包括事实难办案件（案件事实认定或确定存在困难）、法律难办案件（法律不清晰、不确定或有漏洞）、影响难办案件（社会影响重大，以刑事案件居多）以及关系难办案件（当事人一方或双方托关系来影响案件的办理）这四类，[2] 依此将法律自身所导致的疑难案件仅仅视为难办案件的一部分。很有意思的一点是，另外一些学者戏剧化地颠倒了

---

[1] 沈宗灵教授认为仅仅有关案件事实疑难的案件，并不直接涉及法律适用过程中的法律推理问题。参见沈宗灵：《法律推理与法律适用》，载《法学》1988 年第 5 期；郑永流教授指出从应用法律的特点看，只有不确定的规范而没有不确定的事实。尽管事实永远只是相对的确定，因为人们不可完全再现原始事实，但至今所能查明的事实却是确定的。参见郑永流：《法律判断形成的模式》，载《法学研究》2004 年第 1 期。

[2] 参见侯猛：《案件请示制度合理的一面——从最高人民法院角度展开的思考》，载《法学》2010 年第 8 期。

疑难案件与难办案件之间的关系，比如说苏力就主张“难办案件”仅仅是指那些“有别于案情复杂、事实不清的‘疑难案件’或影响巨大的‘重大案件’，事实清楚却没有明确的法律可以适用，或适用的结果不合情理甚或有悖‘天理’（所谓自然法），法官因此面临艰难抉择，需要‘造法’或通过解释‘造法’”[1]的案件。

不难看出，以上两种对于难办案件的界定存在极大的反差。前一种对难办案件之外延的界定更广，其不仅包括法律上的疑难案件，也包括事实、社会影响等因素所导致的棘手案件。相比之下，后一种界定实际上将疑难案件与难办案件看作一种并列的关系，更有意思的是它认为疑难案件“疑难”在事实和信息方面的不对称，而难办案件则“难”在法律的理解与适用方面，[2]这里的难办案件实际上是指一般意义上由法律自身所导致的疑难案件。由此可见，即便是在同意引入“难办案件”这个称谓的论者之间，在应赋予该指称以何种意义的问题上仍然存在不同的见解。此外，当一些学者指责“疑难案件”这个术语指代过于狭窄时，另一些学者则主张“疑难案件”这个指称在汉语中已被用滥，继而用“非典型案件”的称谓取而代之。[3]以上种种界说虽不尽一致，但都看似有理，这向我们折射出了一条基本的信息，即选择一个什么样的指称并不是最重要的，问题的关键在于应赋予该指称以何种意义。就像我们所看到的那样，即便是在难办案件的倡导者眼中其具体含义也不尽相同。

由于本章讨论的是中国司法语境中的特殊案件，所以有必要在概念的选择和使用上做一个清楚的交代。鉴于学界已经习惯将“疑难案件”作为简单案件的对立项来使用，而引入新的概念、指称又有可能制造新的混乱，比如前述对“难办案件”的界定所呈现出的某种含混性，本章仍然选择使用“疑难案件”这个称谓，意指所有那些由法律自身因素以及法律之外的其他社会

---

[1] 苏力：《法条主义、民意与难办案件》，载《中外法学》2009年第1期。

[2] 类似的主张，也可以参见郭琳佳：《判决的背后：难办案件中法官隐形决策的正当化研究》，载《法律适用》2011年第10期。

[3] 参见周赟：《非典型与典型案件：术语、成因及其关系》，载《中国法学》2015年第5期。

因素所导致的非简单案件。也就是说，如无特别说明，下文所称的疑难案件不仅包括法律上的疑难案件，也包括事实疑难、影响疑难、关系疑难等诸多类型的特殊案件。通过实证调研，[1]笔者也发现以上这种界定和在调研中的发现基本上是一致的，当被问及“您认为什么样的案件才是真正的疑难案件”时，许多法官将焦点集中在了“法律上疑难的案件”，另外按照票数高低依次还有事实疑难案件、证据调查困难案件、新型案件、民意比较大（公众关注度高）的案件、领导批示的案件、当事人请托关系的案件等。显然，在他们的眼中后一类案件也是疑难案件。依照他们的理解，凡是在裁判中遭遇疑难和困惑的案件都可以归于疑难案件之列，无论是这种困难是来自法律的理解与适用方面，还是来自法律之外的其他方面的因素。

与此相关，从中国基层法院的审判实践来看，疑难案件所呈现出来的种类也极其繁多。按照其出现频次的高低，主要有：(1) 出现法律漏洞的案件，这类案件在实践中较为普遍，当没有现成的法律条文可供法官直接适用时案件就会变得疑难，比如农村的房屋是否可以买卖的问题。[2] (2) 当事人“胡搅蛮缠”，以上访相威胁的案件，不少法官在问卷中提供了一些他们在裁判过程中所遇到过的这类案件，多数时候这些案件并不直接涉及在法律适用上疑难的问题，而只是当事人对于案件结果不满意，试图以上访来给裁判者施加压力，从而迫使法官做出对己方有利的判决。[3] (3) 存在数条可供法官选择的法律规则，如此一来裁判结论并不具有唯一性。[4] (4) 新

[1] 此次调研的对象是江苏省徐州市下辖的十余个基层法院，调研的方式分为：问卷调查、法官访谈以及学术座谈会，其中发放问卷 250 份，共收回有效问卷 210 份，访谈法官 50 余人，整个调研持续了近 2 个月的时间。

[2] 我国的土地管理法虽未根本禁止农村宅基地使用权的流转，但对于在何种情况下这种房屋买卖的合同是有效的并未做进一步的规定，比如说对于买方是否有特定的身份限制或要求，从而导致实践中各地的操作标准并不一致，可以说立法者在农村房屋买卖的问题上留下了空白。

[3] 就笔者所掌握的徐州全市法院 2012 年进京上访相关统计数据来看，2012 年全市 11 个基层人民法院有共计 58 人次（案次）进京上访，占各基层人民法院当年结案总数（82690 件）的 0.07%，徐州市中级人民法院 2012 年共计 59 人进京上访，占全市法院当年结案总数（4292+82690 件）的 0.07%。

[4] 比如江苏省徐州市云龙区人民法院（2013）云民初字第 1318 号民事判决书。

型案件，主要是指事实构造独特、新颖的案件，它与法律漏洞型疑难案件之间有一定的交叉。[1]（5）当事人一方或双方请托关系，本级或上级法院的领导、政法委或其他政府官员介入并干涉案件的裁判。[2]基层社会更多的是一种熟人社会，关系网络在其中的作用更加明显、有效，“打官司就是打关系”这种观念是造成当事人厌讼、惧讼的一个重要原因。（6）在当地影响较大或民意较大的案件，这类案件可能影响社会的稳定，因而变得很“难办”，比较具有代表性的是非法集资的案件。[3]此外，还有其他一些案件，比如说存在法律规则与法律原则相冲突的案件。

### （二）中国基层法官对待疑难案件的态度

前文指出疑难案件不仅是理论问题，同时也是一个实践问题。对此最具有发言权的就是投身于审判一线的法官，他们在长年累月的审判实践中会遇到各种各样的案件，在处理这些案件的过程中积累了丰富的裁判经验。因此，对中国基层法官对待疑难案件的基本态度进行考察，不仅是必要的而且是十分有益的。在接下来这一部分中，笔者通过对实证调研材料的统计和分析来客观描述基层法官对待疑难案件所秉持的基本看法。从疑难案件产生的数量来看，存在逐年不断增长的趋势，各类新型案件的出现就是一个很好的例证，比如网络遗产的继承、人工授精胚胎的处理、虚拟财产的盗窃等，在某种程度上说“司法变得越来越复杂了”。[4]我们再来看看

[1] 比如江苏省鼓楼区人民法院（2008）鼓刑0177号刑事判决书，又比如江苏省鼓楼区人民法院（2013）鼓商初第0520号判决书。

[2] “关系”影响案件裁判的方式有两种，一种情形是双方当事人积极调动各种力量来影响合议庭判决，另一种情形是不同的国家机关会基于自身利益来积极影响合议庭判决。参见侯猛：《案件请示制度合理的一面——从最高人民法院角度展开的思考》，载《法学》2010年第8期。

[3] 个别法官指出自己审理过的非法集资案，受害人人数众多，涉案金额过亿，在当地影响巨大，在考虑疑难案件的类别时这类案件不容忽视。

[4] 与常规的案件相比，新型案件往往是较为复杂的，但是复杂并不意味着一定疑难。这种复杂性主要源自社会、经济和科技的迅猛发展，波斯纳为这种外在于法院体系的复杂性开列了一份清单，比如包括生物化学、DNA证据、毛发显微证据、软件工程，等等。参见［美］理查德·波斯纳著：《波斯纳法官司法反思录》，苏力译，北京大学出版社2014年版，第17—19页。

疑难案件的分布情况，根据调研统计，疑难案件主要发生于民商事领域，其中合同和侵权是疑难案件的高发领域，这或多或少是因为在基层法院受理的案件中民事案件占绝对数量，而在民事案件中又以合同和侵权类型的案件居多。此外，在刑事和行政领域也难以避开疑难案件的产生。对于实践中为何会产生疑难案件，法官们的看法也不尽一致，有的认为"社会生活事实变幻多端，法律是相对稳定、静止和滞后的"，也有的认为"立法过于原则化，实践中不太好操作"，此外还有的认为"法官的业务素质差、当事人胡搅蛮缠或国家法与民间法存在冲突"等。归纳起来，案件疑难的产生既有法律自身的原因，也有法律之外的因素。

从理论上看，划分简单案件与疑难案件是必要的、有意义的。然而在实践中，法官是否需要有意识地区分简单案件和疑难案件？调研显示，除了个别没有作答的之外，30% 的人认为自己会有意识地做这种区分，42% 的人认为自己不会有意识地进行区分，此外还有 27% 的人主张"只有在不知道怎么处理时，才会下意识地考虑它是不是一个疑难案件"。可见，大多数法官在裁判一开始时并不会有意识地去判定案件疑难与否，而只有在后续的裁判过程中遭遇困难或阻力时这一区分才变得必要。紧接着，对于"您认为是否需要学界提供一套区分简单和疑难案件的标准 / 指南"这个问题，除去未作答的数位法官，认为需要和不需要这样一套标准的各占 21%，另有 6% 的人认为要不要这样一个标准都无所谓，此外还有 49% 的人认为"实践中的情形太复杂，以至于根本无法提供一套普遍适用的判别标准"。法律的规定是相对稳定（固定或确定）的，而案件的事实则是变幻万千、纷繁复杂的，大多数法官并不期待（也没有信心相信）学界能够为实践中划分简单案件与疑难案件提供一个普适性的标准。最后，离开了这样一种通用的判别指南，法官凭借什么来判定一个案件究竟是否疑难呢？大部分人认为是凭借经验和法学理论知识，还有一部分人认为是要靠直觉和法感。其实，在实践中这四种要素很多时候在共同发挥作用，当然我们也可以使用一个更专业的表述，即凭借价值判断[1]来探知一个案件究竟是简单案件还是疑难案件。

## 二、裁判疑难案件的正式制度

疑难案件是司法实践中无法避免的客观现象，当法官遇到疑难案件时不得以法律没有规定为由拒绝裁判，它必须给案件当事人一个“说法”，那么怎么得出这样一个“说法”是需要裁判智慧的。接下来我们就进入对“中国法官如何在实践中处理疑难案件”这个问题的讨论。通过调研发现，实践中法官最先想到的是寻找类似的判决来参照和学习，其次是将案件提交审判委员会（以下简称审委会）讨论，再次是请求庭长、院长等领导的指示，复次是请求上级法院的批复，最后是诉诸一般性的法律原则（比如公平或正义原则）来裁判。除此之外，还有一些法官提出要向老同志或经验丰富的法官请教，或者同其他人一起进行讨论、学习和研究等。仔细研究不难发现，这些经验或方法在一定程度上展现出了中国司法在应对疑难案件时一些独特的特点。根据我国现行法律规定，笔者将它们分别归纳为“正式制度”和“非正式制度”两类，本部分将着重探讨审委会集体讨论、最高人民法院司法批复以及案例指导这三种正式的制度，后一部分将继续来检讨中国司法应对疑难案件的几种非正式制度。

### （一）审判委员会集体讨论

审委会一直是学界讨论的热点话题，对于审委会的设置及运行有不少批评。笔者主要关注审委会在疑难案件裁判方面所可能发挥的作用及限度。

---

[1] 不同于事实的判断，前者更多建立在一种对客观现象的描述基础之上。价值判断的核心是评价而非描述，德国法学家拉伦茨主张要把“价值”或“评价”理解为一种“采取立场的内心活动”，即“要判断被评价的客体值得或不值得追求，值得或不值得同意，相较于另一客体，应优先考量它或劣后。每个合理的人都会认为值得追求者，我们可以称之为‘善’，如和平、健康、独立自主、免于强制及贫困。凡行为之能助长或维持此种或彼种‘善’者，我们即予认可，反之则不认可。认可或不认可表现在价值判断中，后者可以是伦理性的价值判断，假使其取向于特定的法律原则，则是法律性的价值判断”。参见［德］卡尔·拉伦茨著：《法学方法论》，陈爱娥译，商务印书馆2003年版，第171页。

从起源与功能上来看，它有点类似于医学实践中的“会诊”，即数个医生集中在一起共同讨论疑难病症的治疗方案，包括同一科室内部、各个科室之间、同级法院之间以及上下级法院之间的会诊。[1] 在法律体制中设置审委会的一个重要初衷，就是应对一些重大、复杂的案件，它试图运用集体的智慧、平等的商讨来解决疑难法律问题。就其本质而言，它是一种建立在个人决策基础之上的群体决策，“通过个体间的联合来实现更优化的决策，而且它不是个体决策简单的相加和平均，而有其自身优势”，“群体决策提供的信息、方案比较丰富，具有‘增效’作用，在易出错时也有更多的检验和矫正机制”。[2] 以上这种优势很明显、直观、实用，但是这种群体决策也存在一些问题，比如效率不高、责任不清、少数控制多数、容易出现随大流的现象等。《人民法院组织法》对于审委会之设立有明确的规定，该法第 37 条第 1 款规定：“审判委员会履行下列职能：(一）总结审判工作经验；(二）讨论决定重大、疑难、复杂案件的法律适用；(三）讨论决定本院已经发生法律效力的判决、裁定、调解书是否应当再审；(四）讨论决定其他有关审判工作的重大问题。”它一般由院长、副院长、各业务庭庭长等人员所组成，人数一般是 9 人或 11 人，会议通常是在院长的主持下进行。

显然，审委会的任务主要集中在两个方面，一是讨论重大的或者疑难的案件，二是总结审判经验和处理审判中的其他问题，[3] 这里主要从前一

---

[1] 参见卢启华著：《医学伦理学》，华中理工大学出版社 1997 年版，第 116 页。

[2] 张卫彬：《审判委员会改革的模式设计、基本路径及对策》，载《现代法学》2015 年第 5 期。

[3] 最高人民法院关于印发《关于改革和完善人民法院审判委员会制度的实施意见》的通知中对审委会的职责内容进行了细化，具体来说，最高人民法院审判委员会履行审理案件和监督、管理、指导审判工作的职责：(1）讨论疑难、复杂、重大案件；(2）总结审判工作经验；(3）制定司法解释和规范性文件；(4）听取审判业务部门的工作汇报；(5）讨论决定对审判工作具有指导性意义的典型案例；(6）讨论其他有关审判工作的重大问题。地方各级人民法院审判委员会履行审理案件和监督、管理、指导审判工作的职责：(1）讨论疑难、复杂、重大案件；(2）结合本地区和本院实际，总结审判工作经验；(3）听取审判业务部门的工作汇报；(4）讨论决定对本院或者本辖区的审判工作具有参考意义的案例；(5）讨论其他有关审判工作的重大问题。一些学者在实践调查中发现，一些基层法院的审委会几乎将全部时间都用来讨论决定案件，审委会会议室甚至被直接视为“终局审判庭”，至于法律（以及上述“通知”）所规定的其他方面的工作，审委会几乎很少主动去从事。对此参见陈瑞华：《正义的误区——评法院审判委员会制度》，载《北大法律评论》1998 年第 2 辑。

个功能的视角来切入讨论。首先我们面临的一个重要问题在于，什么样的案件有资格送至审委会讨论？《人民法院组织法》规定的是“重大、疑难、复杂案件”，那么什么是“重大”案件？什么是“疑难”案件？什么又是“复杂”案件？“疑难”仅仅是指法律适用上的疑难还是同时包括事实上的疑难？2010年最高人民法院关于印发《关于改革和完善人民法院审判委员会制度的实施意见》的通知（以下简称“实施意见”）第8条至第10条对各级法院审委会讨论的案件范围作了一个大致的划定，第11条第1款具体规定了合议庭可提请院长决定提交审判委员会讨论的案件范围：(1) 合议庭意见有重大分歧、难以作出决定的案件；(2) 法律规定不明确，存在法律适用疑难问题的案件；(3) 案件处理结果可能产生重大社会影响的案件；(4) 对审判工作具有指导意义的新类型案件；(5) 其他需要提交审判委员会讨论的疑难、复杂、重大案件。这虽然细化了《人民法院组织法》的规定，但是仍然为实践中扩大送审委会讨论的案件范围留下了解释空间。[1]笔者在调研中发现，提交至基层法院审委会讨论的案件包括法律适用疑难、法律关系复杂、事实疑难、人数多影响大、领导重视、证据调查困难、涉诉信访等诸多类型的案件。另外，由于错案追责制的存在，也在某种程度上“刺激”法官将手中的部分案件转移至审委会讨论，案件的转移对法官而言意味着审判责任的转移和职业风险的规避。

在一个案子符合入选审委会讨论的门槛条件之后，接下来就是在审委

---

[1] 实践中的情形是这样的，“一些地方的基层人民法院提交审判委员会讨论的案件几乎达到‘案必躬亲’的地步。不少可能对被告人判处两三年有期徒刑的刑事案件，涉及标的额仅几千元的经济纠纷案件，案情十分清楚的行政案件，都被提交审判委员会讨论。一些地方甚至还出现办案人员争相将自己负责的案件提交审判委员会讨论的现象”。参见陈瑞华：《正义的误区——评法院审判委员会制度》，载《北大法律评论》1998年第2辑。在湖北某基层法院，审委会所讨论的民事、经济案件，“基本是在定性问题上拿不准以及地方有关机关或领导有干预的（特别是涉及地方、部门利益的）民事、经济案件。此外，从涉及的一些具体案件来看，有些案件实际上并不存在事实上的或法律上的疑难问题，只是如果依法判决，判决根本无法执行或执行起来带来严重后果的案件”。参见苏力：《基层法院审判委员会制度的考察及思考》，载《北大法律评论》1998年第2辑。需要说明的是，尽管以上所描述的是十余年前的审委会讨论案件的场景，但可以说这对于我们今天许多基层法院的审委会仍然是适用的。

会上的发言、讨论和决定了。《最高人民法院审判委员会工作规则》（以下简称“工作规则”）对最高人民法院审委会的工作程序进行了规范化，但是对于高级、中级及基层法院审委会如何进行议事则缺乏统一的规定或解释。尽管部门法院根据“实施意见”和“工作规则”制定了相应的审委会议事规则，但实践中的具体运行机制仍然不尽一致。通常的做法是，先由案件的承办人向审委会诸委员介绍案情、陈述案件重大、疑难或难办之处，并且通常承办人也会就案件的法律适用提出自己的观点或看法，并且在后续的讨论中随时要准备回答审委会委员所提出的问题。审委会委员发表意见的顺序一般遵照“职务高的后发言”的顺序，这是为了避免“高职务的发表意见后影响职务低的人发表意见”[1]。审委会讨论后的最终决定无非三种：第一，同意承办人的意见或法律适用方案，“如果承办人对案情的介绍和分析比较清晰、全面，所拟适用的法律比较准确，那么，审委会成员就不会发表相反意见”[2]。以此形成审委会的讨论决定，并要求承办人（合议庭）据此结案。第二，不同意承办人所发表的意见，审委会经过讨论形成另一套多数意见，承办人（合议庭）照此执行，如有异议须报经院长或副院长决定是否提交审判委员会重新讨论决定。第三，实践中审委会也可能无法形成多数意见，可能出现了多种不一致的意见，[3] 此时有可能会经院长批准呈报上级法院请求给予审判指示。[4] 审委会这种制度所存在的问题及改进，在本章的第四部分会有更加详细的讨论，接下来我们进入对最高人民法院司法批复制度的分析。

[1] 陈荣宗、林庆苗著：《民事诉讼法》，三民书局股份有限公司 1996 年版，第 119 页。

[2] 鲁智勇：《关于审判委员会制度的思考》，载《北大法律评论》1998 年第 2 辑。

[3] 2015 年，南京一法院在一起离婚财产案件纠纷中，首次公开了合议庭与审委会的不同意见，就连在审委会内部也形成了三种不同的意见，这三种不同的意见也被分别写入了该案判决书。详情可参见江苏省南京市玄武区人民法院（2015）玄少民初字第 123 号民事判决书。

[4] 实践中，对一些特别影响特别重大、敏感型或新型疑难案件，一方面审委会内部的确难以形成一致意见，另一方面出于案件上诉后是否可能被改判的考虑，审委会往往可能会准备好几套法律适用方案，一并报送至上级法院，让上级法院在所提供的多种方案中进行选择。这种观点源于笔者在调研中与一位基层法官的访谈，在此对其表示感谢。

## （二）最高人民法院司法批复

最高人民法院是我国最高司法审判机关，除了行使审判职能（法律规定属于其管辖范围内以及它认为应由自己来审理的一审案，对高级人民法院、专门人民法院判决、裁定不服的上诉和抗诉案件，以及最高人民检察院按照审判监督程序提出的抗诉案件）之外，它的另一项重要职能就是对审判中的具体法律问题进行解释，也有学者注意到了最高人民法院在公共政策创制方面的重要功能和作用。[1]1997 年 6 月 23 日，最高人民法院印发了《最高人民法院关于司法解释工作的若干规定》（已失效）的通知，其中将司法解释的形式分为三种形式："解释"、"规定"与"批复"。2007 年 3 月最高人民法院通过的《最高人民法院关于司法解释工作的规定》中将司法解释的形式分为"解释"、"规定"、"批复"和"决定"四种。可见"批复"是广义的司法解释的一种类型，也可以称之为"批复类司法解释"，它是指对高级人民法院、解放军军事法院于审判工作中具体运用法律问题的请示所作的答复。这一制度是如何形成的呢？新中国成立初期废除了国民政府的《六法全书》，法制建设面临着一种"百废待举，百业待兴"的局面，生活中许多问题难免缺乏法律的规定或即使有相关规定也并不明确，地方法院的法官如果自己独立作出决定难免会带来较大的风险和责任，[2]通过层层请示将审判中的疑难问题上报至最高人民法院来统一解决，正是在这种背景下"批复"制度应运而生。

最高人民法院的司法批复制度之特色，在于通过这样一种法定的请示与批复的程序，由两级法院共同解决疑难法律问题或裁判疑难案件。具体的程序是："先由高级人民法院将手头疑难案件中的法律解释疑义部分以'请示'的形式呈请最高人民法院决议，最高人民法院在经过审判委员会内

[1] 这方面的专论，比如参见侯猛著：《中国最高人民法院研究——以司法影响力切入》，法律出版社 2007 年版，第 173—175 页；张友连著：《最高人民法院公共政策创制功能研究》，法律出版社 2010 年版；黄韬著：《公共政策法院：中国金融法制变迁的司法维度》，法律出版社 2013 年版。

[2] 参见纪城著：《最高人民法院司法解释：一个初步的考察》，中国政法大学出版社 2007 年版，第 43 页。

部讨论决定后以'批复'形式将解释决定下达给提出请示的法院并由后者依据解释作出具体裁判。"[1] 但实践中更多的情形是，呈报请求最初源自基层法院或者中级法院，这些地方法院在审判长遇到解决不了的疑难法律问题时，通过层层上报至高级人民法院，高级人民法院再根据上述相应程序提交至最高人民法院讨论是否做出批复。在访谈的过程中，一位拥有长达三十余年审判经验的资深法官告诉笔者，在成文法的框架下法官不敢去冒创制规则之危险，而在审判实践中法官们又常常特别地依赖裁判规则，那么当他们无法从既有的法律中寻找到可供直接适用的裁判规则时，很可能就会将这个疑难法律问题层层上报至最高人民法院，试图请求后者能够通过司法解释或司法批复的形式为他们创制一个裁判规则。这实际上已经突破了法定的两级（高级法院与最高法院）法院来共同解决疑难法律问题的限度。与一般司法解释不太一样的地方在于，司法批复制度具有较强的个案指示性，它更多的是针对个案的争议焦点给予下级法院相关的意见性批复。[2] 其发挥作用的具体方式，主要体现为明确法律疑义和创设裁判规则两个方面。在具体的论证方法上，司法批复的主文内容直接给出解释或证立的具体方案，并以最高人民法院审委会的集体权威担保决定内容的证明效力。[3]

### （三）案例指导制度

新近被确立的案例指导制度，也可以被看作用以处理疑难案件的一种正式制度，并且是一种较为新型的制度模式。[4] 对此，我们可以从两个方

---

[1] 褚国建：《批复上所见的疑难案件裁判方法》，载《南京大学法律评论》2010 年第 1 辑。

[2] 参见刘风景、温子涛：《批复类司法解释的走向》，载《人民司法》2014 年第 3 期。

[3] 孙笑侠、褚国建：《论司法批复的解释论证功能及其局限》，载《浙江大学学报》（人文社会科学版）2009 年第 6 期。

[4] 曾几何时，人们一度认为只有在英美普通法的体系下才适宜建立判例制度，大陆法系是以成文法的演绎和推理为主要特征的。起先对于在中国引入判例或先例制度引发了巨大的争议，参见张骐：《判例法的比较研究——兼论中国建立判例法的意义、制度基础与操作》，载《比较法研究》2002 年第 4 期；张庆旭：《"判例法"质疑》，载《比较法研究》2002 年第 4 期；张骐：《建立中国先例制度的意义与路径：兼答〈"判例法"质疑〉——一个比较法的视角》，载《比较法研究》2004 年第 6 期。

面来理解。一方面，能够入选指导性案例选编范围的案例多多少少不同于常规的简单案件，它往往具有一定的疑难性、代表性和指导性，否则即使被选编成指导性案例在实践中也很难发挥什么指导意义。《最高人民法院关于案例指导工作的规定》（以下简称“规定”）第2条规定，指导性案例是指裁判已经发生法律效力并符合以下条件的案例：（1）社会广泛关注的；（2）法律规定比较原则的；（3）具有典型性的；（4）疑难复杂或者新类型的；（5）其他具有指导作用的案例。可见，疑难复杂或新类型的案例是指导性案例之选编的重要来源之一。另一方面，大陆法系的法官对制定法有一种天然的依赖，成文的规则能够为案件的裁判提供很强的安全感，既然如此他们为什么还会有诉诸“案例”的倾向呢？这是因为，“指导性案例涵盖了社会现实中存在的主要热点和难点问题，案例的积累为立法建议和司法解释的制定提供了有针对性和代表性的素材，增强了说服力和可信度，促进法律发展更能契合社会现实需要。”[1]笔者在调研中也发现，基层法官对案例指导制度的功能期待主要体现为这样几个方面：（1）统一法律适用和减少类似案件不类似审判；（2）制约法官的审判行为和控制其自由裁量权；（3）应对司法实践中频发的疑难案件；（4）让当事人满意，同时还有宣传法制和教育民众的作用；（5）沟通司法与社会、理论与实践。

与“规定”第2条的内容基本一致，根据笔者的调研统计，基层法官认为指导性案例从性质上讲主要是以案释法型案件、拓展或填补法律空白型案件、新型案件、社会影响重大的案件等。在中国的司法语境下，以上几类案件都可以归于前面所界定的疑难案件。与此相对应，从案例指导制度所实际发挥的功能来看，首先在于解释法律，即在个案中将抽象的法律规定具体化、将模糊的法律规定清晰化、将冲突的法律规定一致化，从而使得相应规定在日后的司法实践中变得容易适用。可以说，大多数指导性案例发挥的都是此类功能。我们举一个简单的例子，比如在指导性案例24号（荣宝英诉王阳、永诚财产保险股份有限公司江阴支公司机动车交通事

---

[1] 江必新：《最高人民法院指导性案例裁判规则理解与适用》，中国法制出版社2014年版，第3页。

故责任纠纷案）中，确立了交通事故中受害人的体质状况对损害后果的影响不属于可以减轻侵权人责任的法定情形，从而也就进一步解释和界定了《侵权责任法》第26条（“被侵权人对损害的发生也有过错的，可以减轻侵权人的责任”）中的“侵权”究竟何意。案例指导制度的另一个重要功能在于创制规则和填补漏洞，当法律沉默时指导性案例有时会对既有的法律作出一定的突破和发展，“指导性案例为待审案件的法律漏洞填补提供了较为精细的方法，尤其是对与之类似案件的法律漏洞填补，更是提供了一套完整、具体并已经实践检验的漏洞填补方法指引，帮助法官迅速完成法律漏洞的填补工作，提高审判的效率；从规则的生成来讲，相较于法律或规范性的司法解释的制定而言，指导性案例的形成则要简便得多，能够更及时地实现法律漏洞的填补”[1]。类似的例子是指导性案例15号（徐工集团工程机械股份有限公司诉成都川交工贸有限责任公司等买卖合同纠纷案）将“法人人格混同”也并行纳入《公司法》第20条第3款“法人人格否认”的情形，[2] 其实是变相地补充了该条款的内容，拓展了其适用范围。

## 三、裁判疑难案件的非正式制度

除了以上数种正式制度之外，还有一些重要的非正式制度或方法，它们在疑难案件的处理方面也发挥着重要作用。既然是非正式制度，首先这意味着它们的存在并无直接的、明确的法律规定，而是在实践中由裁判者

[1] 姚辉：《民事指导性案例的方法论功能》，载《国家检察官学院学报》2012年第1期。

[2] 为便利读者品读该案中法官填补漏洞的细节，对判决文书的重要内容摘录如下：“《公司法》第20条第3款规定：‘公司股东滥用公司法人独立地位和股东有限责任，逃避债务，严重损害公司债权人利益的，应当对公司债务承担连带责任。’本案中，三个公司虽在工商登记部门登记为彼此独立的企业法人，但实际上相互之间界线模糊、人格混同，其中川交工贸公司承担所有关联公司的债务却无力清偿，又使其他关联公司逃避巨额债务，严重损害了债权人的利益。上述行为违背了法人制度设立的宗旨，违背了诚实信用原则，其行为本质和危害结果与《公司法》第20条第3款规定的情形相当，故参照《公司法》第20条第3款的规定，川交机械公司、瑞路公司对川交工贸公司的债务应当承担连带清偿责任。”

所总结、摸索出来的一些习惯、经验和方法。它们虽然不像正式制度那样具备法定的形式和地位，但是在实践中却发挥着同样甚至有时是更加重要的作用。需留意的是，正式制度与非正式制度之间并不是一种截然对立的关系，另外个别的非正式制度与正式制度在某些方面仍存在着交叉。比如说在前面所提到的最高人民法院的司法批复制度，在一定程度上就和个案请示制度存在着关联，始于地方法院的个案请示经过层层上报，最终可能会启动最高法院的司法批复程序。又比如说，审判长联席会议制度在实践中也经常会成为决定案件是否送交审委会讨论的前置程序。再比如说，寻找和参照类似的案件除了包括指导性案例，还可能包括其他一些虽不具备指导性案例之形式但却同样具有重要参照价值和意义的案例。

### （一）个案请示制度

案件请示的制度可以看作司法行政化的一种表现，指法院内部对于一些比较重要的事务习惯性地向领导或上级请示汇报，虽然法律对此并没有直接的、明文的规定，但这已成为各级法院的一种办案方式和审判惯例。[1]个案请示可以在横向与纵向两个方向进行，并且通常是横向请示在先，当横向请示仍然解决不了问题时才会转向纵向请示。目前学者的关注仍然主要集中在纵向请示上，人们想当然地认为请示就是下级向上级垂询并期望得到相应的答复或指示，比如万毅认为案件请示制度就是指“下级法院在审理案件过程中，就案件的实体处理或程序问题以口头或书面形式向上级法院请示，上级法院予以答复的制度”[2]。另外，即便是在纵向的请示中，也存在着两种不同的形式，一种是为大家所普遍注意到的“自下而上”的请示，另一种是“自上而下”的案件调阅。侯猛注意到了这一点，他谈到分管副院长甚至庭长不仅可以“发现”并调阅已经生效的案件，实际上对于正在审理的案件也有调阅权，并且他认为院长或庭长调阅案件的动力主

[1] 参见苏力著：《送法下乡：中国基层司法制度研究》，中国政法大学出版社 2000 年版，第 74 页。

[2] 万毅：《历史与现实交困中的案件请示制度》，载《法学》2005 年第 2 期。

要来自外部力量的干预或其他机关的介入。[1] 另外一种形式的请示也鲜有人论及，这就是横向的案件请示，包括同一法院内部的请示、向同级党委或政法委的请示。

个案请示制度是怎样产生的呢？它所产生的现实原因可能是多方面的。首先，上下级法院本应是一种监督与被监督的关系，实践中却异化为一种领导与被领导的行政关系，“上级法院的法官可以在下级法院法官审判案件时，作出批示、指示，甚至提前介入下级法院的审判活动，而下级法官基于现实的上下级关系，只能接受、服从”[2]。其次，我国司法管理体系中由于错案追责制、审判绩效考核制的存在，法官为了避免承担责任，往往会通过请示制度来实现风险和责任的转移（准确地说是“风险上移”）。“在组织体系中，每一层级都在追求最少的错误和最多的成就。特别是遇到具有一定风险的新情况、新问题时，人们会运用各种方式避免错误，降低风险，减少成本。”[3] 由于审级的存在，一审法官担心自己的判决在上诉审中被撤销，所以在做出裁判前想尽可能了解上级法院（法官）对该案的倾向性意见或态度，为此主动向上级法院“汇报”和“请示”便是一种最为便捷、安全的途径。同时上级法院为维护自己的权威和建立同下级法院的良好关系，在做出影响下级法院法官之利益的裁判（比如撤销原判或直接改判）前，也会十分慎重并和下级法院的主审法官事先进行沟通和协商。[4] 最后，上级法院法官的专业素质可能会更高，对疑难案件的处理能力可能会更高一些。[5] 因此在裁判中遇到疑难案件时，可能会想当然地认为上级法院（法官）会处理得更好。

接下来我们讨论案件请示的一般流程。首先要确定什么样的案件需要

---

[1] 参见侯猛:《案件请示制度合理的一面——从最高人民法院角度展开的思考》，载《法学》2010 年第 8 期。

[2] 参见万毅:《历史与现实交困中的案件请示制度》，载《法学》2005 年第 2 期。

[3] 蒋惠岭:《论案件请示之诉讼化改造》，载《法律适用》2007 年第 8 期。

[4] 毋爱斌、王聪:《司法权独立行使的审级保障——以案件请示制度为切入点》，载《云南大学学报法学版》2014 年第 2 期。

[5] 参见万毅:《历史与现实交困中的案件请示制度》，载《法学》2005 年第 2 期。

请示、汇报？总的来说主要有两大类：一类是复杂、疑难案件，比如说属于新问题或者说吃不透法律的规定，需要通过请示才能推进案件办理的进程；另一类是由于种种原因实际上却比较“难办”的案件（处理起来很棘手），比如说社会影响重大的案件、相关领导介入或干预的案件、涉诉信访案件等。因此，正如一些学者所指出的那样，“下级法院不仅就重大、疑难案件向上级法院请示，而且对于在认识上分歧较大或当事人缠讼或上诉可能性较大的一般案件也向上级法院请示”[1]。诚如前述，实践中通常的做法首先是横向的请示，即先在本级法院内部按照程序进行请示，先是合议庭内部进行评议，如果合议庭内部存在分歧的，案件提交至审判长联席会议或者分管（副）庭长；如果问题仍然不能解决，会继续将案件送交给分管（副）院长，再下一步就是将案件提交至审委会，审委会无法形成多数意见或内部分歧较大的，经由院长决定会向上级法院进行请示，甚至该案会被一层层提交至最高人民法院，最高人民法院可对此进行批复或答复，该批复具有司法解释的效力。[2] 以上我们谈论的只是正式的、书面的请示，当然实践中还有其他一些灵活的请示形式，比如说口头请示，又比如审判法官或庭长直接通过电话或亲自来人的方式进行沟通或询问。另外，与请示相对的就是答复，并不是对所有的请示都必须给予答复，同时答复的形式和内容也具有多样化。

### （二）审判长联席会议制度

审判长联席会议是我国法院近年来在实践中摸索出来的一种协商和讨论疑难法律问题的新形式，由于对此缺乏统一的法律规定，因此从性质上讲目前它只是一种非正式的审判工作组织形式。这种制度形成的一个重要背景在于，2007 年之前审判长并不是一个固定的职称，而是在审判中根据案件需要，在组成合议庭时由院长或庭长临时指定一名审判员来担任此职务，故

---

[1] 参见李华：《案件报送请示制度剖析》，载《法学》1997 年第 2 期。

[2] 参见沙永梅：《案件请示制度之废除及其功能替代——以中级法院的运作为出发点》，载《河北法学》2008 年第 7 期。

而审判长是相对于合议庭而存在的一个概念。而随着2007年《人民法院审判长选任办法（试行）》的出台，审判长不再像原来那样随案指定，而是变得相对固定，它由本庭资深或业务精深的法官来担任，其司法地位和实际权力要低于庭长和副庭长，但却高于一般的法官。实践中，一个法院内部的审判长有时会聚在一起讨论审判中的疑难问题，如此一来渐渐发展成了一种制度，并且在各级法院系统中得到了普遍的效仿和实行。对于其地位的评价学界有几种不同的观点：第一种观点认为，审判长联席会议是庭长的咨询机构，其出具的意见供庭长决策时参考；第二种观点认为审判长联席会议在功能上类似于一个小的审委会，其意见对于合议庭具有事实上的约束力；第三种观点认为审判长联席会议是一个集体研读审判业务的机构，其意见对于合议庭仅具有参考的作用。[1]如果仅仅将其看作庭长的咨询机构，似乎不必大肆进行规范化和组织化。其功能大体上与审委会相似，但并不完全一样，不仅可以讨论案件，还可以进行学术理论方面的交流和审判经验方面的探讨。另外，它的意见对于合议庭并不具有法律上的约束力。

无论怎样评价这种制度在审判运行中的地位，它在解决疑难案件方面所可能发挥的重要意义是不容置疑的。在实践中，它与个案请示、审委会讨论这两种制度也发生了紧密的关联，这表现在：实践中形成的一个惯例是，经审委会讨论是下级法院向上级法院请示的一个必经程序，而案件在联席会议上讨论往往又会成为一个案件是否提交审委会讨论的前置程序。它具体是怎样运行的呢？这里涉及这样几个问题：首先，是审判长联席会议的组成情况，由于它是以庭为基本单位，所以它主要是由各庭的审判长所组成，因而正、副庭长以及本庭其他审判长显然是重要的参加人员，对于其他一些业务骨干原则上也可以参加会议，集思广益共同商讨疑难问题。其次，是审判长联席会议的工作内容，以笔者所调研的11所基层法院的上级法院（徐州中院）所制定的《审判长联席会议规则》为例，其中第2条规定了联席会议的任务，包括：(1) 向审委会推荐可在本地区适用的典型

[1] 参见叶向阳：《试论审判长联席会议制度的运行机制及功能实现》，载《法律适用》2008年第7期。

判例；(2) 研讨疑难案件，对审判中出现的新情况、新问题提出建设性意见；(3) 研究和商讨审判工作和管理中的其他问题。[1] 可见，审判长联席会议主要是为了应对审判中的疑难问题和新问题来展开工作的。最后，是联席会议原则上由审判长提起，由庭长决定是否启动，民主商讨、按照多数意见来形成最终决议。该决议原则上对于合议庭并不具有法律上的约束力，对案件的最终裁决也只能产生一定的参考作用。

### （三）寻找和参照类似的案件

在审判过程中遭遇疑难问题时，法官往往最先考虑的是能不能找到类似的案子，看看别的法官是怎么判的，眼前这个案子能不能在某些方面（比如说案件事实之定性、推理过程之进行、裁判结果之形成）有所借鉴，从而通过参照类似案件来打开疑难问题的裁判思路。我们可以拿医学来作一对比，在医学领域中也经常会对一些典型病例或疑难病例进行汇集、比较和研究，在临床实践中医生也会借助于一些类似的病例来辅助自己的临床分析和决定。这种参照能力，在某种程度上是人之本能的最直接体现。案例就其性质而言，分为指导性案例和一般性案例，二者在我国虽然都不是正式的法律渊源，不能直接被当作裁判的根据来引用，但它们对于审判多多少少都具有指导意义。不过二者也有不同，指导性案例的代表性、指导性和可参照性远远高于一般性案例，并且能够被法官在判决书中加以援引。近年来，案例在实践中所发挥的作用越来越大，案例的地位也越来越受到重视，越来越多的法官开始重视案例的参考作用，越来越多的律师开始在法庭上使用案例，越来越多的当事人也开始在诉讼过程中援引案例。[2]

---

[1] 对此可以参见徐州市中级人民法院网站：http://xzzy.chinacourt.org/public/detail.php?id=149，最后访问时间：2017年2月25日。

[2] 笔者曾专门统计和分析过101个援用了指导性案例的判决，其中当事人和律师一方主动提出对己方有利的指导性案例的案件高达77件，法院和法官主动提出的仅有23件，此外还有1件是公诉方所提出来的。参见孙海波：《论指导性案例的使用与滥用——一种经验主义视角的考察》，载舒国滢主编：《法学方法论论丛》（第3卷），中国法制出版社2015年版。

归纳成一点，就是人们的案例意识变得越来越强。[1] 参照类似的案件来审判不仅可以帮助裁判者打开疑难问题的思路，通过一定的积累可以形成裁决类似案件的一些经验和方法，而且还可以让裁判者把握好相关法律的适用尺度，从而做到类似的案件得到类似的处理。

要想参照类似案件，首先是能找到类似的案件，这是一个专业性较强的技术活。实践中，类似案件进入裁判过程的途径主要有这样两种：(1) 当事人或代理人一方引述案例，多数法官对此的态度是“不回应，但会主动查询或研究该案例”（占72%），还有一少部分人认为“应当予以回应”（占17%）；(2) 法官为打开裁判思路或形成判决结果，主动去寻找类似的案件来参照、学习，根据调研在实践中经常用到的一些方法（按照使用频次的高低来排顺）有：通过法院内网来检索类似的判决、通过关键词在互联网上（比如裁判文书网、北大法宝等）检索类似的判决、查找相关的法学教科书和文章等。与此相关的一个重要问题是，有时可能会找到一些“看似相似”的判决，至于何为“法律上的相似”的判断至关重要，比较多的法官认为基本事实相似是判断相似性的重要标准。在完成以上工作之后，接下来就是类似案件的参照了。需要说明，参照并不是机械地“模仿着葫芦画瓢”，它是一项高度专业化的法律思维活动。一个案例的构成要素是多方面的，包括案件事实、适用的法律根据、判决的说理和推理过程、案件的裁判结论等，究竟应参照其中的何种内容呢？这仍然是一个颇具争议的问题，基层法官们对此也有不同的认识，他们的答案集中于裁判理由、判决说理（推理过程）、裁判规则（法律适用）、裁判摘要（裁判要旨）这

[1] 根据蒋惠岭法官的判断，衡量法官之案例意识强弱的重要标准在于：(1) 对于正在处理的案件，除了考虑法律条文的适用外，还应同时想到有无案例可供参考。要考虑这类案件上级法院是否遇到过？是如何判的？自己的处理结果与上级法院已经判过的案件是否一致？如果不一致有无充分理由？ (2) 时刻关注最高法院和上级法院以各种形式公布的案例，了解上级法院对有关案件的处理结果。(3) 当案件中存在上级法院也没有遇到过的“疑难问题”时，应当考虑其他法院是如何处理的？为什么这样处理？能否作为参考？ (4) 国外法院是否处理过类似的案件？结果如何？(5) 平时是否注意收集和研究其他法院公布的案例乃至报刊上发布的案例分析文章？参见蒋惠岭：《认真对待作为“动态法典”的案例》，载《人民法院报》2008年5月14日，第5版。

几个方面，还有极少一部分人认为裁判结论也可以参照。

### （四）向他人学习和请教

寻找和参照类似案件的确是应对疑难案件的一种重要办法，除此之外，在调研中笔者还发现，当法官遇到一些疑难问题时他们还会经常查找相关的法律教科书、论著，向同事、法学院的教授和学生请教，或者向一些审判经验丰富的退休法官请教。于是，我们进入了最后一种非正式的制度（也很难说这就是一种制度，可能使用习惯或做法更准确一些），即向他人学习和请教疑难问题的解决办法。相对于其他几种制度而言，其特点表现在：简便易行、实用性强、效率高。实践中大家难免都会遇到一些靠一己之力解决不了的难题，这时候相互学习和请教就变得十分必要和重要。从现在法院从业人员的年龄、学历和知识构成上来看，呈现出了一种法官年轻化和高学历化的趋势，年轻法官的优势在于理论知识全面、理论化水平较高，其缺陷在于实践审判经验比较单薄，而年长法官恰恰可以弥补这方面的不足，同时年长法官也可以从年轻法官那里学习到一些新的理论知识。此外，我们看到，除了在法院内部同事之间请教和学习之外，有条件的还会向法学院学生或专家教授请教，没有条件的可能会翻阅重要的法学教科书寻找对相关法条的解释或相关问题的解决办法，比如说翻阅较为常见的刑法学或民法学的教材，这是法律理论对司法实践产生作用的一个重要体现。

## 四、既存制度的成因、问题及改革

以上所讨论的各种制度和方法，在一定程度上反映了中国司法应对疑难案件的独特特点。之所以特殊，是因为它们的产生都有自己独特的原因，比如说政治方面的、历史方面的、社会方面的等。无论是正式制度还是非正式制度，在疑难案件的裁决方面都起到了十分重要的作用，缓解了法官在应对疑难案件时的压力。但是，同时我们也看到这些制度在实践中所暴露出来的一些缺陷，使其陷入了一种十分尴尬的局面。在正式制度中审委会的产生时间较早、持续较长、问题较多，而在非正式制度中个案请示制度最具有代表性，相比于其他几种非正式制度，其“制度化”程度相对较高一些，同时其争议也相对较大一些。出于这种考虑以及篇幅的限制，笔者仅仅选择实践中比较重要且争议较大的审委会集体讨论与个案请示这两项制度，对其历史成因、现存问题以及未来的改革走向做一些简单的分析和讨论。

### （一）审判委员会的程序化改革

1948年1月1日颁布的《东北解放区人民法庭条例》规定，村、区人民法庭组织审判委员会，它由农民代表大会选举的若干人、上级政府委派一人所组成。在这部条例中，首次使用了“审判委员会”这个名称。它与现行的审判委员会制度虽然在结构和功能上有一定的相似，但严格说来并不是人民法院的审判组织，而是集行政和司法于一体、掌管司法决定权的政府机构。[1]1951年，中央人民政府委员会颁行了《中华人民共和国人民法院暂行组织条例》（已失效），其中第15条第1款规定：“县级人民法院得设审判委员会，以院长或副院长、庭长（其设有审判庭者）及审判员组成之；以院长或副院长兼任主任委员。必要时得设副主任委员。开会时并得邀请有关机关的负责人及原来参加审判有关案件的其他工作人员参加。审判员较多的法院，由院长指定若干审判员参加。”在这种背景下审委会的设立，是为了处理和应对重大（要）的或疑难的民事和刑事案件。恰如一些学者所言：“审判委员会在建国初期确实发挥了重要作用，如在镇压反革命及‘三反’‘五反’运动中，新成立的司法机关每年要处理大量的刑事、民事案件，而当时实体法和程序法又不健全，加之司法工作人员中绝大多数是从工农干部和复员军人中抽调的，在此情况下，由审判委员会把关确实有利于保

[1] 参见肖建国、肖建光：《审判委员会制度考——兼论取消审判委会制度的现实基础》，载《北京科技大学学报》（社会科学版）2002年第3期。

障案件审判质量。"[1] 再到后来，就是 1954 年全国人大制定了《人民法院组织法》，正式将审委会确立为一项审判制度。以此观之，审委会的产生一方面和解决疑难案件密切相关，另一方面也体现了较强的司法行政化色彩。

审委会事实上是一个备受争议的制度，对此也出现了一个很有意思的现象，一边是学者的猛烈批评声，而另一边则是法官的支持声。为什么在法律共同体的内部会有如此强烈的反差？我们来看一下两方各持的理由，主张取消或废止审委会主要是基于以下考虑：一方面这是因为世界各国几乎无一在其司法体制中设置审委会这样一种制度；[2] 而另一方面审委会自身存在着一些缺陷，比如它会加剧司法行政化、导致"审者不判、判者不审"的弊病、有违法治和独立行使审判权等。因此，他们得出结论认为该制度是不可欲的。法官（尤其是基层法院的法官）认为这一制度具有一定的现实合理性，并且能够带来直接的利益或好处——遇到难办案子时至少可以作为一个最终的求助渠道。具体来说，他们的常见理由有：其一，如果案件一律实行独任制或合议制则有可能造成司法不公或腐败；其二，审委会制度的设立有助于实现同一辖区内的法律的统一适用；其三，审委会制度在促进疑难案件之解决的同时又能提高基层法官的司法审判业务能力；[3] 其四，审委会制度可以实现风险、责任从具体的个体到不明确的集体的转移。[4] 因而，从法官的角度来讲，"最可能关心的是如何使现存的制度功能得以充分地发挥。对审委会制度也一样，如果在现存制度环境中，通过实

[1] 参见肖建国、肖建光：《审判委员会制度考——兼论取消审判委员会制度的现实基础》，载《北京科技大学学报》（社会科学版）2002 年第 3 期。

[2] 参见苏力：《基层法院审判委员会制度的考察及思考》，载《北大法律评论》1998 年第 2 辑。

[3] 参见苏力：《基层法院审判委员会制度的考察及思考》，载《北大法律评论》1998 年第 2 辑。

[4] "面对从四面八方而来的各种压力，法官既要恪守法律底线，又要让这些压力能够得以化解，就必须寻找压力转移策略，这时承办法官可以通过向本院审判委员会提交讨论，将案件的裁判压力转移到'集体'身上，而下级法院又可以通过案件请示、汇报，把案件的压力转移到上一级法院，试图获得上级法院的支持。这种压力转移策略一方面可以缓冲乃至抵抗各种扑面而来的外部压力，在一定程度上赢得了独立裁判的空间；另一方面通过压力转移又可以分散个案中法官的错案责任风险，使自身职业发展乃至本院的声誉免遭不利影响。"参见毋爱斌、王聪：《司法权独立行使的审级保障——以案件请示制度为切入点》，载《云南大学学报法学版》2014 年第 2 期。

际操作上的种种努力，能够相对实现或达到学者所希望的变革后的制度所能给予的正义结果，法官们就不大会急切于否定现存制度而去追求另一种结果不得而知的制度”[1]。所以在当下的环境下直接废止该制度还比较困难，比较可行的思路就是对其加以改革，使其能够顺应社会现实。

审委会目前所遭受的比较多的批评是其较强的行政色彩有损于依法独立行使审判权的目标，这种行政化表现在案件是否提交审判委员会讨论由院长决定，而审委会诸委员也是由院长提请任免，会议的讨论在院长的主持下进行，所以说案件的裁决基本上仍在院长的权力掌控之下。[2] 另外，在我国现行的政治和司法体制下，“当拥有更高政治权威的机构对法院的正常审判提出与法律不符的要求，甚至因为法律以外的原因直接向法院施加压力时，法院院长往往会通过审判委员会会议使法外干预的结果‘合法化’和‘正当化’”[3]。对于审委会的改革，学者们也提出了一些具体的建议和构想，比如说，主张建立专业审判委员会的制度，即按照专业选任各专业领域内业务精湛的法官组成专业委员会，比如民商事审判委员会、刑事审判委员会、行政审判委员会等。又比如说，通过淡化职能将现行实权性审委会改造为咨询性的审委会，当合议庭和法官遇到重大、疑难案件而难以作出正确判决时，可提交审委会讨论，但审委会不直接对所讨论的案件作出判决，只就提交讨论的问题发表咨询意见，仅供法官在做判决时考虑。[4] 此外还有人认为审委会不仅不应取消，反倒应得到进一步的加强和完善。[5] 事实上，只有很少数一部分人持有这种观点。

可以说，大多数人还是站在限制或制约审委会的立场一边，这其中又有不同的思路和主张。第一种是从实体权力的伸缩上来限制审委会的运

[1] 鲁智勇：《关于审判委员会制度的思考》，载《北大法律评论》1998 年第 2 辑。

[2] 参见肖建国、肖建光：《审判委员会制度考——兼论取消审判委会制度的现实基础》，载《北京科技大学学报》（社会科学版）2002 年第 3 期。

[3] 陈瑞华：《正义的误区——评法院审判委员会制度》，载《北大法律评论》1998 年第 2 辑。

[4] 参见尹春丽：《审判委员会改革的设想》，载《中国律师》1998 年第 8 期。

[5] 参见米健：《审委会改革不宜各行其是》，载《人民法院报》2005 年 6 月 29 日，第 5 版。

行，亦即在审委会所讨论的案件之提起、案件的范围种类等多方面进行限制。“对审判委员会‘讨论’案件的范围加以限制，明确和扩大合议庭对除重大、疑难或复杂案件以外的‘一般案件’既有审理权，也有最终审判权。”[1] 审委会应集中讨论法律适用上存在疑难的案件，尤其是一些新类型的复杂案件，对于案件事实问题最好还是交由合议庭处理。第二种思路是从运作程序上来改造审委会，这主要是针对审委会的行政化问题的，通过运作程序的诉讼化改革来打破“审者不判，判者不审”的怪圈。为此，有些人主张审委会全体委员应组成大合议庭来审理案件，而不是再以开小会、听汇报的方式来决定案件的处理结果。同时，在审委会讨论之前设置一个听证程序，由诉讼双方或其代理人到会陈述其各自的意见，从而可以贯彻直接言词原则。[2] 为了做到让裁判者（包括做出集体讨论决定的审委会）亲历整个案件，在案件决定由审判委员会讨论后，所有将要参加审判委会会议的委员都必须参加法庭审判活动，这种参与可以采取旁听的方式，也可以在法庭上设立审判委员会专席，所有委员必须参与法庭审判的全过程。[3] 这种程序化的改革可以规范审委会的运行并确保其发挥应有的制度性功能，将来条件许可时可以将审委会运行的一些程序性规定写入《人民法院组织法》，或者针对审委会的规范化运行专门制定相应的规范性文件。

### （二）个案请示的诉讼化改造

学界对于案件请示的批评也一直不绝于耳。[4] 总的来说，理论界倾向于废除这一制度。[5] 因为该制度明显违背了审判独立、直接审理等现代司

---

[1] 陈瑞华：《正义的误区——评法院审判委员会制度》，载《北大法律评论》1998 年第 2 辑。

[2] 褚红军、陈靖宇：《审判委员会制度若干问题研究》，载《法律适用》2005 年第 10 期。

[3] 参见陈瑞华：《正义的误区——评法院审判委员会制度》，载《北大法律评论》1998 年第 2 辑。

[4] 比如参见赵蕾：《取消“案件请示”呼声再起》，载《南方周末》2009 年 5 月 21 日；又可以参见王建勋：《“案件请示”有悖法治精神》，载《东方早报》2009 年 6 月 7 日。

[5] 参见谭世贵：《案件请示制度：是否还有出路？》，载《中国律师》1998 年第 4 期；参见李俊杰、甄世辉：《关于我国司法请示制度的废除分析》，载《社会科学论坛》2007 年第 7 期。

法的基本理念，存在侵犯当事人诉权、导致诉讼效率低下等内在缺陷。[1]而相比之下，实务界（主要是法官和法院）认为有其合理性，暂时应予以保留。[2]此处，我们附带性地考察一下该制度产生的原因：（1）这是对于传统的一种延续和发展，比如万毅就认为请示制度是清末变法的附产品。[3]（2）这一制度最初主要是为了应对法律上的疑难案件的，当时一方面法制不健全，生活中很多事项欠缺法律的调整，另一方面法官的职业化水平也相对较低。[4]按理来说，随着法制的健全和法官职业能力的提高，这种制度在实践中应当逐渐会被弱化，案件请示的疏漏和概率会减少，但实践中所表现出来的情形并非如此，这种制度非但没有被减弱反而还有被增强的趋势。（3）在现行司法系统大力落实错案追责的背景下，案件的上诉率、重审率和改判率被当作评价办案质量的重要指标，直接与法官个人的工资、奖金以及晋升机会相挂钩。[5]如此一来，请示制度起到了一个很好的风险转移功能，它可以最大限度地帮助法官规避责任。（4）最后一点，也是在前面所反复提到的，司法的科层结构加剧了司法的行政化色彩，进而导致了审判制度与行政管理制度的混同，一些行政领导有时会直接插手、过问案件，使得我们的审判制度并不是独任审判或三人合议庭制，而是四人、五人甚至更多人的合议制。此外，在法院内部也出现了事实上的审级制度，一级法院的审判决定实际上成了一个在该法院内部逐级审判过程的产物。[6]讨论个案请示制度，我们必须认清其背后的

[1] 参见万毅：《历史与现实交困中的案件请示制度》，载《法学》2005 年第 2 期。

[2] 比如一些法官基于实证调研认为案件请示制度有其存在的合理性和无可替代的价值，参见徐建新、毛建青、吴翠丹：《案件请示制度的问题与实践分析》，载《法律适用》2007 年第 8 期。

[3] 参见万毅：《历史与现实交困中的案件请示制度》，载《法学》2005 年第 2 期。

[4] 这一点在 1958 年的《最高人民法院关于改进请示解答工作的函》中就有清晰的体现："你们在审判工作执行党的方针、政策方面遇有不能解决的问题（包括下级法院向你们提出的这类问题的请示），应由你院研究后提出意见，向党委请示解决。"

[5] 参见侯猛：《案件请示制度合理的一面——从最高人民法院角度展开的思考》，载《法学》2010 年第 8 期。

[6] 参见苏力著：《送法下乡：中国基层司法制度研究》，中国政法大学出版社 2000 年版，第 76—77 页。

诸多成因。

个案请示的确在一定程度上能够缓解疑难案件裁判的压力，并在一些特定的条件下能够给裁判者提供必要的保护，但是这种制度所展现出来的较强的行政化色彩与司法的内在性质是格格不入的。那么，该如何改进它呢？学者们的建议也是多种多样的。就笔者所调研的徐州两级法院系统来看，针对基层法院向徐州中院请示的案件，一些论者提出来可尝试由中院研究室统一承办请示案件，这主要是考虑到如果上诉案件与请示案件均由审判庭来审理则会使得上诉审制度形同虚设，而上述改进办法可以让请示案件的承办部门与上诉案件的审理部门保持分离。[1] 但是这一做法的问题在于，研究室自身并不是一个专业的审判部门，由其来裁决案件在合法性上会受到质疑。既然这条路行不通，我们必须想其他的办法，以诉讼化来改造行政化是一条不错的思路。《人民法院第二个五年改革纲要（2004—2008)》（以下简称“二五纲要”）第 12 条规定：“改革下级人民法院就法律适用疑难问题向上级人民法院请示的做法。对于具有普遍法律适用意义的案件，下级人民法院用以根据当事人的申请或者依职权报请上级人民法院审理。上级人民法院经审查认为符合条件的，可以直接审理。”《人民法院第四个五年改革纲要（2014—2018)》（以下简称“四五纲要”）进一步协调了上下级法院的职能分工，“完善提级管辖制度，明确一审案件管辖权从下级法院向上级法院转移的条件、范围和程序，充分发挥中级、高级人民法院通过提级审理重大、疑难、复杂和新类型案件”。借此来尽可能地压缩个案请示存在的空间。

整体来说，“二五纲要”已经为案件请示制度的改革指出了大方向，即进行“诉讼化的改造”，通过诉讼的形式来解决疑难案件的请示。“四五纲要”使用了一个“提级管辖”的概念，这种提法更科学、更接近诉讼法中

[1] 参见沙永梅：《案件请示制度之废除及其功能替代——以中级法院的运作为出发点》，载《河北法学》2008 年第 7 期。

的“管辖权转移”制度，[1]“案件请示与管辖权的上移不仅在功能上存在交叉，而且在运行思路上基本相似，两种都是通过借助上级法院的力量来解决案件审理中的疑难问题，进而维护法律的统一适用”[2]。在一定条件下特定的案件可以从下级法院“上移”至上级法院来裁判，具体又包括两种情形：一种是下级法院将特定案件报请上级法院来审理，另一种是上级法院主动提审。我们看到有些论者混同了这里的“管辖权上移”与诉讼法中的“移送管辖”，认为个案请示制度的诉讼化改造就是“按照诉讼法所规定的程序来重塑原来的案件请示制度，或者以现有的某种诉讼制度代替案件请示制度的作用”，换言之，“对案件请示制度的改革就要运用现行法律中的‘移送管辖’制度把案件请示纳入诉讼轨道”[3]。事实上“管辖权上（转）移”与“移送管辖”在性质上是根本不同的，前者主要是为了调整级别管辖，后者是为了纠正一审案件管辖方面的错误；前者移送的不仅仅是案件而是管辖权，后者移送的仅仅是案件而非管辖权。另外还需注意的一点是，在尽可能用诉讼法中管辖权转移制度来对个案请示进行诉讼化改造时，以目前的规定来看管辖权转移仅仅适用于一审程序，这就意味着二审程序中的个案请示尚不能援用三大诉讼法的规定来操作，这可能也是“二五纲要”和“四五纲要”没有直接使用“管辖权转移”的一个重要原因。

将个案请示的诉讼化改造与管辖权转移进行衔接，充分地体现了司法的灵活性。如果控制不严、适用不当，则可能会加重上级法院的审判负担，

---

[1] 我国《民事诉讼法》第 38 条规定了管辖权转移的相关内容：“上级人民法院有权审理下级人民法院管辖的第一审民事案件……下级人民法院对它所管辖的第一审民事案件，认为需要由上级人民法院审理的，可以报请上级人民法院审理。”《行政诉讼法》第 24 条规定：“上级人民法院有权审理下级人民法院管辖的第一审行政案件。下级人民法院对其管辖的第一审行政案件，认为需要由上级人民法院审理或者指定管辖的，可以报请上级人民法院决定。”《刑事诉讼法》第 24 条规定：“上级人民法院在必要的时候，可以审判下级人民法院管辖的第一审刑事案件；下级人民法院认为案情重大、复杂需要由上级人民法院审判的第一审刑事案件，可以请求移送上一级人民法院审判。”

[2] 霍焰：《疑难案件移送上级法院管辖中的问题——以案件请示制度之诉讼化改造为背景》，载《法律适用》2007 年第 8 期。

[3] 蒋惠岭：《论案件请示之诉讼化改造》，载《法律适用》2007 年第 8 期。

因此在坚持诉讼化改造这个大方向不变的前提下，还必须处理一些细节方面的问题。其中与我们所讨论的主题直接相关且比较重要的一个问题是，法院究竟可以就哪些案件依诉讼程序移交至上级法院来讨论？《民事诉讼法》的规定是“认为需要由上级人民法院审理的”，《行政诉讼法》内容与此类似，也仅仅规定“认为需要由上级人民法院审理或者指定管辖的”，唯独《刑事诉讼法》规定了“案情重大、复杂的案件”，即便如此，何为“案情重大、复杂”在实践中亦难以有一个确切的把握标准。为了压缩个案请示在实践中运行的空间，必须严格限制报请案件的性质和类别，综合最高人民法院所颁行的一些关于个案请示的规范性文件，对于案件的报请应当注意以下方面：(1) 只能就法律适用问题进行请示，对案件事实定性不得请示。[1] 显然，实践中的做法是不仅对法律适用而且就事实问题也进行汇报、请示。(2) 案件的性质必须严格限定在社会影响重大的案件或者复杂疑难的案件，原则上除此之外的其他案件一概不得请示，比如仅涉及量刑争议的刑事案件。[2] (3) 在案件请示之前，应该先经本法院的审委会讨论。在报送案件时，应提交正式请示报告并附详细的案情报告和案卷，并且在请示报告中还应写明审委会的意见，重大案件以及司法部门之间存在原则分歧的案件还须附政法委员会的意见。如果审委会、政法委有几种不同意见，也应写明各自倾向性的意见。[3] (4) 应逐级请示，不能越级请示，更不能个人请示。[4] 只有在这些细节方面层层把关，才能对那些本不应进入请示范围的案件进行有效的阻拦。

---

[1] 1986 年《最高人民法院关于报送请示案件应注意的问题的通知》规定：“报送的请示案件，必须事实清楚，证据确凿。”

[2] 1995 年最高人民法院颁发的《关于报送刑事请示案件的范围和应注意事项的通知》中，对报请最高人民法院给予批复或指示的案件严格限定为五类：“(1) 中央和最高人民法院关注的案件。(2) 在本省、市乃至全国或国际上有重大影响，易引发群众激愤、新的社会矛盾和外事交涉的案件。(3) 适用法律不明的案件。(4) 按有关规定须报我院内审的涉外、涉港澳台和涉侨眷案件。(5) 案件管辖不明或管辖有争议的案件。”2010 年最高法院《关于规范上下级人民法院审判业务关系的若干意见》规定，对于以下几类案件可以报请上级法院：(1) 重大、疑难、复杂案件；(2) 新类型案件；(3) 具有普遍法律适用意义的案件；(4) 有管辖权的人民法院不宜行使审判权的案件。

[3] 1995 年最高人民法院《关于报送刑事请示案件的范围和应注意事项的通知》第 4 条。

[4] 参见蒋惠岭：《论案件请示之诉讼化改造》，载《法律适用》2007 年第 8 期。

## 五、本章小结

与本书其余各章对于疑难案件的讨论有所不同，本章将讨论的视角置于中国的司法语境之下，结合笔者在十余所基层法院展开的实证调研资料，对具有中国特色的疑难案件的裁判方法进行了一种经验性的分析和审视。在这种进路下，疑难案件除了包括严格意义上的由法律自身因素所导致的疑难案件之外，还包括由事实、社会影响等法外因素所导致的特殊疑难案件。通过前面的分析我们看到，中国的司法在应对疑难案件的问题上设计了一套正式的制度，其中审委会集体讨论是借助于集体智慧来解决司法难题，司法批复制度是在科层制结构下通过一种法定的请示与批复程序由两级（事实上可能是多级）法院共同解决疑难问题，而案例指导制度则依靠特殊案件之指导性效力的发挥来指导疑难案件的裁判。与此同时，中国法官在长年累月的审判实践中也摸索出了一些非正式的制度和方法，通过个案请示可以有效地实现疑案裁判的风险转移，而审判长联席会议制度和审委会类似，可以发挥集体的智慧和力量。除此之外，寻找和参照类似案件以及向他人学习请教都可以在很大程度上缓解法官裁判疑难案件的压力。由此，可以说中国司法在疑难案件的裁判上突显出了一种理性建构与自生自发并存、科层权威与集体智慧共同保证的特点。必须承认的是，我们所讨论的既有制度与方法在一定程度上还存在各种各样的问题，为了更好地发挥其在应对疑难案件中的作用，还需要对其加以规范化的改造。

# 结 论

疑难案件是什么？疑难案件是否存在？疑难案件究竟“难”在什么地方？案件为何会产生疑难？法律在疑难案件的裁判中能否依然发挥作用，以及它在为裁决提供标准方面的作用是否存在限度？当既有的法律无法为法官提供可供直接适用的法律标准时他该怎么办？法官可以以法律没有规定或规定不完整为由拒绝受理和裁判案件吗？法官是否可以为了求得一个公正的裁决偏离法律？法官对法律的偏离如何才能够获得正当性？以后果论证裁判的方法是否有益于疑难案件的裁决？后果主义推理的方法会走向依法裁判的对立面吗？法条主义真的像批判者所宣称的那样对于疑难案件的裁判毫无意义吗？我们能否在既有理论基础上将疑难案件的裁判方法向前有所推进？此外，还有其他一些更为具体的小问题。笔者带着以上这些问题开启这场思想的探险之旅，如果说导论是出发前的路线规划、目标定位以及热身准备，那么之后的每一章似乎更像是我们中途所要跨越的一道道屏障，现在终于就要到达目的地了，我们的思想旅程也将告一段落。

顺利到达了目的地并不意味着就一定是场成功的旅行，此时我们需要做的就是总结这场思辨的心路历程。回望来时走过的路，看看我们起初预定的目标是否已经实现，我们曾经所想要探求的未知问题是否已经找到了答案。笔者认为疑难案件是司法实践的一种例外状态，它的产生原因是多样化的，其疑难集中体现于法律适用方面存在着困难或争议。虽然对于极个别的疑难案件而言，最终的裁判结果是一种试探性或试错性的，但并不意味着疑难案件的裁决单单靠直觉（intuition）或运气（luck）就能得到解决，[1] 笔者主张疑难的裁判仍然主要是一个理性化的过程。更确切地说，即便是在疑难案件中法官仍然要努力坚守依法裁判的底线，尽一切努力在既有的法律体系和秩序中寻找可供利用的裁判资源。由此，笔者提出了法官所肩负的特殊的司法裁判义务，并在传统的规则和原则观的基础上将法律渊源的范围拓展至法体系与法秩序。尽管如此，既有法律仍然为法官在特定情形下偏离法律留下了空间，问题的关键是如何使这种表面上的偏离行为与依法裁判的立场在实质上保持一致。继而，笔者通过对后果主义裁判与法条主义推理这两种法律适用思维的批判性重构，进一步捍卫了疑难案件中依法裁判的立场。总的来说，希望这项研究可以带给人们对于疑难案件之解决或裁判方法的一些新的认识。

[1] 约瑟夫·哈奇森曾论及裁判做出过程中所可能涉及的四种判断（judgement）：第一种是认知的，属于并通过反思和词义争执；第二种是运气的，属于并通过抓阄或掷骰子；第三种是直觉的，属于并通过感觉或预感；第四种是愚蠢的，属于并通过一个傻瓜。转引自：[美] 理查德·波斯纳著：《法官如何思考》，苏力译，北京大学出版社 2009 年版，第 1 页。也可以直接参见 Joseph C. Hutcheson，Jr.，“The Judgment Intuitive：The Function of the ‘Hunch’ in Judicial Decision”，14 *Cornell Law Quarterly*，（1929）：274-276.

# 参考文献

## 一、中文文献

### （一）著作和文集


陈林林著：《裁判的进路与方法——司法论证理论导论》，中国政法大学出版社 2006 年版。

陈荣宗、林庆苗著：《民事诉讼法》，三民书局股份有限公司 1996 年版。

邓正来著：《中国法学向何处去》，商务印书馆 2008 年版。

方乐著：《转型中国司法知识的理论与诠释》，人民出版社 2013 年版。

洪汉鼎著：《诠释学——它的历史和当代发展》，人民出版社 2001 年版。

顾祝轩著：《制造“拉伦茨”神话：德国法学方法论史》，法律出版社 2011 年版。

侯猛著：《中国最高人民法院研究：以司法的影响力切入》，法律出版社 2007 年版。

黄卉著：《法学通说与法学方法——基于法条主义的立场》，中国法制出版社 2015 年版。

黄茂荣著：《法学方法与现代民法》，中国政法大学出版社 2001 年版。

黄韬著：《公共政策法院：中国金融法制变迁的司法维度》，法律出版社 2013 年版。

纪城著:《最高人民法院司法解释：一个初步的考察》，中国政法大学出版社 2007 年版。
江必新主编:《最高人民法院指导性案例裁判规则理解与适用》，中国法制出版社 2014 年版。
李国光主编:《民商审判指导与参考》，人民法院出版社 2003 年版。
刘孔中、李建良主编:《宪法解释之理论与实务》，“中央研究院”中山人文社会科学研究所 1998 年版。
卢启华主编:《医学伦理学》，华中理工大学出版社 1997 年版。
潘德荣著:《西方诠释学史》，北京大学出版社 2013 年版。
桑本谦著:《理论法学的迷雾：以轰动案例为素材》，法律出版社 2008 年版。
沈宗灵主编:《法理学》（第四版），北京大学出版社 2014 年版。
疏义红著:《法律解释学实验教程——裁判解释原理与实验操作》，北京大学出版社 2008 年版。
苏力著:《法治及其本土资源》，中国政法大学出版社 1996 年版。
苏力著:《送法下乡：中国基层司法制度研究》，中国政法大学出版社 2000 年版。
苏永钦著:《合宪性控制的理论与实际》，台湾月旦出版社股份有限公司 1994 年版。
涂纪亮著:《现代欧洲大陆语言哲学：现代西方语言哲学比较研究》，武汉大学出版社 2007 年版。
万鄂湘主编:《公正司法与建构和谐社会：全国法院第十八届学术讨论会论文集》，人民法院出版社 2006 年版。
王伯琦著:《民法总则》，国立编译馆 1977 年版。
王元明著:《行动与效果：美国实用主义研究》，中国社会科学出版社 1998 年版。
王泽鉴著:《民法思维：请求权基础理论体系》，北京大学出版社 2009 年版。
吴从周著:《概念法学、利益法学与价值法学——探索一部民法方法论的演变史》，中国法制出版社 2011 年版。
谢宇著:《社会学方法与定量研究》，中国社会科学文献出版社 2006 年版。

颜厥安著：《规范、论证与行动——法认识论论文集》，元照出版公司 2004 年版。
杨立新著：《民事裁判方法》，法律出版社 2009 年版。
杨仁寿著：《法学方法论》，中国政法大学出版社 1999 年版。
张嘉尹著：《宪法学新视野（一）：宪法理论与法学方法》，台北五南图书出版有限公司 2012 年版。
张骐著：《法律推理与法律制度》，山东人民出版社 2003 年版。
张翔主编：《德国宪法案例选释：基本权利总论》（第 1 辑），法律出版社 2012 年版。
张翔著：《宪法释义学：原理 · 技术 · 实践》，法律出版社 2013 年版。
张友连著：《最高人民法院公共政策创制功能研究》，法律出版社 2010 年版。
张真理著：《法：理解的存在——法律诠释学的基本立场》，北京出版社 2010 年版。
周同甫主编：《临床思维与临床决策》，四川大学出版社 2011 年版。
邹碧华著：《要件审判九步法》，法律出版社 2010 年版。

## （二）中文译著、译文

[奥] 汉斯 · 凯尔森著：《法与国家的一般理论》，沈宗灵译，商务印书馆 2013 年版。
[德] 阿图尔 · 考夫曼、[德] 温弗里德 · 哈斯默尔主编：《当代法哲学和法律理论导论》，法律出版社 2002 年版。
[德] 阿图尔 · 考夫曼著：《法律哲学》，刘幸义等译，法律出版社 2004 年版。
[德] 阿图尔 · 考夫曼著：《法律获取的程序——一种理性分析》，中国政法大学出版社 2015 年版。
[德] 伯恩 · 魏德士著：《法理学》，丁小春、吴越译，法律出版社 2003 年版。
[德] 弗朗茨 · 维亚克尔著：《近代私法史》（上册），陈爱娥、黄建辉译，上海三联书店 2006 年版。
[德] 汉斯 - 彼得 · 哈佛坎普：《概念法学》，纪海龙译，载《比较法研究》2012 年第 5 期。

[德] H. 科殷著:《法哲学》，林荣远译，华夏出版社 2002 年版。

[德] 赫尔曼·康特洛维茨著:《为法学而斗争　法的定义》，雷磊译，中国法制出版社 2011 年版。

[德] 卡尔·拉伦茨著:《法学方法论》，陈爱娥译，商务印书馆 2003 年版。

[德] 卡尔·恩吉施著:《法律思维导论》，郑永流译，法律出版社 2004 年版。

[德] 拉德布鲁赫著:《法哲学》，王朴译，法律出版社 2013 年版。

[德] 莱纳·施罗德:《世纪之交的德国方法大讨论——科学理论式的精确化努力抑或对法与司法功能变迁的回应》，雷磊译，载舒国滢主编:《法学方法论论丛》(第 1 卷)，中国法制出版社 2012 年版。

[德] Ralf Poscher:《裁判理论的普遍谬误：为法教义学辩护》，载《清华法学》2012 年第 4 期。

[德] 罗伯特·阿列克西著:《法律论证——作为法律证立理论的理性论辩理论》，舒国滢译，中国法制出版社 2002 年版。

[德] 米夏埃尔·马廷内克:《伯恩哈德·温德沙伊德（1817—1892）——一位伟大的德国法学家的生平与作品》，田士永译，载郑永流主编:《法哲学与法社会学论丛》(六)，中国政法大学出版社 2003 年版。

[德] 齐佩利乌斯著:《法学方法论》，金振豹译，法律出版社 2009 年版。

[德] 萨维尼著:《当代罗马法体系 I》，朱虎译，中国法制出版社 2010 年版。

[美] 安德瑞·马默主编:《法律与解释：法哲学论文集》，张卓明、徐宗立等译，法律出版社 2006 年版。

[美] 本杰明·N. 卡多佐著:《法律的成长》，李红勃、李璐怡译，北京大学出版社 2014 年版。

[美] 本杰明·N. 卡多佐著:《司法过程的性质》，苏力译，商务印书馆 1998 年版。

[美] 伯纳姆著:《英美法导论》，林利芝译，中国政法大学出版社 2003 年版。

[美] 布莱恩·比克斯著:《法律、语言与法律的确定》，邱昭继译，法律出版社 2007 年版。

[美] 查尔斯·雅布隆:《法官是说谎者吗？——对德沃金〈法律帝国〉的维特根斯坦式批评》，陈林林、刘诚译，载《法制与社会发展》2005

年第 5 期。
[美] 丹尼斯·帕特森著:《法律与真理》，陈锐译，中国法制出版社 2007 年版。
[美] 汉密尔顿、[美] 杰伊、[美] 麦迪逊著:《联邦党人文集》，程缝如、在汉、舒逊译，商务印书馆 1980 年版。
[美] Kathryn Montgomery 著:《医生该如何思考：临床决策与医疗实践》，郑明华主译，人民卫生出版社 2010 年版。
[美] 朗·富勒著:《法律的道德性》，郑戈译，商务印书馆 2005 年版。
[美] 劳伦斯·M. 弗里德曼著:《选择的共和国：法律、权威与文化》，高鸿钧等译，清华大学出版社 2005 年版。
[美] 理查德·波斯纳著:《法律、实用主义与民主》，凌斌、李国庆译，中国政法大学出版社 2005 年版。
[美] 理查德·波斯纳著:《超越法律》，苏力译，北京大学出版社 2001 年版。
[美] 理查德·波斯纳著:《法官如何思考》，苏力译，北京大学出版社 2009 年版。
[美] 理查德·波斯纳著:《法理学问题》，苏力译，中国政法大学出版社 2002 年版。
[美] 理查德·波斯纳著:《波斯纳法官司法反思录》，苏力译，北京大学出版社 2014 年版。
[美] 理查德·波斯纳著:《法律、实用主义与民主》，凌斌、李国庆译，中国政法大学出版社 2005 年版。
[美] 罗纳德·德沃金著:《法律帝国》，李冠宜译，时英出版社 2002 年版。
[美] 德沃金著:《认真对待权利》，信春鹰、吴玉章译，上海三联书店 2008 年版。
[美] 罗纳德·哈里·科斯著:《企业、市场与法律》，盛洪、陈郁译校，格致出版社、上海三联书店、上海人民出版社 1990 年版。
[美] 马丁·夏皮罗著:《法院——比较法上和政治学上的分析》，朱勇等译，中国政法大学出版社 2005 年版。
[美] 玛蒂尔德·柯恩:《作为理由之治的法治》，杨贝译，载《中外法学》

2010 年第 3 期。
[美] 斯蒂文·J. 伯顿著:《法律和法律推理导论》，张志铭、解兴权译，中国政法大学出版社 1998 年版。
[美] 沃尔夫著:《司法能动主义：自由的保障还是安全的威胁》，黄金荣译，中国政法大学出版社 2004 年版。
[美] 朱迪丝·N. 施克莱著:《守法主义：法、道德和政治审判》，彭亚楠译，中国政法大学出版社 2005 年版。
[英] 边沁著:《道德与立法原理导论》，时殷弘译，商务印书馆 2000 年版。
[英] 蒂莫西·恩迪科特:《裁判与法律》，冉昊译，载《环球法律评论》2009 年第 3 期。
[英] 蒂莫西·恩迪科特著:《法律中的模糊性》，程朝阳译，北京大学出版社 2010 年版。
[英] 弗里德里希·奥古斯特·哈耶克著:《通往奴役之路》，王明毅、冯兴元等译，中国社会科学出版社 1997 年版。
[英] 哈特著:《法律的概念》(第二版)，许家馨、李冠宜译，法律出版社 2006 年版。
[英] 拉兹著:《法律的权威：法律与道德论文集》，朱峰译，法律出版社 2005 年版。
[英] 麦考密克、[奥地利] 魏因贝格尔著:《制度法论》，周叶谦译，中国政法大学出版社 1994 年版。
[英] 维特根斯坦著:《哲学研究》，李步楼译，商务印书馆 1996 年版。
[意] 安贝托·艾柯、[英] 斯特凡·柯里尼主编:《诠释与过度诠释》，王宇根译，生活·读书·新知三联书店 2005 年版。
[意] 莫诺·卡佩莱蒂著:《比较法视野中的司法程序》，徐昕、王奕译，清华大学出版社 2005 年版。

## (三) 中文法典与工具书

《德国民法典》，郑冲、贾红梅译，法律出版社 1999 年版。
《德国民法典》(第二版)，陈卫佐译注，法律出版社 2006 年版。

《拿破仑法典（法国民法典）》，李浩培、吴传颐、孙鸣岗译，商务印书馆 1979 年版。
《辞海》（缩印本），上海辞书出版社 1989 年版。
薛波主编《元照英美法词典》（缩印版），北京大学出版社 2013 年版。

（四）期刊论文

白斌：《论法教义学：源流、特征及其功能》，载《环球法律评论》2010 年第 3 期。
卜元石：《法教义学：建立司法、学术与法学教育良性互动的途径》，载《中德私法研究》2010 年总第 6 卷。
陈柏峰：《社科法学及其功用》，载《法商研究》2014 年第 5 期。
陈华彬：《潘德克吞体系的形成与发展》，载《私法》2004 年第 3 期。
陈华婕、田波：《“驴友案”：主审法官“吃螃蟹”》，载《法律与生活》2007 年第 1 期。
陈金钊：《认真地对待规则》，载《法学研究》2000 年第 6 期。
陈金钊：《司法过程中的法律发现》，载《中国法学》2002 年第 1 期。
陈金钊：《规则、解释与法治实现》，载《杭州师范大学学报》（社会科学版）2009 年第 5 期。
陈金钊：《法律人思维中的规范隐退》，载《中国法学》2012 年第 1 期。
陈金钊：《被社会效果所异化的法律效果及其克服——对两个效果统一论的反思》，载《东方法学》2012 年第 6 期。
陈金钊：《对形式法治的辩解与坚守》，载《哈尔滨工业大学学报》（社会科学版）2013 年第 2 期。
陈金钊：《解决“疑难”案件的法律修辞方法——以交通肇事连环案为研究对象的诠释》，载《现代法学》2013 年第 5 期。
陈景辉：《原则、自由裁量与依法裁判》，载《法学研究》2006 年第 5 期。
陈坤：《疑难案件、司法判决与实质权衡》，载《法律科学》2012 年第 1 期。
陈坤：《对当下法律解释学研究中几个基本问题的澄清》，载《南京师范大学学报》（社会科学版）2012 年第 6 期。

陈瑞华:《正义的误区——评法院审判委员会制度》，载《北大法律评论》1998 年第 2 辑。
陈瑞华:《脱缰的野马——从许霆案看法院的自由裁量权》，载《中外法学》2009 年第 1 期。
陈瑞华:《为中国“案件请示”把脉》，载《法制资讯》2009 年第 5 期。
陈山:《刑法法条竞合之特别关系的法律适用》，载《政治与法律》2012 年第 3 期。
陈伟:《法律推理中的二阶证立》，载《政法论丛》2013 年第 1 期。
陈兴良:《我国刑法中的法条竞合及适用》，载《法学杂志》1986 年第 6 期。
陈兴良:《刑法竞合论》，载《法商研究》2006 年第 2 期。
陈兴良:《利用柜员机故障恶意取款行为之定性》，载《中外法学》2009 年第 1 期。
褚国建:《批复上所见的疑难案件裁判方法》，载《南京大学法律评论》2010 年第 1 辑。
褚国建:《法院如何回应民意：一种法学方法论上的解决方案》，载《浙江社会科学》2010 年第 3 期。
崔雪丽、孙光宁:《论法律解释方法中的社会学解释》，载《渤海大学学报》2010 年第 5 期。
杜宇:《再论刑法上之“类型化”思维——一种基于“方法论”的扩展性思考》，载《法制与社会发展》2005 年第 6 期。
范立波:《原则、规则与法律推理》，载《法制与社会发展》2008 年第 4 期。
高艳东:《从盗窃到侵占：许霆案的法理与规范分析》，载《中外法学》2008 年第 3 期。
郭琳佳:《判决的背后：难办案件中法官隐形决策的正当化研究》，载《法律适用》2011 年第 10 期。
侯猛:《案件请示制度合理的一面——从最高人民法院角度展开的思考》，载《法学》2010 年第 8 期。
侯猛:《社科法学的跨界格局与实证前景》，载《法学》2013 年第 4 期。
侯猛:《社科法学的传统与挑战》，载《法商研究》2014 年第 5 期。

侯猛：《司法中的社会科学判断》，载《中国法学》2015 年第 6 期。
黄卉：《一切意外都源于各就各位——从立法主义到法律适用主义》，载《读书》2008 年第 11 期。
黄卉：《论法学通说（又名法条主义宣言）》，载《北大法律评论》2011 年第 2 辑。
霍焰：《疑难案件移送上级法院管辖中的问题——以案件请示制度之诉讼化改造为背景》，载《法律适用》2007 年第 8 期。
季卫东：《中国司法的思维方式及其文化特征》，载葛洪义主编：《法律方法与法律思维》（第 3 辑），中国政法大学出版 2005 年版。
姜涛：《法学通说：一个初步的分析框架》，载《北大法律评论》2011 年第 2 辑。
蒋惠岭：《论案件请示之诉讼化改造》，载《法律适用》2007 年第 8 期。
柯华庆、李晨：《实效主义司法裁判方法论》，载《法律方法与法律思维》（第 7 辑），法律出版社 2011 年版。
柯华庆：《实效主义法学方法如何可能》，载《法学研究》2013 年第 6 期。
柯岚：《法律方法中的形式主义与反形式主义》，载《法律科学》2007 年第 2 期。
孔祥俊：《论裁判的逻辑标准与政策标准——以知识产权法律适用问题为例》，载《法律适用》2007 年第 9 期。
劳东燕：《刑事政策与刑法解释中的价值判断——兼论解释论上的“以刑制罪”现象》，载《政法论坛》2012 年第 4 期。
李华：《案件报送请示制度剖析》，载《法学》1997 年第 2 期。
彭德雷：《论 WTO“疑难案件”的裁判进路：法律原则》，载《华东政法大学学报》2005 年第 1 期。
雷磊：《法教义学的基本立场》，载《中外法学》2015 年第 1 期。
雷磊：《法律方法、法的安定性与法治》，载《法学家》2015 年第 4 期。
李安、乐国安：《法律推理前提如何获得——以法律心理学为考察视角》，载《法律科学》2008 年第 2 期。
李昊：《冷冻胚胎的法律性质及其处置模式——以美国法为中心》，载《华东政法大学学报》2015 年第 5 期。
李锦:《遵守规则视域的法律理解与解释——“反对解释”命题的一个维特根斯坦式的解释》，载《重庆理工大学学报》2011 年第 1 期。
李清伟:《司法克制抑或司法能动——兼论公共政策导向下的中国司法能动》，载《法商研究》2012 年第 3 期。
李俊杰、甄世辉:《关于我国司法请示制度的废除分析》，载《社会科学论坛：学术研究卷》2007 年第 7 期。
凌斌:《疑难案件中司法资源的优化配置：解读海瑞定理》，载《法律和社会科学》（第 5 卷），法律出版社 2009 年版。
刘国:《结果取向解释方法的正当性探究——以宪法解释为例的一种分析》，载《甘肃政法学院学报》2010 年第 2 期。
刘练军:《比较法视野下的司法能动》，载《法商研究》2011 年第 3 期。
刘明祥:《许霆案的定性：盗窃还是信用卡诈骗》，载《中外法学》2009 年第 1 期。
刘星:《略论法律适用中的疑难案件》，载《中山大学学报》（社会科学版）1993 年第 3 期。
刘星:《怎样看待中国法学的“法条主义”》，载《现代法学》2007 年第 2 期。
刘星:《中国早期左翼法学的遗产——新型法条主义如何可能》，载《中外法学》2011 年第 3 期。
刘星:《多元法条主义》，载《法制与社会发展》2015 年第 1 期。
刘叶深:《法律概念分析的性质》，载《法律科学》2011 年第 1 期。
刘治斌:《司法过程中的法律发现及其方法论析》，载《法律科学》2006 年第 1 期。
刘风景、温子涛:《批复类司法解释的走向》，载《人民司法》2014 年第 3 期。
鲁智勇:《关于审判委员会制度的思考》，载《北大法律评论》1998 年第 2 辑。
骆意:《论诚实信用原则在我国民事司法裁判中的适用——基于对〈最高人民法院公报〉中 53 个案例的实证分析》，载《法律适用》2009 年第 11 期。

马长山:《“法治中国”建设的转向与策略》，载《环球法律评论》2014 年第 1 期。
宁杰:《制度结构视野中的法律效果与社会效果——以英美差异为参照》，载《福建法学》2009 年第 2 期。
潘德荣:《理解、解释与实践》，载《中国社会科学》1994 年第 1 期。
齐晓琨:《“索拉娅案”评注——德国民法中对损害一般人格权的非物质损害的金钱赔偿》，载《现代法学》2007 年第 1 期。
任彦君:《刑事疑难案件中结果导向思维的运用》，载《法学评论》2012 年第 2 期。
沙永梅:《案件请示制度之废除及其功能替代——以中级法院的运作为出发点》，载《河北法学》2008 年第 7 期。
桑本谦:《疑案判决的经济学——“海瑞定理”的补充和延伸》，载《中国社会科学》2008 年第 4 期。
沈长月等:《方法论“旧话重提”：法学研究之法条主义》，载《安徽工业大学学报》（社会科学版）2010 年第 6 期。
沈宗灵:《法律推理与法律适用》，载《法学》1998 年第 5 期。
舒国滢:《并非有一种值得期待的宣言——我们时代的法学为什么需要重视方法》，载《现代法学》2006 年第 5 期。
宋亚辉:《公共政策如何进入裁判过程——以最高人民法院的司法解释为例》，载《法商研究》2009 年第 6 期。
苏力:《基层法院审判委员会制度的考察及思考》，载《北大法律评论》1998 年第 2 辑。
苏力:《也许正在发生——中国当代法学发展的一个概览》，载《比较法研究》2001 年第 3 期。
苏力:《“海瑞定理”的经济学解读》，载《中国社会科学》2006 年第 6 期。
苏力:《法条主义、民意与疑难案件》，载《中外法学》2009 年第 1 期。
苏力:《经验地理解法官的思维和行为》，载《北方法学》2009 年第 1 期。
苏力:《从药家鑫案看刑罚的殃及效果和罪责自负》，载《法学》2011 年第 6 期。

苏力:《法律人思维?》，载《北大法律评论》2013 年第 2 辑。
苏力:《中国法学研究格局的流变》，载《法商研究》2014 年第 5 期。
孙光宁、武兴伟:《民法解释的特征及其运作》，载《湖北社会科学》2008 年第 10 期。
孙海波:《告别司法三段论?——对法律推理中形式逻辑的批判与拯救》，载《法制与社会发展》2013 年第 4 期。
孙海波:《疑难案件的语义争议及成因初探》，载《研究生法学》2011 年第 6 期。
孙海波:《案件为何疑难?——疑难案件的成因再探》，载《兰州学刊》2012 年第 11 期。
孙海波:《疑难案件的法哲学争议——一种思想关系的视角》，载《法律科学》2013 年第 1 期。
孙海波:《破解类比推理难题：成因、类别与方法》，载《甘肃政法学院学报》2013 年第 6 期。
孙海波:《在“规范拘束”与“个案正义”之间——论法教义学视野下的价值判断》，载《法学论坛》2014 年第 1 期。
孙海波:《“后果考量”与“法条主义”的较量——穿行于法律方法的噩梦与美梦之间》，载《法制与社会发展》2015 年第 2 期。
孙海波:《法教义学与社科法学之争的方法论反省——以法学与司法的互动关系为重点》，载《东方法学》2015 年第 4 期。
孙海波:《论指导性案例的使用与滥用——一种经验主义视角的考察》，载舒国滢主编:《法学方法论论丛》(第 3 卷)，中国法制出版社 2015 年版。
孙笑侠、褚国建:《论司法批复的解释论证功能及其局限》，载《浙江大学学报》(人文社会科学版) 2009 年第 6 期。
孙笑侠:《公案及其背景——透视转型期司法中的民意》，载《浙江社会科学》2010 年第 3 期。
孙笑侠:《法律人思维的二元论——兼与苏力商榷》，载《中外法学》2013 年第 6 期。
谭世贵:《案件请示制度：是否还有出路?》，载《中国律师》1998 年第

4 期。
唐丰鹤：《整体性的法律论证——兼论疑难案件法律方法的适用》，载《河北法学》2014 年第 1 期。
万毅：《历史与现实交困中的案件请示制度》，载《法学》2005 年第 2 期。
王彬：《司法裁决中的“顺推法”与“逆推法”》，载《法制与社会发展》2014 年第 1 期。
王宏选：《疑难案件及其法律解释》，载《理论探索》2006 年第 4 期。
王轶：《民法价值判断问题的实体性论证规则——以中国民法学的学术实践为背景》，载《中国社会科学》2004 年第 6 期。
毋爱斌、王聪：《司法权独立行使的审级保障——以案件请示制度为切入点》，载《云南大学学报法学版》2014 年第 2 期。
谢海定：《法学研究进路的分化与合作——基于社科法学与法教义学的考察》，载《法商研究》2014 年第 5 期。
谢晖：《理解和解释：法学家心镜的法律图像（上）》，载《河南政法管理干部学院学报》2003 年第 1 期。
肖建国、肖建光：《审判委员会制度考——兼论取消审判委会制度的现实基础》，载《北京科技大学学报》（社会科学版）2002 年第 3 期。
徐建新、毛建青、吴翠丹：《案件请示制度的问题与实践分析》，载《法律适用》2007 年第 8 期。
徐继强：《法哲学视野中的疑难案件》，载《华东政法大学学报》2008 年第 1 期。
许德风：《论法教义学与价值判断——以民法方法为重点》，载《中外法学》2008 年第 2 期。
许德风：《论基于法教义学的案例解析规则——评卜元石：〈法教义学：建立司法、学术与法学教育良性互动的途径〉》，载《中德私法研究》2010 年总第 6 卷。
薛军：《略论德国民法潘得克吞体系的形成》，载《中外法学》2003 年第 1 期。
杨建军：《惯例的法律适用——基于最高人民法院公报案例的考察》，载

《法制与社会发展》2009 年第 2 期。
杨兴培:《“许霆案”的技术分析及其法理思考》，载《法学》2008 年第 3 期。
杨知文:《司法裁决的后果主义论证》，载《法律科学》2009 年第 3 期。
姚辉:《民事指导性案例的方法论功能》，载《国家检察官学院学报》2012 年第 1 期。
叶向阳:《试论审判长联席会议制度的运行机制及功能实现》，载《法律适用》2008 年第 7 期。
尹春丽:《审判委员会改革的设想》，载《中国律师》1998 年第 8 期。
于明:《法律传统、国家形态与法理学谱系——重读柯克法官与詹姆斯国王的故事》，载《法制与社会发展》2007 年第 2 期。
袁林:《公众认同与刑法解释范式的择向》，载《法学》2011 年第 5 期。
张丽娜、张浩等:《“驴友”间民事法律关系初探》，载《学习月刊》2009 年第 6 期。
张明楷:《许霆案减轻处罚的思考》，载《法律适用》2008 年第 9 期。
张明楷:《许霆案的刑法学分析》，载《中外法学》2009 年第 1 期。
张骐:《形式规则与价值判断的双重变奏——法律推理方法的初步研究》，载《比较法研究》2000 年第 2 期。
张骐:《判例法的比较研究——兼论中国建立判例法的意义、制度基础与操作》，载《比较法研究》2002 年第 4 期。
张骐:《建立中国先例制度的意义与路径：兼答〈“判例法”质疑〉——一个比较法的视角》，载《比较法研究》2004 年第 6 期。
张骐:《指导性案例中具有指导性部分的确定与适用》，载《法学》2008 年第 10 期。
张庆旭:《“判例法”质疑》，载《比较法研究》2002 年第 4 期。
张青波:《以裁判后果论证裁判——读〈法律适用中的后果取向〉》，载郑永流主编:《法哲学与法社会论丛》（第 13 期），北京大学出版社 2008 年版。
张巍:《法经济学与中国司法实践——法律人思维的一个脚注》，载《法律和社会科学》（第 14 卷第 1 辑），法律出版社 2015 年版。
张文、杜宇：《刑法视域中“类型化”方法的初步考察》，载《中外法学》2002 年第 4 期。
张翔：《形式法治与法教义学》，载《法学研究》2012 年第 6 期。
张卫彬：《审判委员会改革的模式设计、基本路径及对策》，载《现代法学》2015 年第 5 期。
赵仁洋：《法官如何思维？——兼评（2002）湖民初字第 432 号判决》，载郑永流主编：《法哲学与法社会学论丛》（七），中国政法大学 2005 年版。
郑永流：《法律判断形成的模式》，载《法学研究》2004 年第 1 期。
周永坤：《民意审判与审判元规则》，载《法学》2009 年第 1 期。
周永坤：《规则权威与政治道德权衡——药家鑫案量刑评与思》，载《甘肃社会科学》2012 年第 3 期。
周赟：《典型案件 / 非典型案件二分命题的崩塌》，载《江汉论坛》2015 年第 5 期。
周赟：《非典型与典型案件：术语、成因及其关系》，载《中国法学》2015 年第 5 期。
朱淑丽：《比较法学中的反法条主义进路》，载《社会科学》2014 年第 4 期。
朱晓喆：《人工胚胎法律问题的比较研究（专题导引）》，载《华东政法大学学报》2015 年第 5 期。

（五）学位论文

褚国建：《疑难案件的裁判方法：立足于法律论证的研究》，浙江大学 2008 年博士学位论文。
何佳昇：《法律论证中的后果考量》，台北大学法律系 2004 年硕士学位论文。
金振豹：《论我国私法领域的司法续造》，中国政法大学 2011 年博士学位论文。
刘鹏：《疑难案件中法律裁判的规范性来源》，吉林大学 2011 年博士学位论文。
宋恩同：《结果取向的宪法解释与适用》，台湾政治大学法律学系 2006 年硕士学位论文。

## （六）司法案例

北京市海淀区人民法院（1996）海知初字第 29 号民事判决书。

北京市第一中级人民法院（1997）一中知终字第 14 号民事判决书。

北京市东城区人民法院（2010）东民初字第 00948 号民事判决书。

四川省泸州市纳溪区人民法院（2001）纳溪民初字第 561 号民事判决书。

四川省泸州市中级人民法院（2001）泸民一终字第 621 号民事判决书。

江苏省徐州市鼓楼区人民法院（2008）鼓刑 0177 号刑事判决书。

江苏省宜兴市人民法院（2013）宜民初字第 7279 号民事判决书。

江苏省南京市玄武区人民法院（2013）玄商初字第 580 号民事判决书。

江苏省徐州市云龙区人民法院（2013）云民初字第 1318 号民事判决书。

江苏省徐州市鼓楼区人民法院（2013）鼓商初第 0520 号判决书。

江苏省无锡市中级人民院（2014）锡民终字第 01235 号民事判决书。

江苏省南京市玄武区人民法院（2015）玄少民初字第 123 号民事判决书。

广东省广州市中级人民法院（2007）穗中法刑二初字第 196 号刑事判决书。

广西壮族自治区南宁市青秀区人民法院（2006）青民一初字第 1428 号民事判决书。

徐工集团工程机械股份有限公司诉成都川交工贸有限责任公司等买卖合同纠纷案。

荣宝英诉王阳、永诚财产保险股份有限公司江阴支公司机动车交通事故责任纠纷案。

贾国宇诉北京国际气雾剂有限公司、龙口市厨房配套设备用具厂、北京市海淀区春海餐厅人身损害赔偿案。

## 二、外文文献

### （一）著作

Achterberg, *Theorie und Dogmatik des öffentlichen Rechts*, 1980.

Aleksander Peczenik. *On Law and Reason*. Springer, 2008.

Andrei Marmor. *The Language of Law*. Oxford University Press, 2014.

Andrei Marmor. *Philosophy of Law*. Princeton University Press, 2010.

Andrei Marmor. *Interpretation and Legal Theory*. Second edition. Oxford University Press, 2005.

Brian Bix. *Law, Language, and Legal Determinacy*. Clarendon Press, 1995.

Brian Z. Tamanaha. *Law as a Means to an End: Threat to the Rule of Law*. Cambridge University Press, 2006.

Bryan A. Garner eds. *Black's Law Dictionary*. The ninth edition. West/Thomson Reuters, 2009.

David Dyzenhaus. *Hard Cases in Wicked Legal Systems: Pathologies of Legality*. Oxford University Press, 2010.

David Lyons. *Moral aspects of legal theory: Essays on Law, Justice, and Political Responsibility*. Cambridge University Press, 1993.

Douglas E. Edlin. *Judges and Unjust Laws: Common Law Constitutionalism and the Foundations of Judicial Review*. The University of Michigan Press, 2010.

F. A. Hayek. *The Constitution of Liberty. The definitive edition*. The University of Chicago Press, 2011.

Fábio P. Shecaira. *Legal Scholarship as a Source of Law*. Springer, 2013.

Fernando Atria. *On Law and Legal Reasoning*. Hart Publishing, 2001.

Frederick Schauer. *Playing by the Rules: A Philosophical Examination of Rule-Based Decision-Making in Law and in Life*. Oxford University Press, 1991.

Giuseppina Ronzitti. *Vagueness: A Guide*. Spring, 2011.

Glendon A. Schubert. *Judicial Policymaking: The Political Role of the Courts*,

Scott, Foresman, 1974.

H. Dernburg. *Pandkten*, 4. Aufl., Berlin 1984.

H.L.A. Hart. *The Concept of Law*. Second edition. Oxford University Press, 1994.

H.L.A. Hart. *Essays in Jurisprudence and Philosophy*. Oxford University Press, 1983.

Hans Kelsen. *Introduction to the Problems of Legal Theory*. Translated by Bonnie Litschewski Paulson and Stanley L. Paulson. Oxford University Press, 1992.

Jason E. Whitehead. *Judging Judges: Values and the Rule of Law*. Baylor University Press, 2014.

Jeffrey Brand-Ballard. *Limits of Legality: The Ethics of Lawless Judging*. Oxford University Press, 2010.

Jerome Frank. *Law and The Modern Mind*. Transaction Publishers, 1930.

Jerzy Wrobleweki. *The Judicial Application of Law*. Springer Science+Business Media Dordrecht, 1992.

John Bell. *Policy Arguments in Judicial Decisions*. Oxford University Press, 1983.

Joseph Raz. *The Concept of Legal System: An Introduction to the Theory of Legal System*. Second edition. Oxford University Press, 1980.

Hans Kelsen. *The Authority of Law*. Oxford University Press, 1979.

Karl Schmitt. *On the Three Types of Juristic Thought*. Translated by Joseph Bandersky, Praeger Publishers, 2004.

Kent Greenawalt. *Law and Objectivity*. Oxford University Press, 1992.

Koch/Rüssmann. *Juristische Begründungslehre*.

Konrad Hesse, *Grundzüge des Verfassungsrepublik der Bundesrepublik Deutschland*. 20 Aufl, S. 135.

Lackland H. Bloom Jr.. *Do Great Cases Make Bad Law?* Oxford University Press, 2014.

Mark Van Hoecke. *Law as Communication*. Hart Publishing, 2002, p.152.

Martin P. Golding. *Legal Reasoning*. Broadview Press, 2001.

Martina Renate Deckert. *Folgenorientierung in der Rechtsanwendung*. München,

1995.

Michael J. Sandel. *Justice: What' s the Right Thing to Do?* Farrar Straus & Giroux, 2010.

Mortimer R. Kadish and Stanford H. Kadish. *Discretion to Disobey: A Study of Lawful Departures from Legal Rules*. Stanford University Press, 1973.

Morton J. Horwitz. *The Transformation of American Law, 1870-1960: The Crisis of Legal Orthodoxy*. Oxford University Press, 1977.

Neil MacCormic. *Legal Reasoning and Legal Theory*. Oxford University Press, 1978.

P. H. Nowell-Smith. *Ethics*. Harmondsworth, Middlesex: Penguin Books, 1954.

P. Mastronardi. *Juristisches Denken*. 2001.

Philip Hamburger. *Law and Judicial Duty*. Harvard University Press, 2008.

Philip Pettit. *Consequentialism,* Vol. 6. Dartmouth Publishing Group, 1993.

Philip Soper. *A Theory of Law*. Harvard University Press, 1984, p.102.

Philippi, Klaus Jürgen. *Tatsachenfeststellungen des Bundesverfassungsgerichts: ein Beitrag zur rational-empirischen Fundierung verfassungsgerichtlicher Entscheidungen*: [Inauguraldissertation zur Erlangung des akademischen Grades eines Doktors der Rechte der Rechts-und Wirtschaftswissenschaftlichen Fakultät der Universität des Saarlandes] . Heymanns, 1971.

Radin. *Law as Logic and Experience*.Yale University Press, 1940.

Regina Ogorek. *Rihcterkönig oder Subsumtionlsautoma?* Vittorio Kostemann Frankfurt am Main, 1986.

Richard A. Wasserstrom. *The Judicial Decision: Toward a Theory of Legal Justification*. Stanford University Press, 1961.

Robert P. George. *Great Cases in Constitutional Law*. Princeton University Press, 2000.

Robert S. Summers. *Instrumentalism and American Legal Theory*. Cornell University Press, 1982.

Ronald Dworkin. *Taking Rights Seriously*. Harvard University Press, 1978.

Ronald Dworkin. *A Matter of Principle*. Harvard University Press, 1985.

Ronald Dworkin. *Law' s Empire*. Harvard University Press, 1986.

Ronald Dworkin. *The Supreme Court Phalanx: The Court' s New Right-wing Bloc*. New York Review of Books, 2008.

Roy L. Brooks. *Structures of Judicial Decision Making: from Legal Formalism to Critical Theory*. Second edition. Carolina Academic Press.

Scott J. Shapiro. *Legality*. Harvard University Press, 2011.

Stephen R. Schiffer. *The Things We Mean*. Oxford University Press, 2003.

Steven J. Burton. *Judging in Good Faith*. Cambridge University Press, 1994.

Steven J. Burton. *An Introduction to Law and Legal Reasoning*. Third edition, Aspen Publishers, 2007.

Sunstein, Cass R., ed.. *Are Judges Political?: An Empirical Analysis of the Federal Judiciary*. Brookings Institution Press, 2006.

Thomas Sambuc. *Folgenerwägungen im Richterrecht*. 1977.

Tiersma eds.. *Oxford Handbook on Language and Law*. Oxford University Press, 2012.

Timothy A. O. Endicott. *Vagueness in Law*. Oxford University Press, 2001.

Tomas Wälde. *Juristische Folgenorientierung. "Policy Analysis" und Sozialkybenetik: Methodische und organisatorische überlegungen zur Bewältigung der Folgenorientierung im Rechtssystem*, Königstein, 1979.

Wil J. Waluchow. *Inclusive Legal Positivism*. Oxford University Press, 1994.

William L. Reynolds. *Judicial Process*. Third Edition. Thomson West, 2002.

William Twining. *General Jurisprudence: Understanding Law from a Global Perspective*. Cambridge University Press, 2009.

Wilson Huhn. *The Five Types of Legal Argument*, second edition, Carolina Academic Press.

Wolfgang Kilian. *Juristische Entscheidung und elektronische Datenverarbeitung*, 1974.

## （二）论文和文集

Albert Tate Jr., " 'Policy' in Judicial Decisions" , *Louisiana Law Review*, 20 (1959) .

Andrei Marmor, "Varieties of Vagueness" , in his *The Language of Law*. Oxford University Press, 2014.

Anthony D'Amato, "Pragmatic Indeterminacy" , 85 *Northwestern University Review*, (1990) .

Anthony D'Amato, "The Effect of Legal Theories on Judicial Decisions" , 74 *Chicago-Kent Law Review*, 2 (1999) .

Brian Leiter, "Legal Formalism and Legal Realism: What is the Issue?" , 16 *Legal Theory*, Vol. 2 (2010) .

Brian Leiter, "American Legal Realism" , in Dennis Patterson eds. *A Companion to Philosophy of Law and Legal Theory*. Second edition, Blackwell Publishing Ltd, 2010.

Calabresi, Guido, and A. Douglas Melamed, "Property Rules, Liability Rules, and Inalienability: One View of the Cathedral" . *Harvard Law Review* (1972) .

Carlos E. Alchourrón and Eugenio Bulygin. *Normative Systems*. Springer-Verlag, 1971.

Cass R. Sunstein, "Problems with Rules" , 83 *California Law Review, 4* (1995) .

David Luban, "What's Pragmatic about Legal Pragmatism" , *Cardozo Law Review*, 18 (1996) .

David Lyons, "Justification and Judicial Responsibility" , 72 *California Law Review, 2* (1984) .

Duncan Kennedy, "A Semiotics of Critique" , 22 *Cardozo Law Review*, (2001) .

Earl M. Maltz, "Rhetoric and Reality in the Theory of Statutory Interpretation: Underenforcement, Overenforcement, and the Problem of Legislative Supremacy" , 71 *Boston University Law Review*, 5 (1991) .

Earl M. Maltz, "Statutory Interpretation and Legislative Power: The Case for a

Modified Intentionalist Approach" , 63 *Tulane Law Review*, 1 (1988) .

Emilio Betti, "Hermeneutics as the General Methodology of the Geisteswissenschaften" , in Josef Bleicher eds. *Contemporary Hermeneutics: Hermeneutics as Method, Philosophy and Critique*. Routledge, 1980.

Eugen Ehrlich, "Judicial Freedom of Decision: Its Principles and Objects" , in *Science of Legal Method. Modem Legal Philosophy Series*. Boston: The Boston Book Co., 1917.

Flavia Carbonell, "Reasoning by Consequences: Applying Different Argumentation Structures to the Analysis of Consequentialist Reasoning in Judicial Decisions" , in *Legal Argumentation Theory: Cross-Disciplinary Perspectives*, Christian Dahlman and Eveline Feteris eds., Springer Science+Business Media Dordrecht, 2013.

Francois Geny, "Judicial Freedom of Decision: Its Necessity and Method" , in *Science of Legal Method. Modem Legal Philosophy Series*. Boston: The Boston Book Co., 1917.

Frederick Schauer, "Formalism" , 97 *The Yale Law Journal*, 4 (1988) .

Frederick Schauer, "The Limited Domain of the Law" , 90 *Virginia Law Review*, 7 (2004) .

Frederick Schauer, "Easy Cases" , 58 *Southern California Law Review*, (1985) .

Gregory C. Keating, "Fidelity to Pre-existing Law and the Legitimacy of Legal Decision" , 69 *Notre Dame Law Review*, 1 (1993) .

Gustav Radbruch, "Statutory Lawlessness and Supra-Statutory Law (1946)" , Translated by Bonnie Litschewski Paulson and Stanley L. Paulson, 26 *Oxford Journal of Legal Studies*, 1 (2006) .

H Kötz, "Taking Civil Codes Less Seriously" , 50 *Modern Law Review*, 1 (1987) .

H. L. A. Hart, "Positivism and the Separation of Law and Morals" , 71 *Harvard Law Review*, 4 (1958) .

Hans Kelsen, "The Concept of the Legal Order" , translated by Stanley L.

Paulson, 27 *The American Journal of Jurisprudence* 1 （1984）.

Hans Reichel. Gesetz und Richterspruch. Zur *Orientierung über Rechtsquellen –und Rechtsanwendungslehre der Gegenwart*. Zürich: Orell Füssli, 1915.

Jerzy Wróblewski, "Justification Through Principles and Justification Through Consequences" , in *Reason in Law*, C. Farrali and E. Pattaro eds., Milano: Giuffre, 1984.

John E. Simonett, "The Use of the Term 'Result–Oriented' to Characterize Appellate Decisions" , *William Mitchell Law Review*, 187 （1984）.

John Finnis, "Natural Law: The Classical Tradition" , in Jules Coleman and Scott Shapiro ed., *Oxford Handbook of Jurisprudence and Philosophy of Law*. Oxford University Press, 2002.

John Finnis, "On Reason and Authority in Law's Empire" , 6 *Law and Philosophy* （1987）.

Joseph C. Hutcheson, Jr., "The Judgment Intuitive: The Function of the 'Hunch' in Judicial Decision" , 14 *Cornell Law Quarterly*, 3 （1929）.

Keenan D. Kmiec, "The Origin and Current Meanings of 'Judicial Activism' " , 92 *California Law Review*, 5 （2004）.

Ken Kress, "The Interpretive Turn" , 97 *Ethics*, 4 （1987）.

Kent Greenawalt, "Discretion and Judicial Decision: The Elusive Quest for the Fetters That Bind Judges" , 75 *Columbia Law Review*, 2 （1975）.

Lawrence B. Solum, "Indeterminacy" , in Dennis Patterson eds. *A Companion to Philosophy of Law and Legal Theory*. Second edition, Blackwell Publishing Ltd, 2010.

Lon L. Fuller, "Positivism and Fidelity to Law: A Reply to Professor Hart" , 71 *Harvard Law Review*, 4 （1958）.

Margaret Jane Radin, "Reconsidering the Rule of Law" , 69 *Boston University Law Review*, (1989）.

Michael S. Moore, "The Interpretive Turn in Modern Theory: A Turn for the Worse?" , 41 *Stanford Law Review*, 4 （1989）: 871–957.

Neil MacCormick, “The Ethics of Legalism” , 2 *Ratio Juris*, 2 （1989） : 184.

Neil MacCormick, “On Legal Decisions and Their Consequences: From Dewey to Dworkin.” 58 *New York University Law Review*, 2 （1983） .

Oliver Wendell Holmes, “The Path of the Law” , *Harvard Law Review*, 8 （1997） .

P. M. S. Hacker, “Languages, Rules and Pseudo-rules” , 8 *Language & Communication*, 2 （1988） : 168.

Philippa Foot, “The Problem of Abortion and the Doctrine of the Double Effect” , in *Virtues and Vices and Other Essays in Moral Philosophy*. Oxford: Basil Blackwell, 1978.

Ralf Poscher, “Ambiguity and Vagueness in Legal Interpretation” , in Lawrence Solan and Peter Tiersma eds. *Oxford Handbook on Language and Law*. Oxford University Press, 2012.

Ralf Poscher, “Interpretation and Rule Following in Law: The Complexity of Easy Cases” , in T. Gizbert-Studnicki, K. Płeszka, M. Araszkiewicz, P.Banas eds. *Problems of Normativity, Rules and Rule Following, Springer*, 2014.

Richard Warner, “Legal Pragmatism” , in Dennis Patterson eds. *A Companion to Philosophy of Law and Legal Theory*. Second edition, Blackwell Publishing Ltd, 2010.

Robert S. Summers, “The Principles of the Rule of Law” , *74 Notre Dame Law Review*, (1999) .

Ronald Dworkin, “Hard Cases” , 88 *Harvard Law Review*, 6 （1975） .

Ronald Dworkin, “Is Law a System of Rules” , in Ronald Dworkin eds. *The Philosophy of Law*. Oxford University Press, 1977.

Ronald Dworkin, “On Gaps in the Law” , In *Controversies about Law' s Ontology*. edited by Paul Amselek and Neil MacCormic, Edinburgh University Press, 1991.

Scott Soames, “Vagueness and the Law” , in Andrei Marmor eds. *The Routledge Companion to Philosophy of Law*. Routledge, 2012.

Stephen Matthew Feldman, "The New Metaphysics: The Interpretive Turn in Jurisprudence" ,76 *Iowa Law Review*, (1991) .

The Honourable Mr. Justice Michel Bastarache, "The Role of Academics and Legal Theory in Judicial Decision-making" , 37 *Alberta Law Review*, 3 (1999) .

Thomas C. Grey, "Langdell's Orthodoxy" , 45 *University of Pittsburgh Law Review*, No. 1 (1983) .

Timothy A. O. Endicott, "The Impossibility of the Rule of Law" , 19 *Oxford Journal of Legal Studies*, 1 (1999) .

Timothy A. O. Endicott, "Law is Necessarily Vague" , *Legal Theory*, 7 (2001) .

Timothy A. O. Endicott, "The Value of Vagueness" , in Andrei Marmor and Scott Soames eds. *Philosophical Foundations of Language in the Law*. Oxford University Press, 2013.

Wil J. Waluchow, "Four Concepts of Validity: Reflections on Inclusive and Exclusive Positivism" , in Matthew Adler and Kenneth Einar H eds. *The Rule of Recognition and the U.S. Constitution*. Oxford University Press, 2009.

William P. Marshall, "Conservatives and the Seven Sins of Judicial Activism" , 73 *University of Colorado Law Review*, (2002) .

### （三）司法判例

Boomer v. Atlantic Cement Co., 26 N.Y. 2d 219 (1970) .

BVerfGE 6. 55 (55) .

BVerfGE 7, 198.

BVerfGE 34, 269–Soraya.

LeRoy Fibre v. Chicago Milwaukee & St. Paul Ry, 34 S. Ct. 415 (1914) .

Northern Securities Co. v. United States, 193 U.S. 197, 400–411 (1904) .

Riggs v. Palmer, 115 N.Y. 506, 22 N. E. 188 (1889) .

Schiavo ex rel. Schindler v. Schiavo, 403 F.3d 1223, 1229 (11th Cir. 2005) .

# 后 记

阳春三月，草长莺飞。宇宙万物总是会按照其亘古不变的法则自然更替，春去春来，花谢花开。每每也只有在这个时候，才舍得驻足凝望过去，并期待开启一段崭新的人生征程。

眼下这本小书，是在我博士论文的基础上修订而成。尽管其中有些观点还并不是特别成熟，甚至尚存争议，但它确实记录了我博士读书生涯的一些思想轨迹。本书主干内容完成于宿舍、图书馆、咖啡店、机场、火车站、医院以及旅途中的其他许多地方，这些文字也时常能让我回想起过去几年生活中的点点滴滴。思想观点随着阅读和思考的深入可能会发生改变，但创作这些文字的生活经历恐怕只能永远地尘封在历史的记忆中了。

说实话，这么快出版博士论文并不在我的计划之中。一方面是因为其中的很多章节前期已经在学术期刊上发表，另一方面更重要的是对文中的个别观点还想再跟进思考，并集中一段时间对书稿进行全面地修订和完善。感谢雷磊、谢海定、车浩、侯猛、赵宏、尤陈俊等教授的鼓励、肯定和推荐，让我有勇气将书稿拿出来，并且荣幸能够入选中国法制出版社策划的“青蓝文库”。“青蓝文库”强大的编委阵容和编辑团队，不仅给拙著提出了非常专业的修改意见，而且也免去了出版过程中所可能产生的一切费用，这对一个尚且挣扎于生存线的“青椒”而言无疑是一次珍贵的机遇。在此，笔者向“青蓝文库”的所有同仁致以最诚挚的谢意。希望这种学术精神能薪火相传，将来继续惠及更多年轻的法律学人。

我一直庆幸能够在学生时代发现一个真正重要的问题，并对之产生浓厚的学术热情，愿意投入巨大的时间精力来深入开展研究，并且时至今日对这个问题的思考仍在继续。在攻读硕士研究生期间，我阅读了大量英美法哲学的文献，尤其是哈特与德沃金关于“法概念的性质”“自由裁量”等问题的争论，让我在某一天突然意识到“疑难案件”或许是一个架通法哲学与裁判理论、法律理论与司法实践的重要桥梁。随后我便着手从思想史的角度梳理当代英美法理学中关于疑难案件之基本问题的观点和立场，由此撰写了自己的硕士毕业论文。在博士研究生阶段，我深感自己此前对这一问题研究的浅薄，于是想尝试从法律方法的角度去更加系统地探究疑难案件的裁判方法。通俗地讲，本书所关心的问题是“法官到底该如何面对疑难案件”，法官是要坚守“裁判应受法律约束”的信条，还是可以超越法律而为法外裁判。对此，我在书中所要辩护的一个基本立场是，即便在疑难案件的裁判中，法官仍然要在法律体系之中寻求裁判依据，在极其特殊的情形下对既有法律的“背离”仍应与既有的法教义学体系与整体法秩序保持一致。简言之，我认为疑难案件并不会否定以“规则之治”为重要构成性特征的法治事业，法官在面对疑难案件的情形下仍应坚守依法裁判的基本立场。

在本书写作的过程中，我的导师张骐教授从选题、提纲的设定、阅读材料的选取、论证方式到后期的内容修改，都曾先后提出过许多宝贵的建议。感谢先生九年前带我走进法理学的世界，让我找到了自己一生热爱的研究事业。先生在为人为学等方面的谆谆教诲，让我终身受益不尽。记得他曾语重心长地对我说：“大抵做学问者无非三类，第一类人用手做，第二类人用脑做，第三类人则是用心做。”这时刻在提醒我，唯有怀着一颗赤诚之心，才能真正做出有思想的学术。每当我浮躁、迷惘之时，先生都会耐心地鼓励和开导我，每次交谈都有如沐春风之感，让我重新找到方向并坚定从事学术研究的决心。

感谢博士论文答辩小组苏力、强世功、舒国滢、刘作翔教授的指点和肯定，感谢博士论文写作过程中凌斌、许德峰、陈景辉、宁杰、陈坤、邵六益、郑玉双、高尚、彭宇、赵英男等师友给予的无私帮助。感谢在美国学习期间南加州大学法学院 Deborah Call 副院长和康奈尔大学法学院安德瑞·马默教授给予的指导和帮助。感谢本书的责任编辑王雯汀老师，她出色的编辑工作让本书避免了很多错误。感谢高翔教授的知遇之恩，让我在激烈的求职市场中谋得了一份安心做学问的差事，同时也感谢中国政法大学比较法学研究院的所有领导和同事，大家一起营造了一个宽松、和谐的学术工作环境。还要特别感谢张文显教授提供的宝贵机会，让我能够在博士后工作阶段继续展开对疑难案件相关法理的研究。

最深切的感谢要保留给我的父母！在博士论文写作之初，家父罹患绝症，我从美国回到家中陪伴他走过了人生的最后岁月。那段艰难的时光，让我深感学术研究与现实生活之间的巨大鸿沟，理论研究在面对现实生活问题时显得多么的苍白无力！一个无用书生拼尽全力却无法减轻父亲的一丝痛苦。同样都是疑难案件，医学上的疑难案件有时是无解的，而法官无论怎样都必须为法学上的疑难案件提供一个正解。在父亲离去之后，我带着这种思念之苦、遗憾之情和愧疚之意继续完成了本书的写作。贯穿于其中的，不仅仅是一个理论问题、学术问题，还有我对人生的思考和态度。我想，在这种关怀下所从事的研究，或许可以算得上是走进生命的学问。

这是我人生中的第一本著作，伴随着我无尽的思念，将它献给我远在天边的父亲，希望在那遥远的地方没有疾病、痛苦和灾难，也没有让人们束手无策的疑难案件。同时，也将这本书献给我的母亲，她一生的勤劳、勇敢和坚强让我学到了平凡之人身上所具有的高贵品质。虽然她完全看不懂这些文字的意思，但她内心最清楚这些文字对我意味着什么。

最后，在本书付梓之际，还要感谢多年来一直支持、关心和爱护我的人们，你们的爱让我感觉到无比幸福。

孙海波

2016 年 3 月 15 日 草拟于北京大学畅春新园

2019 年 3 月 27 日 改定于中国政法大学科研楼

图书在版编目（CIP）数据

裁判对法律的背离与回归：疑难案件的裁判方法新论 / 孙海波著 .—北京：中国法制出版社，2019.6（2022.3重印）
（青蓝文库）
ISBN 978-7-5216-0251-7

Ⅰ. ①裁… Ⅱ. ①孙… Ⅲ. ①审判—研究—中国
Ⅳ. ① D925.04

中国版本图书馆 CIP 数据核字（2019）第 093426 号

策划编辑 马颖 王雯汀 责任编辑 王雯汀 封面设计 蒋 怡

裁判对法律的背离与回归：疑难案件的裁判方法新论
CAIPAN DUI FALÜ DE BEILI YU HUIGUI：YINAN ANJIAN DE CAIPAN FANGFA XINLUN

著 者 / 孙海波
经 销 / 新华书店
印 刷 / 北京虎彩文化传播有限公司
开 本 / 710 毫米 ×1000 毫米 16 开
印 张 / 21
字 数 / 251 千

版次：2019 年 6 月第 1 版 / 2022 年 3 月第 3 次印刷
书号：ISBN 978-7-5216-0251-7 定价：69.00 元

北京市西城区西便门西里甲 16 号西便门办公区
邮政编码：100053 传真：010-63141600
网址：http://www. zgfzs. com 编辑部电话：010-63141824
市场营销部电话：010-63141612 印务部电话：010-63141606

（如有印装质量问题，请与本社印务部联系。）